Bassam Khazzoum / Carsten Kudla / Ralf Reuter

Energie und Steuern

Bassam Khazzoum
Carsten Kudla / Ralf Reuter

Energie und Steuern

Energie- und Stromsteuerrecht
in der Praxis

GABLER

Bibliografische Information der Deutschen Nationalbibliothek
Die Deutsche Nationalbibliothek verzeichnet diese Publikation in der
Deutschen Nationalbibliografie; detaillierte bibliografische Daten sind im Internet über
<http://dnb.d-nb.de> abrufbar.

1. Auflage 2011

Alle Rechte vorbehalten
© Gabler Verlag | Springer Fachmedien Wiesbaden GmbH 2011

Lektorat: Andreas Funk

Gabler Verlag ist eine Marke von Springer Fachmedien.
Springer Fachmedien ist Teil der Fachverlagsgruppe Springer Science+Business Media.
www.gabler.de

Umschlaggestaltung: KünkelLopka Medienentwicklung, Heidelberg
Gedruckt auf säurefreiem und chlorfrei gebleichtem Papier

ISBN 978-3-8349-2272-4

Vorwort

Das vorliegende Buch befasst sich mit den in der Bundesrepublik Deutschland erhobenen Verbrauchsteuern, die im Energie- und Stromsteuergesetz geregelt sind. Das Anliegen der Autoren ist es, dem Leser diese Materie möglichst einfach und kompakt, aber auch allumfassend zu vermitteln. Angesprochen sind mit unserem Werk steuerliche Spezialisten sowie Fach- und Führungskräfte aus der Wirtschaft, die in ihrer täglichen Praxis mit energiesteuerlichen Fragen konfrontiert werden. Hierzu zählen neben den kaufmännischen, selbstverständlich auch die technischen Mitarbeiter der Energiebranche und der energieintensiven Industrie.

Direkt berührt von den Rechten und Pflichten des Energie- und Stromsteuerrechts sind eine Vielzahl von Unternehmen. Hierzu zählen alle diejenigen, die Energieerzeugnisse und Strom fördern, herstellen, verarbeiten, verteilen oder auch selbst verbrauchen, sodass diese sich nachhaltig mit dem Thema Tax Compliance bei den Verbrauchsteuern beschäftigen müssen.

Ziel ist es somit, eine Hilfestellung zu geben, um energiesteuerlich relevante Sachverhalte zu erkennen und beurteilen zu können, um die damit einhergehenden steuerlichen Pflichten zu erfüllen und nicht zuletzt auch, um alle möglichen steuerlichen Vorteile auszuschöpfen. Auch soll die Kreativität des Lesers gefördert werden, um energiesteuerlich optimierte Gestaltungen für das eigene Unternehmen identifizieren und entwickeln zu können. Weiterhin ist dieses Buch ein geeignetes Werkzeug, um im Verhältnis zu den zuständigen Zollbehörden fachlich auf gleicher Ebene zu kommunizieren, was spätestens im Rahmen der steuerlichen Außenprüfung durch das Hauptzollamt nützlich sein wird.

Berücksichtigt ist die Rechtslage bis einschließlich März 2011. Insbesondere wurden die Änderungen des Energie- und Stromsteuergesetzes eingearbeitet, die zum 1. Januar und zum 1. April 2011 in Kraft getreten sind.

Das in Wirtschaft und Beratung tätige Autorenteam bringt neben dem notwendigen fachlichen Wissen auch die umfangreiche Erfahrung aus der täglichen Praxis mit ein. An dieser Stelle möchten die Autoren die Gelegenheit nutzen und allen Kollegen der PwC AG Wirtschaftsprüfungsgesellschaft und der RWE Vertrieb AG zu danken, die mit wertvollen Anregungen, Diskussionen und Hinweisen den Entstehungsprozess dieses Buches aufopferungsvoll unterstützt haben und ohne deren Hilfe das Buch nicht zustande gekommen wäre. Der Dank gilt Herrn Rechtsanwalt Steuerberater Eike Christian Westermann, Herrn Rechtsanwalt Jan Steinkemper, Frau Rechtsanwältin Döne Ayhan, Frau Nicole Kellerhoff, unseren Studenten Frau Pamela Horn und Herrn Thomas Holtschneider und dem Sekretariat. Nicht zuletzt danken wir unseren Familien, die uns während der letzten Wochen „ausgehalten" haben.

Trotz aller Sorgfalt und Akribie beim Verfassen dieses Werkes können Fehler bedauerlicherweise nicht ausgeschlossen werden, sodass Anmerkungen, Anregungen und Hinweise von Ihnen gerne entgegengenommen werden.

Düsseldorf, im April 2011

Das Autorenteam

Inhaltsübersicht

Literaturverzeichnis

Arndt, Hans Wolfgang: Kommentar zum Stromsteuergesetz, Heidelberg 1999.

Behringer, Stefan: Compliance kompakt: Best Practice im Compliance-Management, Berlin 2010.

Bongartz, Matthias: Energiesteuer, Stromsteuer, Zolltarif: EnergieStG, StromStG, München 2010.

Bongartz, Matthias: Die Stromsteuer - Verstoß gegen Gemeinschaftsrecht und nationales Verfassungsrecht?, NJW 2004, S. 2281, 2283.

Bongartz, Matthias: Kommentar zum EnergieStG und zum StromStG, 2. Auflage 2005.

Bongartz, Matthias / Schröer-Schallenberg, Sabine: Das neue Energiesteuergesetz, Köln 2006.

Bongartz, Matthias / Schröer-Schallenberg, Sabine: Die Stromsteuer - Verstoß gegen Gemeinschaftsrecht und nationales Verfassungsrecht?, DStR 1999, S. 962, 966ff.

Bongartz, Matthias / Schröer-Schallenberg, Sabine: Verbrauchsteuerrecht, 2. Aufl., München 2011.

Bürkle, Jürgen: Corporate Compliance als guter Standard deutscher Unternehmensführung des Deutschen Corporate Governance Codex, BB 2007, S. 1797.

Friedrich, Klaus: Die „Ökologische Steuerreform", DB 1999, S. 662.

Friedrich, Klaus / Meißner, Cornelius: Praxiskommentar Energiesteuern, 20. Lfg.

Froesch, Daniel: Managerhaftung - Risikominimierung durch Delegation?, DB 2009, S.722.

Hauschka, Christoph E., Dr.: Corporate Compliance, 2. überarb. und erw. Aufl., München 2010.

Hauschka, Christoph E., Dr.: Compliance am Beispiel der Korruptionsbekämpfung, ZIP 2004, S. 877.

Hey, Johanna, Dr.: Fortführung der ökologischen Steuerreform - Übergang zur Routine?, NJW 2000, S.640, 641.

Hintze, Robert: Wiedereinsetzung in eine gesetzliche Antragsfrist nach Eintritt der Festsetzungsverjährung, DB 2008, S. 2051.

Jatzke, Harald: Die Stromsteuer, DStZ 1999, S. 520.

Khazzoum, Bassam / Eichorn, Frank: Aktuelle Änderungen in der Besteuerung von Erdgas und Strom, VersW1007, S. 53 ff.

Kort, Michael: Verhaltensstandardisierung durch Corporate Compliance, NZG 2008, S. 81.

Loose, Thomas: Tax Management der kapitalmarktorientierten internationalen Unternehmung, Lohmar 2009.

Nagel, Sybille / Waza, Thomas: Risikomanagement beim Steuervollzug - ein Weg aus der Krise!, DStZ 2008, S. 321.

Rebmann, Kurt / Roth, Werner / Herrmann, Siegfried: Gesetz über Ordnungswidrigkeiten, 3. Aufl., Stuttgart 1968–2009, Stand: 1. Oktober 2009.

Reuter, Ralf: Die Besteuerung von Ersatzbrennstoffen, dow jones energy weekly, 2010 l Nr. 30. S.9.

Ringleb, Henrik-Michael, Dr. / Kremer, Thomas, Dr. / Lutter, Marcus, Prof. Dr. Dr. h.c. mult./ von Werder, Axel, Prof. Dr.: Kommentar zum Deutschen Corporate Governance Codex, 3. Aufl., München 2008.

Risse, Robert: Steuercontrolling- und Reporting: Konzernsteuerquote und deren Bedeutung für das Steuermanagement, Wiesbaden 2009.

Salje, Peter: EEG - Gesetz für den Vorrang Erneuerbarer Energien, 5. Auflage 2009.

Schmölders, Günter / Hansmeyer, Karl-Heinrich: Allgemeine Steuerlehre, 5. neubearb. Aufl., Berlin 1980.

Schneider, Jens-Peter / Theobald, Christian: Recht der Energiewirtschaft: Ein Praxishandbuch, 2. Auflage, München 2008.

Schneider, Uwe H.: Compliance als Aufgabe der Unternehmensleitung, ZIP 2003, S. 645.

Schwedhelm, Rolf, Dr.: Tax Compliance - mehr als ein Trend?, AnwBl 2009, S. 90.

Soyk, Stefan: Mineralöl- und Stromsteuerrecht, 2. neubearb. u. erw. Aufl. München 2000.

Stein, Roland M., Dr. / Thoms, Anahita / Führer, Henner: Energiesteuern in der Praxis, München 2010.

Streck, Michael / Binnewies, Burkhard: Tax Compliance, DStR 2009, S. 229.

Streck, Michael / Mack, Alexandra / Schwedhelm, Rolf, Dr.: Tax Compliance, Köln 2010.

Theisen, Manuel R.: Information und Berichterstattung des Aufsichtsrates, 4. Aufl., Stuttgart 2007.

Tipke, Klaus/Lang, Joachim: Steuerrecht, 19. Auflage, Köln 2008.

von Hehen, Paul A. / Hartung, Wilhelm: Unabhängige interne Untersuchungen in Unternehmen als Instrument guter Corporate Governance - auch in Europa?, DB 2006, S. 1909.

Willems, Heiko / Schreiner, Manja: Anmerkungen zum Entwurf eines IDW Prüfungsstandards/ EPS 980 aus Sicht der deutschen Industrie, CCZ 2010, S. 214.

Witte, Peter: Zollkodex, 5. neubearb. Aufl., München 2009.

Bearbeiterverzeichnis

§ 1 Dr. Christian Trottmann

§ 2 Bassam Khazzoum

§ 3 Ralf Reuter/ Carsten Kudla

§ 4 Arnulf Starck

§ 1   Einleitung

Energie- und Stromsteuerrecht – der wirtschaftliche und rechtliche Rahmen

A.   Ökonomische Rahmenbedingungen

Das Stromsteuergesetz[1] ist, wie das aus der Mineralölsteuer hervorgegangene Energiesteuergesetz[2], noch jung. Beide nehmen zwei Entwicklungen auf: Die Erkenntnis, dass der fossile Energieverbrauch das Klima schädigt und den Trend, den staatlichen Mittelbedarf zunehmend über sog. indirekte Steuern zu finanzieren, welche die Einkommensverwendung belasten. Energie- und Stromsteuergesetz verfolgen also haushaltspolitische (fiskalische) und umweltpolitische (den Energieverbrauch lenkende) Zwecke. Die volkswirtschaftlichen Implikationen sind aufgrund des Steueraufkommens von über 45 Mrd. € jährlich beachtlich.[3] Zum besseren Verständnis soll der ökonomische und rechtliche Rahmen holzschnittartig skizziert werden.

I.   Fiskalische Anreize oder Ge- und Verbotsnormen?

Freie Märkte führen nur in seltenen Fällen zu einer optimalen Mittelallokation. Die Nutzung fossiler Brennstoffe ist wichtiger Mitverursacher der weltweiten Klimaerwärmung. Die hierdurch für die Allgemeinheit entstehenden Lasten sind als sog. negativer externer Effekt nicht in den Brennstoffkosten eingepreist.

Der Gesetzgeber kann mit Ge- und Verboten reagieren, etwa indem er Emissionen durch Grenzwerte begrenzt. Aus ökonomischer Sicht vorzugswürdig erscheint es jedoch vielfach, negative externe Effekte durch zusätzliche Abgaben auf das unerwünschte Verhalten zu kompensieren. Im Idealfall würde das so erzielte Abgabenaufkommen dazu genutzt werden, die verursachten Umweltschäden – etwa durch Aufforstung – auszugleichen. In der Theorie würden die handelnden Akteure nur noch dann fossile Brennstoffe nutzen, wenn trotz Schadenskompensation ein ökonomischer Gewinn entsteht (welche dann auch erwünscht ist). Aus ökonomischer Sicht kommt es zu einer schnelleren, effizienteren Mittelallokation.

---

1   Die Stromsteuer wurde mit dem Gesetz zum Einstieg in die ökologische Steuerreform vom 24. März 1999, BGBl. I vom 29. 3. 1999, S. 378 ff. geschaffen.
2   Gesetz zur Neuregelung der Besteuerung von Energieerzeugnissen und zur Änderung des Stromsteuergesetzes vom 15. Juli 2006, BGBl. I vom 19. 7. 2006, S. 1534 ff. Der deutsche Gesetzgeber setzt hierdurch die Vorgaben der Richtlinie 2003/96 EG des Rates vom 27. Oktober 2003 zur Restrukturierung der gemeinschaftlichen Rahmenvorschriften zur Besteuerung von Energieerzeugnissen und elektrischen Strom, ABl. EU Nr. L 283 S. 51 ff. um.
3   Der Arbeitskreis „Steuerschätzungen" erwartet für die Jahre 2010 bis 2012 jährlich Einnahmen durch die Energiesteuer in Höhe von 39,5 Mrd. € (wovon auf Erdgas als Heizstoff rund 2,5 Mio. € und auf andere Heizstoffe als Erdgas knapp 1,5 Mio. € entfallen) und durch die Stromsteuer jährliche Einnahmen in Höhe von 6,2 Mrd. €, Ergebnisse der 137. Sitzung des Arbeitskreises „Steuerschätzung" vom 2.-4. November 2010 in Baden-Baden, S. 4, abrufbar über www. bundesfinanzministerium.de. Zum Vergleich: Im genannten Zeitraum wird ein Umsatzsteueraufkommen von rund 180 Mrd. € und ein Tabaksteueraufkommen von rund 13 Mrd. € jährlich erwartet.

1

4   Eine Umweltabgabe im skizzierten Sinn setzt voraus, dass der Verursacher der Schadstoffemission (in der Regel der Verbraucher, der nicht notwendiger Weise der Steuerschuldner ist) die Abgabe ökonomisch trägt. Dies hängt von der Elastizität von Angebot und Nachfrage ab. Hat der Verbraucher Ausweichmöglichkeiten, etwa nicht oder gering belastete fossile Energieträger, wird eine Überwälzung der Steuerlast nur teilweise gelingen.

5   Zudem können insbesondere (exportorientierte) Produzenten einer Besteuerung durch Verlegung des Produktionsstandortes ggf. ganz entgehen. Diese Effekte sind bei der Ausgestaltung zu beachten.

II.   Allgemeiner Trend zu indirekten Steuern

6   Energie- und Stromsteuer liegen schließlich insofern im Trend, als in den letzten Jahren eine Verlagerung von direkten Steuern (auf Einkünfte bzw. Erträge) hin zu indirekten Steuern (auf Verkehrs- und Verbrauchsvorgänge) zu beobachten war. Regelmäßig soll der Steuerschuldner die Steuerlast über einen höheren Verkaufspreis auf den Endverbraucher überwälzen (was nicht immer gelingt). Energie- und Stromsteuer setzen also nicht wie die Ertragsteuern an der Erzielung sondern an der Verwendung von Einkünften an.

7   Argumente hierfür sind u. a. die vergleichsweise leichte Erhebung bei weniger Gestaltungs- und Umgehungsmöglichkeiten, geringere „Fühlbarkeit" der Belastung beim Wahlbürger, eine Entlastung der Unternehmen (zumindest eine diesbezügliche Signalwirkung gegenüber ausländischen Investoren) sowie die Verstetigung der staatlichen Einnahmen unabhängig von den Einkünften und Erträgen des Steuerpflichtigen.

III.   Senkung von Lohnnebenkosten

8   Der Grundgedanke des „Gesetz zum Einstieg in die ökologische Steuerreform"[4] von 1999 ist, den Energieverbrauch zu verteuern und im Gegenzug den Faktor Arbeit zu verbilligen. Das zusätzliche Steueraufkommen dient der Senkung der Sozialversicherungsbeiträge durch Bundeszuschuss (und nicht umweltpolitischen Maßnahmen, etwa der Wiederaufforstung).

9   Als Reaktion auf eine zunehmend globalisierte Weltwirtschaft, verfolgt der Gesetzgeber mit der ökologischen Steuerreform neben umwelt- also auch wirtschaftspolitische Ziele. Dies drückt sich insbesondere auch in Steuererleichterungen für das Produzierende Gewerbe aus. In dem Umfang, in dem die Energieverbraucher nach Ansicht des Gesetzgebers ihr Verhalten anpassen konnten, wurden Begünstigungen in der Vergangenheit verringert und zum Teil ganz abgeschafft.[5]

10   Aus der Verwendung des Steueraufkommens für die sozialen Sicherungssysteme speiste sich die Ablehnung, welche die „Ökosteuer" bei Ihrer Einführung erfuhr. Es handele sich eben nicht um eine volkswirtschaftlich effiziente Abgabe (siehe oben 1. a.) sondern lediglich um eine ökologisch verbrämte Steuererhöhung im Wege eines nationalen Alleingangs.[6] Hierbei wird übersehen, dass die Besteuerung des Energieverbrauchs *per se* nicht nur umweltschädigende Aktivitäten hemmt, sondern auch Anreize zur Entwicklung umweltschonender Technologien setzt.

---

4   Gesetz zum Einstieg in die ökologische Steuerreform vom 24. März 1999, BGBl. I vom 29. 3. 1999, S. 378 ff.
5   Vgl. etwa das Gesetz zur Fortentwicklung der ökologischen Steuerreform vom 23. Dezember 2002, BGBl. I vom 30. Dezember 2002, S. 4602 ff.
6   Sachverständige und Verbände zogen insbesondere die „doppelte Dividende" in Form von „mehr Umwelt und Wohlstandsqualität" in Zweifel, ausführlich Arndt, Stromsteuergesetz, 1999, S. 3 ff.

B.   Wesentliche Merkmale der deutschen Energie- und Stromsteuer

I.   Steuerobjekt und Steuergegenstand

Das Energiesteuergesetz hat die Besteuerung der klassischen Mineralöle (insbes. Benzin, mittel-schwere Öle, Gasöle, Heizöle und Schmieröle) sowie Erdgas, Flüssiggas, Kohle und Petrolkoks, pflanzliche Öle sowie tierische und pflanzliche Fette (soweit letztere als Kraft- oder Heizstoff verwendet werden sollen) zum Gegenstand, § 1 Abs. 2 EnergieStG.   11

Elektrischer Strom unterliegt dagegen der Stromsteuer. Da es sich bei elektrischer Energie nicht um einen körperlichen Gegenstand handelt, hat der Gesetzgeber auf eine Inkorporation in das Energiesteuergesetz verzichtet.   12

Wärme als solche unterliegt nicht der Steuer, jedoch die zu Ihrer Herstellung eingesetzten Energieträger (Input-Besteuerung).   13

II.   Steuerentstehung und Steuerschuldner

Die Energiesteuer entsteht grundsätzlich dadurch, dass Energieerzeugnisse aus dem Steuerlager entfernt und in den Verkehr gebracht werden (§ 8 Abs. 1 EnergieStG). Steuerlager sind Herstellungsbetriebe und Lagerstätten für Energieerzeugnisse (§§ 6, 7 EnergieStG). Steuerschuldner ist grundsätzlich der Inhaber des Steuerlagers (§ 8 Abs. 2 S. 1 Nr. 1 EnergieStG). Bei Erdgas entsteht die Steuer grundsätzlich durch die Entnahme aus dem Leitungsnetz für Zwecke des Verbrauchs. Steuerschuldner ist grundsätzlich die Lieferer (§ 38 EnergieStG).   14

Die Stromsteuer entsteht grundsätzlich durch Entnahme aus dem Versorgungsnetz durch Letztverbraucher (§ 5 Abs. 1 S. 1 StromStG). Steuerschuldner ist dann der Versorger (§ 5 Abs. 2, 1. Alt. StromStG). Beim Eigenerzeuger entsteht die Steuer durch Entnahme zum Selbstverbrauch (§ 5 Abs. 1 S. 1 StromStG). Steuerschuldner ist in diesem Fall der Eigenerzeuger (§ 5 Abs. 2, 2. Alt. StromStG).   15

III.   Steuertarif

Der Steuertarif des EnergieStG ist je nach Energieträger und Verwendungszweck unterschiedlich bemessen (§ 2 EnergieStG). Der Stromsteuertarif beträgt 20,50 € für eine Megawattstunde (§ 3 StromStG).   16

IV.   Begünstigungen (Lenkungszweck)

Das Energiesteuerrecht ist durch Steuerbefreiungen und Steuerentlastungen geprägt. Im Falle der Steuerbefreiung entsteht die Steuer – eine entsprechende Erlaubnis vorausgesetzt – gar nicht erst. Die Steuerentlastung dagegen erfolgt erst auf Antrag des Steuerpflichtigen hin; hier ist zwischen Erlass, Erstattung und Vergütung zu unterscheiden. Beim Erlass ist die Steuer entstanden aber   17 noch nicht entrichtet worden. Eine Erstattung erfolgt auf Antrag des Steuerschuldners. Die Vergütung dagegen auf Antrag durch einen Dritten, der nicht Steuerschuldner ist (die Steuer jedoch idR ökonomisch trägt).

18 Grob vereinfacht, erfolgen die Begünstigungen des deutschen Energiesteuerrechts insbesondere aus drei Gründen:

1. Systematisch notwendige Ausnahmen

19 Durch die Energiesteuer-Richtlinie ist die europaweite Mindestbesteuerung von Strom und Energieerzeugnissen in dem Mitgliedstaat gewährleistet, indem der Verbrauch stattfindet. Um eine Doppelbesteuerung zu verhindern, gewährt § 46 EnergieStG beim Verbringen aus dem Steuergebiet eine Steuerentlastung. Aus demselben Grund ist Strom, der zur Stromerzeugung verwendet wird, nach § 9 Abs. 1 Nr. 2 StromStG befreit.

2. Umweltpolitische Ziele

20 Über die Belastung fossiler Energieträger hinaus verfolgen Energie- und Stromsteuergesetz spezifische umweltpolitische Ziele. Strom ist von der Stromsteuer befreit, wenn er aus erneuerbaren Energieträgern oder durch (dezentrale) Kleinanlagen in räumlicher Nähe erzeugt wird (§ 9 Abs. 1 Nr. 1 und 3 StromStG). Selbiges gilt für die Verwendung von Energieerzeugnissen in Kleinanlagen bzw. effizienten Kraft-Wärme-Kopplungsanlagen (§ 53 Abs. 1 EnergieStG).

3. Wirtschaftspolitische Ziele, insb. „Spitzenausgleich"

21 Schließlich bestehen Entlastungen für Unternehmen des Produzierenden Gewerbes und der Land- und Forstwirtschaft allgemein (§§ 54, 55 EnergieStG, §§ 9b, 10 StromStG) und für bestimmte energieintensive Verfahren und Prozesse (§ 51 EnergieStG, § 9a StromStG).

22 Zum Verständnis der ökonomischen Wirkungen der „Ökosteuern" elementar sind die Entlastungen für das Produzierende Gewerbe, welche auf bis zu 3 Stufen erfolgen können:

23 Zunächst profitiert jedes Unternehmen von den geringeren Lohnnebenkosten, da das (durch mehrere Gesetzesänderungen kontinuierlich erhöhte) Steueraufkommen ja als Zuschuss für die gesetzliche Rentenversicherung verwendet wird.

24 Weiter erhält jedes Unternehmen des Produzierenden Gewerbes (von dem der Gesetzgeber annimmt, dass es vom globalisierten Wettbewerb besonders betroffen ist) auf Antrag eine Steuerentlastung auf Energieerzeugnisse, welche für betriebliche Zwecke verwendet werden (§ 54 EnergieStG, § 9b StromStG). Hierdurch erfolgt eine Entlastung in Höhe von 25 % des regulären Steuersatzes (bis einschließlich 2010 in Höhe von 40 %).

25 Abhängig von der Anzahl der Arbeitskräfte in Relation zum Energieverbrauch profitieren arbeitsintensive Tätigkeiten stärker. Um Unternehmen mit relativ niedrigen Lohnnebenkosten nicht schlechter zu stellen, kann – gleichsam als 3. Stufe – der sogenannte Spitzenausgleich genutzt werden (§ 55 EnergieStG, § 10 StromStG). In der Sache wird hier ermittelt, wie hoch die Entlastung aus geringeren Lohnnebenkosten und 25 %-Steuerentlastung nach § 54 EnergieStG und

§ 9b StromStG in Summe ist. Ist diese Entlastung weniger als 90 % (bis einschließlich 2010 weniger als 95 %) der Steuerbelastung nach regulärem Tarif, erfolgt auf Antrag eine Entlastung in Höhe der Differenz.

Nach dieser Logik sind Unternehmen des Produzierenden Gewerbes nur zu einem Zehntel des regulären Tarifs mit Energie- und Stromsteuern ökonomisch belastet.[7] Die demographische Entwicklung stellt die Rentenversicherung seit geraumer Zeit vor strukturelle Probleme. Die Kostenumschichtung durch Energie- und Stromsteuer kann deshalb allenfalls den weiteren Anstieg der Lohnnebenkosten dämpfen.[8] Faktisch sind alle Unternehmen durch Lohnnebenkosten, sowie Energie- und Stromsteuer erheblich belastet.   26

C.   Rechtlicher Rahmen

I.   Europarecht

1.   Steuerliche Vorschriften (Primärrecht)

Die Mitgliedstaaten sind bis heute zurückhaltend, wenn es darum geht, steuerliche Kompetenzen auf die EU zu übertragen. Nach Art. 113 des Vertrages über die Arbeitsweise der EU (AEUV) kann der Rat (nach Anhörung des Europäischen Parlaments und des Wirtschafts- und Sozialausschusses) Bestimmungen zur Harmonisierung der Umsatzsteuern, der Verbrauchsabgaben und sonstiger indirekter Steuern, nur einstimmig erlassen, soweit deren Harmonisierung für Errichtung und Funktionieren des Binnenmarkts notwendig ist (siehe unten).   27

Vor dem Zielkonflikt zwischen dem Schutz der Umwelt und dem Schutz der Wettbewerbsfähigkeit der heimischen Industrie naheliegend wäre, die Produktion von Waren zwar mit Umweltabgaben zu belegen, diese jedoch beim Export – ähnlich der Umsatzsteuer – zu erstatten bzw. auf ausländische Importwaren nachzuerheben. Unabhängig vom Produktionsort wäre dann ein einheitliches Belastungsniveau nach Maßgabe des Bestimmungslandes gegeben. Dem stünde jedoch Art. 110 Abs. 1 AEU entgegen, der eine unterschiedliche Besteuerung gleichartiger ausländischer Waren untersagt. Die Norm ist im Übrigen dem welthandelsrechtlichen Diskriminierungsverbot (Art. III Abs. 2 GATT) nachgebildet.   28

2.   System-Richtlinie

Um einen funktionierenden Binnenmarkt zu gewährleisten, sind die Mitgliedstaaten Anfang der 1990er Jahre übereingekommen, die Erhebung von Verbrauchssteuern zu harmonisieren. Dies geschah durch die System-Richtlinie.[9] Sie macht seitdem Vorgaben für das europäische Steu-   29

---

7 Sockelbetrag und Selbstbehalt nach § 54 Abs. 3, § 55 Abs. 3 EnergieStG und § 9b Abs. 2 S. 2 und § 10 Abs. 1 S. 1 StromStG außen vorgelassen.

8 Mit Einführung der „Ökosteuer" 1999 konnten die Beiträge von 20,3 auf 19,5 % gesenkt werden; derzeit betragen die Beiträge zur Rentenversicherung 19,9 %.

9 Richtlinie 92/12/EWG des Rates vom 25. Februar 1992 über das allgemeine System, den Besitz, die Beförderung und die Kontrolle verbrauchsteuerpflichtiger Waren, ABl. L 76 vom 23. 3. 1992, S. 1 ff., mittlerweile aufgehoben durch Richtlinie 2008/118/EG vom 16. Dezember 2008 über das allgemeine Verbrauchsteuersystem und zur Aufhebung der Richtlinie 92/12/EWG, ABl. L 9 vom 14. 1. 2009, S. 12 ff.

erlagersystem, die Beförderungsregeln sowie deren Kontrolle. Mit dem Neuerlass der System-Richtlinie 2008 wurde insbesondere die Umstellung auf eine elektronische Dokumentation im Besteuerungsverfahren geregelt.

3.   Energiesteuer-Richtlinie

30   Auf der System-Richtlinie[10] setzt seit 2003 die Energiesteuer-Richtlinie auf. Auch sie hat das „reibungslose" Funktionieren des Binnenmarktes zum Ziel und regelt hierzu die umfassende Mindestbesteuerung von Strom und allen Energieerzeugnissen, welche grds. als Heiz- oder Kraftstoff verwendet werden. Während die Besteuerung bei manchen Stoffen von der diesbezüglichen, konkreten Verwendung abhängt (etwa Biodiesel und Pflanzenöl), sind andere Stoffe (etwa Benzin, Mineralöldiesel) grundsätzlich steuerbar.

31   Ausdrücklich verfolgt die Energiesteuer-Richtlinie weitere Gemeinschaftsziele, namentlich den Umweltschutz (Klimaschutz) sowie die Energie- und Verkehrspolitik (Tz. 12). Zudem werden Ausnahmen für die Luft- und Schifffahrt ausdrücklich vorgeschlagen (Tz. 23).

32   Die Kommission plant derzeit eine Änderung der Energiesteuer-Richtlinie, welche die CO_2-Belastung zukünftig berücksichtigen soll.

4.   Beihilferechtliche Vorschriften

33   Um die weltweite Wettbewerbsfähigkeit von europäischen Unternehmen nicht zu gefährden, sieht die Energiesteuer-Richtlinie die Möglichkeit vor, Unternehmen Steuerbefreiungen zu gewähren (Tz. 28), welche jedoch der beihilferechtlichen Kontrolle (Notifikation nach Art. 108 Abs. 3 AEUV) unterliegen (Tz. 32).

34   Denn nach Art. 107 Abs. 1 AEUV sind staatliche oder aus staatlichen Mitteln gewährte Beihilfen gleich welcher Art, die durch die Begünstigung bestimmter Unternehmen oder Produktionszweige den Wettbewerb verfälschen oder zu verfälschen drohen, mit dem Binnenmarkt unvereinbar, soweit sie den Handel zwischen Mitgliedstaaten beeinträchtigen.

35   Hierunter fallen die Steuervergünstigungen für Unternehmen des Produzierenden Gewerbes, für Schienenverkehr, KWK-Anlagen und die Land- und Forstwirtschaft. Die Kommission hat die Genehmigung dieser Beihilfen in der Vergangenheit u. a. davon abhängig gemacht, dass die Vergünstigungen zeitlich begrenzt sind, eine Überkompensation ausgeschlossen wird und die Höhe der Vergünstigungen im Zeitablauf abnimmt.[11]

---

10   Richtlinie 2003/96/EG des Rates vom 17. Oktober 2003 zur Restrukturierung der gemeinschaftlichen Rahmenvorschriften zur Besteuerung von Energieerzeugnissen und elektrischem Strom, ABl. L 283 vom 31. 10. 2003, S. 51 ff.
11   Siehe etwa Schreiben der Kommission vom 3. 5. 1999, SG(99)D/3289. Dementsprechend sind einige der jüngsten Änderungen des Energie- und des Stromsteuergesetzes unter dem Vorbehalt der Genehmigung durch die Europäische Kommission erfolgt, BT-Drucksache 17/3055 und 17/4234, Art. 5 Abs. 2 – 5a.

II.   Verfassungsrecht

1.   Finanzverfassung

Nach Art. 105 Abs. 2 GG hat der Bund die konkurrierende Gesetzgebung über besondere Ver-   36
brauchsteuern im Sinne des Art. 106 Abs. 1 Nr. 2 GG. Kennzeichnend für diese ist, dass es sich
um eine auf Abwälzung angelegte Steuer handelt, welche – anders als die Umsatzsteuer – nur auf
einer Stufe grundsätzlich auf den Verbrauch bestimmter Waren erhoben wird. Das Entstehen der
Steuer knüpft tatbestandlich an einen tatsächlichen Vorgang oder Zustand an. Ihr Aufkommen
steht nach Art. 106 Abs. 2 GG ausschließlich dem Bund zu.[12]

2.   Grundrechte

Neben den Vorgaben der Finanzverfassung haben Strom- und Energiesteuer die grundrecht-   37
lichen Wertungen zu beachten, etwa den allgemeinen Gleichheitssatz. Regelmäßig gesteht das
BVerfG dem Gesetzgeber im Rahmen des steuerlichen Massenverfahrens zu, aus Gründen der
Praktikabilität zu typisieren. Auch darf der Gesetzgeber seine Steuergebungskompetenz zu Len-
kungszwecken (also etwa für Ziele des Umweltschutzes) ausüben.

Insbesondere die Begünstigungen für Unternehmen des Produzierenden Gewerbes wurden in der   38
Vergangenheit kritisch gesehen, da etwa Dienstleister hiervon nicht profitieren. Das BVerfG hat
einen Verstoß gegen Art. 3 Abs. 1 GG („Grundsatz der gleichen Zuteilung steuerlicher Lasten")
jedoch verneint.[13] Bei den genannten Vergünstigungen handele es sich um steuerliche Subventionen, die im Hinblick auf die internationale Wettbewerbsfähigkeit – typisierend – zu rechtfertigen
seien. Dies ist insofern beachtlich, als die Zuordnung zum produzierenden Gewerbe bei gemisch-
ten Tätigkeiten nicht frei von Widersprüchen ist.[14]

Im obigen (A. I.) Sinne effiziente Umweltabgaben sollten an den Schadstoffemissionen und nicht   39
am Energieverbrauch ansetzen. Energie- und Stromsteuer können deshalb primär als Instrument
der Ressourcenschonung angesehen werden, die natürlich mittelbar auf eine Schadstoffreduzie-
rung gerichtet sind. Gemessen an dem beim Energieverbrauch emittierten CO_2 kommt es jedoch
zu Verzerrungen durch die Begünstigung von Steinkohle, Dieselkraftstoff und Flugbenzin.[15] Diese
sind aus verfassungsrechtlicher Sicht wohl zu tolerieren.

---

12 Das BVerfG hat den Charakter der Strom- und Mineralölsteuer als Verbrauchssteuer bejaht, BVerfG, Urteil vom 20.
    4. 2004, 1 BvR 1748/99 und 1 BvR 905/00, Rn. 62 ff. Kritisch Bongartz, Schröer-Schallenberg, DStR 1999, S. 962, 966
    ff. und Arndt, Stromsteuergesetz, 1999, S. 32 ff.
13 BVerfG, Urteil vom 20. 4. 2004, 1 BvR 1748/99 und 1 BvR 905/00, Rn. 53 ff.
14 Bongartz, NJW 2004, S. 2281, 2283.
15 Hey, NJW 2000, S. 640, 641.

§ 2   Stromsteuer

1   Die Stromsteuer ist eine besondere Verbrauchsteuer, die im Rahmen der Ökologischen Steuerreform[1] zum 1. April 1999 eingeführt wurde. Wesentliches Ziel dieser Reform war es, den Faktor Energie durch eine steuerliche Verteuerung höher zu belasten und damit Anreize zu Energieeinsparungen zu geben. Gleichzeitig sollte der Faktor Arbeit durch Senkung der Rentenversicherungsbeiträge und somit der Lohnnebenkosten entlastet werden.[2]

2   Die Stromsteuer ist eine Bundessteuer. Dem Bund steht die konkurrierende Gesetzgebung für die Besteuerung von Strom zu. Die Einnahmen aus der Stromsteuer stehen dem Bund[3] zu und belaufen sich jährlich auf etwa sechseinhalb Milliarden Euro. Für die Verwaltung der Stromsteuer ist die Bundesfinanzverwaltung[4] zuständig. Im Finanzverwaltungsgesetz ist die Aufgabe der Bundeszollverwaltung übertragen worden. Die Durchführung der Besteuerung obliegt den Hauptzollämtern als örtlich zuständige Bundesfinanzbehörde.

3   Bei der Stromsteuer handelt es sich um eine in Europa vereinheitlichte bzw. harmonisierte Steuer. Die Energiesteuerrichtlinie 2003/96/EG[5] machte den Mitgliedstaaten die Vorgabe – unter anderem – die Besteuerung von Strom zu harmonisieren.

A.   Das Stromsteuergesetz und seine Entwicklung

4   Rechtsgrundlage für die Besteuerung von Strom sind das Stromsteuergesetz sowie die Stromsteuerdurchführungsverordnung. Das Stromsteuergesetz ist trotz seines jungen Alters schon mehrfach geändert und angepasst worden. Erste Änderungen ergeben sich aus den Gesetzen zur Fortführung[6] und Fortentwicklung[7] der ökologischen Steuerreform in den Jahren 2000 bis 2003. Im Wesentlichen werden Steuersätze erhöht sowie Steuerbegünstigungen verringert und neu gefasst.

5   Weitere wesentliche Änderungen erfolgen zum 1. August 2006[8] im Zuge der Umsetzung der Energiesteuerrichtlinie 2003/96/EG[9] in nationales Recht. Hier werden Praxisanpassungen, Verwaltungsvereinfachungen und steuersystematische Angleichungen vorgenommen.[10] Die Gesetzesänderungen[11] der Jahre 2007 und 2009 befassen sich vornehmlich mit dem Spitzenausgleich und seiner neuen Ausgestaltung. Die aktuellsten Änderungen werden im Jahr 2010 kontrovers diskutiert und größtenteils mit Wirkung zum 1. Januar 2011 gesetzlich umgesetzt, was unter B. dieses Kapitels zu lesen sein wird.

6   Das Stromsteuergesetz ist mit sechzehn Paragraphen sehr kurz gefasst und übersichtlich gehalten. Inhaltlich erfolgen im Gesetz zunächst Ausführungen über den Steuergegenstand und das Steuergebiet. Danach definiert § 2 StromStG diverse, für das Gesetz wesentliche, Begriffe, wie zum

---

1   Gesetz zum Einstieg in die ökologische Steuerreform v. 24.3.1999, (BGBl. I , S. 378).
2   BT-Drucks. 14/40 v. 17.11.1998, S. 1.
3   Art. 105 Abs. 2 und 106 Abs. 1 Nr. 2 GG.
4   Art. 87 Abs. 1 und Art. 108 Abs. 1 GG.
5   Richtlinie 2003/96/EG des Rates v. 27.10.2003 (ABl. EU Nr. L 283,51).
6   Gesetz zur Fortführung der ökologischen Steuerreform v. 16.12.1999 (BGBl. I, S. 2.432).
7   Gesetz zur Fortentwicklung der ökologischen Steuerreform v. 23.12.2002 (BGBl. I, S. 4.602).
8   Gesetz zur Neuregelung der Besteuerung von Energieerzeugnissen und zur Änderung des Stromsteuergesetzes v. 17.7.2006 (BGBl. I, S. 1.534).
9   Richtlinie 2003/96/EG des Rates v. 27.10.2003 (ABl. EU Nr. L 283/51).
10 Vgl. hierzu ausführlich Khazzoum/Eichhorn, VersW 2007, S. 53 ff.
11 Biokraftstoffquotengesetz v. 18.12.2006 (BGBl. I, S. 3.180) und Jahressteuergesetz 2009 v. 19.12.2008 (BGBl. I, S. 2.794).

Beispiel den Begriff des Versorgers oder des Eigenerzeugers. Während § 3 StromStG den Regel-steuersatz auf 20,50 € je Megawattstunde festlegt, beschäftigt sich § 4 StromStG damit, wer eine Erlaubnis benötigt, welche Voraussetzungen erfüllt sein müssen und in welcher Art die Erlaubnis erlangt werden kann.

Die nachfolgenden §§ 5 bis 8 des Gesetzes definieren die Steuerentstehungstatbestände, bestim-men den jeweiligen Steuerschuldner und regeln das Steuererhebungsverfahren. In den §§ 9, 9a, 9b, 9c und 10 StromStG sind sämtliche Befreiungen, Ermäßigungen und Entlastungen geregelt. Bei den letzten drei Paragraphen des Stromsteuergesetzes handelt es sich um steuertechnische Regelungen.

B.   Aktuelle Änderungen des Stromsteuergesetzes

Formell erfolgen die im Jahr 2010 diskutierten Änderungen in zwei eigenständigen Gesetzen. Zum einen durch das Gesetz zur Änderung des Energiesteuer- und des Stromsteuergesetzes,[12] welches notwendige und allgemein anerkannte Anpassungen vornimmt und zum anderen durch das Haushaltsbegleitgesetz 2011,[13] das Subventionen aus der ökologischen Steuerreform abbau-en will. Die Änderungen durch das Haushaltsbegleitgesetz 2011 sind in erster Linie fiskalisch motiviert, um den angespannten Haushalt durch Steuermehreinnahmen in 2011 und 2012 zu entspannen.

Inhaltlich erfolgt durch das Gesetz zur Änderung des Energiesteuer- und des Stromsteuergesetzes zunächst eine Anpassung des § 9 StromStG, wonach die landseitige Stromversorgung von Wasser-fahrzeugen für die gewerbliche Schifffahrt steuerbegünstigt wird. Die Steuerbegünstigung setzt aus Gründen der Steueraufsicht das Vorliegen einer Erlaubnis voraus. Mit der Begünstigung soll die bisher vorwiegend durch Schiffsgeneratoren erfolgte Stromversorgung auf in Häfen liegen-den Wasserfahrzeugen zugunsten einer Stromversorgung vom Land aus zurückgedrängt werden, um Umwelt- und Lärmbeeinträchtigungen zu reduzieren; was zu begrüßen ist. Darüber hinaus wird § 9a StromStG um neu bekannt gewordene Verwendungen mit mineralogischen Verfahren erweitert. Zudem werden die genannten Wärmeprozesse an die in § 51 EnergieStG aufgezählten Wärmeprozesse angepasst und die Herstellung von Industriegasen wird in einem neu eingeführ-ten § 9c StromStG entsprechend der einschlägigen EU-Richtlinie von der Steuer befreit.[14]

Weiterhin werden einige redaktionelle Bereinigungen vorgenommen, um das Stromsteuergesetz von unnötigem Ballast zu befreien und es lesbarer zu machen. Beispielsweise wurden die Regelun-gen für die Steuerbegünstigung für den Betrieb von Nachtspeicherheizungen gänzlich gestrichen. Die Begünstigung war bis zum 31. Dezember 2006 befristet, womit die damit einhergehenden Regelungen entbehrlich wurden.[15] Zur Rechtsbereinigung wird § 13 StromStG gestrichen, jedoch durch das Haushaltsbegleitgesetz 2011 wieder eingeführt und mit neuem Inhalt gefüllt.

Der Deutsche Bundestag hat am 28. Oktober 2010 über das Haushaltsbegleitgesetz 2011[16] beraten und das Gesetz mit den Stimmen der Regierungskoalition beschlossen. Dieses Gesetz hat den Bundesrat am 26. November 2010 passiert und wurde am 9. Dezember 2010 im Bundesgesetzblatt

12 Gesetz zur Änderung des Energiesteuer- und des Stromsteuergesetzes v. 8.3.2011 (BGBl. I. S. 282).
13 Haushaltsbegleitgesetz 2011 v. 9.12.2010 (BGBl. I, S. 1.885), BT-Drucks. 17/3030 v. 27.9.2010, BT-Drucks. 17/3361 v. 21.10.2010, BT-Drucks. 17/3406 v. 26.10.2010 , BT-Drucks. 17/3452 v. 27.10.2010.
14 Beschlussempfehlung und Bericht des Finanzausschusses, BT-Drucks. 17/4234 v. 15.12.2010.
15 Gestrichen wurde § 9 (2a) und (6) Satz 5 StromStG, Gesetz zur Änderung des Energiesteuer- und des Stromsteuerge-setzes v. 8.3.2011 (BGBl. I. S. 282)..
16 Haushaltsbegleitgesetz 2011 v. 9.12.2010 (BGBl. I, S. 1.885), BT-Drucks. 17/3030 v. 27.9.2010, BT-Drucks. 17/3361 v. 21.10.2010, BT-Drucks. 17/3406 v. 26.10.2010 , BT-Drucks. 17/3452 v. 27.10.2010.

veröffentlicht, so dass es planmäßig zum 1. Januar 2011 in Kraft getreten ist. Das Regelwerk sieht in den Artikeln sieben und acht neben anderen Einschnitten, die Reduzierung der Steuerbegünstigungen bei der Energie- und Stromsteuer vor. Für die Stromsteuer sieht das Gesetz sowohl Einschränkungen als auch Reduzierungen vor.

12 Die Einschränkungen der Steuerbegünstigungen beziehen sich auf Contracting-Gestaltungen bei Nutzenergielieferungen. Ziel des Gesetzgebers ist es, den Fehlentwicklungen bei der Nutzung von Steuerbegünstigungen für Unternehmen des Produzierenden Gewerbes durch eine Begrenzung auf die förderungswürdigen Sachverhalte zu begegnen. Die energie- und stromsteuerliche Begünstigung des produzierenden Gewerbes und der Land- und Forstwirtschaft hat für nicht begünstigte Unternehmen aus anderen Wirtschaftszweigen einen Anreiz geschaffen, die energieintensive Erzeugung von Nutzenergie auf begünstigte Unternehmen auszulagern.[17] Die Steuerbegünstigungen beim Contractor sollen zukünftig entfallen, soweit dieser kein Unternehmen des Produzierenden Gewerbes oder der Land- und Forstwirtschaft mit Nutzenergie beliefert. Übergangsvorschriften für bereits realisierte Contracting-Projekte sind nicht vorgesehen.

13 Die Reduzierung von Steuerbegünstigungen erfolgt zunächst durch die Erhöhung der Selbstbehalte in einem neu gefassten § 9b StromStG und beim Spitzenausgleich, so dass vor allem Unternehmen mit geringeren Energieverbräuchen aus dem Kreis der Begünstigten herausfallen.

14 In einem weiteren Schritt wird der reduzierte Steuersatz erhöht und die Höhe des Spitzenausgleiches begrenzt. Die Begünstigung für Unternehmen des produzierenden Gewerbes und der Land- und Forstwirtschaft ist von 8,20 € auf 5,13 € je Megawattstunde gesenkt worden. Gleichzeitig erfolgt eine Systemänderung. Die Begünstigung wird nicht mehr dadurch gewährt, dass der Versorger den Strom zu einem reduzierten Steuersatz leistet. Vielmehr wird der Versorger den Strom zum Regelsteuersatz liefern und das begünstigte Unternehmen erhält einen Steuerentlastungsanspruch nach § 9b StromStG. Das bisherige Erlaubnisverfahren wird zugunsten eines Antrags- bzw. Entlastungsverfahrens entfallen.

15 Die Erlaubnisse und Erlaubnisscheine für Unternehmen des Produzierenden Gewerbes und der Land- und Forstwirtschaft werden gänzlich abgeschafft. Zur Rechtsklarheit wird hierzu § 13 StromStG neu gefasst. Er regelt unter anderem, dass die erteilten Erlaubnisse zur steuerbegünstigten Entnahme von Strom mit Ablauf des 31. Dezember 2010 erlöschen.[18] Die Regelung ist aus Gründen der Verwaltungsvereinfachung zu begrüßen, denn ohne eine entsprechende Anordnung in § 13 StromStG hätten die Hauptzollämter alle Erlaubnisse widerrufen müssen.

16 Schließlich wird der Spitzenausgleich insoweit angepasst, als dass die Obergrenze der Entlastung auf maximal 90 % (anstelle von bisher 95 %) der Stromsteuerbelastung begrenzt wird. Stromentnahmen für Nutzenergielieferungen bleiben auch beim Spitzenausgleich unberücksichtigt. Eine Begünstigung wird nur gewährt, wenn sowohl der Contractor als auch der Kunde nachweislich ein Unternehmen des Produzierenden Gewerbes ist.

---

17   BT-Drucks. 17/3030 v. 27.9.2010, S. 1; BMF-Schreiben v. 25.1.2011, III B 6 V 8105/10/10001, S. 3.
18   BT-Drucks. 17/3452 v. 27.10.2010, S. 9.

Übersicht: Änderungen bei der Stromsteuer durch das Haushaltsbegleitgesetz 2011   17

1. Änderungen für Unternehmen des Produzierenden Gewerbes und der Land- und Forstwirtschaft		
	bis 31.12.2010	ab 01.01.2011
Selbstbehalt	205 € je Kalenderjahr	250 € je Kalenderjahr
	gemäß § 9 (5) StromStG (entspricht einem Verbrauch von 25.000 KWh).	gemäß § 9b (2) StromStG (entspricht einem Verbrauch von ca. 48.750 KWh).
Höhe der Begünstigung	Ermäßigung von 20,50 €/MWh auf 12,30 €/MWh.	Entlastung von 20,50 €/MWh auf 15,37 €/MWh.
	gemäß § 9 (3) StromStG (entspricht einer Begünstigung von 40% des Regelsteuersatzes bzw. 8,20 €/MWh).	gemäß § 9b (2) StromStG (entspricht einer Ermäßigung von rd. 25% des Regelsteuersatzes bzw. 5,13 €/MWh).
Behandlung von Contracting bzw. Lieferung von Nutzenergie (Nutzenergie: Licht, Kälte, Wärme, Druckluft und mechanische Energie)	Unternehmen des Produzierenden Gewerbes oder der Land- und Forstwirtschaft erhalten für den zur Nutzenergielieferung eingesetzten Strom eine Steuerentlastung von 8,20 €/MWh.	Die Nutzenergielieferung ist mit 5,13 €/MWh begünstigt, wenn das Unternehmen, welches diese Energie tatsächlich nutzt, auch dem produzierenden Gewerbe oder der Land- und Forstwirtschaft zugehört.
Verfahren bei der Begünstigung	Erlaubnisverfahren: Das Unternehmen reicht beim Versorger den Erlaubnisschein als Nachweis für die Begünstigung ein und erhält den Strom zu 12,30 €/MWh geliefert.	Antragsverfahren: Das Unternehmen erhält den Strom zu 20,50 €/MWh vom Versorger geliefert und muss die Entlastung auf 15,37 €/MWh selbst beim Hauptzollamt beantragen
2. Änderungen nur für Unternehmen des Produzierenden Gewerbes		
	bis 31.12.2010	ab 01.01.2011
Selbstbehalt beim Spitzenausgleich	512,50 € je Kalenderjahr	1.000 € je Kalenderjahr
	(entspricht einem Verbrauch von 25.000 KWh).	(entspricht einem Verbrauch von ca. 48.750 KWh).
Höhe des Spitzenausgleichs	95 % der Stromsteuerbelastung abzgl. Sockelbetrag und der fiktiven Einsparung bei den Arbeitgeber-Beiträgen zu Rentenversicherung.	90 % der Stromsteuerbelastung abzgl. Selbstbehalt und der fiktiven Einsparung bei den Arbeitgeber-Beiträgen zu Rentenversicherung.
Einschränkung des Spitzenausgleichs bei Contracting	Unternehmen des Produzierenden Gewerbes erhalten für den zur Nutzenergielieferung eingesetzten Strom die Entlastung nach § 10 StromStG uneingeschränkt.	Die Nutzenergielieferung ist nur dann nach § 10 StromStG begünstigt, wenn das Unternehmen, welches diese Energie tatsächlich nutzt, auch dem prod. Gewerbe zugehört.

2

C. Einführung in die Besteuerung von Strom

18 Im Anschluss erfolgt eine Erläuterung der grundlegenden Begriffe bei der Besteuerung von Strom, wobei der Steuergegenstand, das Steuergebiet und der Steuersatz praktisch kaum Probleme mit sich bringen. Wichtig für das Grundverständnis des Gesetzes ist es jedoch, die beteiligten Personen zu definieren und die wirtschaftliche Wirkung der Steuer zu verstehen.

19 Das Erlaubnisverfahren ist ein zentraler Punkt in Kapitel F, wobei die Relevanz für die Besteuerung mit zunehmendem Alter des Gesetzes zurückgeht. Bereits mit dem Gesetz zur Neuregelung der Besteuerung von Energieerzeugnissen und zur Änderung des Stromsteuergesetzes[19] wurden einige Erlaubnisvorbehalte aufgehoben. Die Entwicklung setzt sich mit Verabschiedung des Haushaltsbegleitgesetzes 2011[20] fort, indem der Erlaubnisvorbehalt für Unternehmen des Produzierenden Gewerbes und Unternehmen der Land- und Forstwirtschaft ersatzlos aufgehoben wird.

20 Das Kapitel G beschäftigt sich mit der Entstehung der Steuer sowie der Steuerschuldnerschaft, wobei der Versorger im Mittelpunkt der Betrachtung steht. Mit den praktischen Problemen der Stromsteuer sind im wesentlichen Energieversorgungsunternehmen in ihrer Eigenschaft als Versorger befasst, da diese als Strom leistende Unternehmen in den hauptsächlichen Anwendungsfällen des Gesetzes zum Steuerschuldner werden. Der Versorger muss durch Selbstveranlagung eine Steuererklärung abgeben und die selbst errechnete Steuer an den Steuergläubiger abführen. Hauptentstehungstatbestand ist die Stromentnahme aus dem Versorgungsnetz durch Letztverbraucher.

21 Das letzte Kapitel H hat die Ausnahmen von der Besteuerung zum Thema, wobei zu unterscheiden ist zwischen Steuerbefreiung und Steuerermäßigung. Beide Begünstigungen erfolgen entweder dadurch, dass der Versorger aufgrund einer ihm vorgelegten Erlaubnis den Strom bereits begünstigt liefert, oder dadurch, dass der Begünstigte die Entlastung beim zuständigen Hauptzollamt selbst beantragt.

22 Behandelt werden sämtliche Steuerbegünstigungen, wobei Schwerpunkt des Kapitels H die Begünstigungen für Unternehmen des Produzierenden Gewerbes und die damit einhergehenden praktischen Probleme sein werden.

D. Grundlagen der Besteuerung von Strom

I. Steuerobjekt und Steuergebiet

23 Steuerobjekt ist elektrischer Strom der Position 2716 der Kombinierten Nomenklatur (KN). Durch den Verweis auf die entsprechende Position in der Kombinierten Nomenklatur, wird der Steuergegenstand eindeutig beschrieben. Gleichzeitig wird Strom als Ware definiert und behandelt,[21] obwohl er durch seine physikalische Eigenschaft tatsächlich kein körperlicher Gegenstand sein kann. Bei dem Verweis auf die Kombinierte Nomenklatur handelt es sich um einen statischen Verweis, das heißt eine Änderung der Vorschrift auf die Bezug genommen wird, hat keine Auswirkung auf das Stromsteuergesetz. Eine Anpassung an eine geänderte Nomenklatur kann jedoch

---

19 Gesetz zur Neuregelung der Besteuerung von Energieerzeugnissen und zur Änderung des Stromsteuergesetzes vom 17.7.2006 (BGBl. I, S. 1.534).
20 Haushaltsbegleitgesetz 2011 v. 9.12.2010 (BGBl. I, S. 1.885).
21 BT-Drucks. 14/40 v. 17.11.1998, S. 10.

Khazzoum

im Verordnungsweg erfolgen.[22] Bei der Bestimmung des Steuergegenstandes wird zunächst kein Unterschied gemacht, aus welcher Quelle der Strom erzeugt wurde und wie die Stromerzeugungsanlage ausgestaltet ist.

Die Stromsteuer besteuert den Verbrauch von Strom im Steuergebiet, wobei die Definition des räumlichen Anwendungsbereichs des Gesetzes den Regelungen der Verbrauchsteuer-Systemrichtlinie und anderen Verbrauchsteuergesetzen entspricht. Steuergebiet ist das Gebiet der Bundesrepublik Deutschland ohne das Gebiet von Büsingen und ohne die Insel Helgoland. Büsingen am Hochrhein ist eine Gemeinde im baden-württembergischen Landkreis Konstanz und Hoheitsgebiet der Bundesrepublik Deutschland. Der Ort ist jedoch gänzlich von Schweizer Staatsgebiet in Form der Kantone Schaffhausen, Zürich und Thurgau umgeben. Büsingen ist die einzige Gemeinde Deutschlands, die eine Exklave des Bundesgebietes bildet. Die Insel Helgoland dagegen ist Teil des deutschen Wirtschaftsgebiets, gehört aber weder zum Zollgebiet der Europäischen Union (Art. 3 Abs. 1 ZK) noch zum deutschen Steuergebiet. Die Stromsteuer kann nur dann entstehen wenn eine Entnahme zum Verbrauch in diesem räumlich abgegrenzten Anwendungsbereich vorliegt.[23]

Nicht zu diesem Anwendungsbereich zählen beispielsweise das Gebiet von ausländischen Streitkräften, ihren Mitgliedern und deren ziviles Gefolge im Steuergebiet. Der Strom, der auf deren Gebiet verbraucht wird, unterliegt nicht der deutschen Stromsteuer, da dieses Gebiet nach Nato-Truppenstatut als Ausland anzusehen ist und damit nicht zum deutschen Hoheitsgebiet zählt. Zum deutschen Hoheitsgebiet zählt aber der Luftraum der Bundesrepublik Deutschland, die Zwölf-Meilen-Zone vor der deutschen Küste sowie Schiffe unter deutscher Flagge und deutsche Luftfahrzeuge. Eine weitere Besonderheit betrifft die österreichischen Gemeinden Mittelberg im Kleinwalsertal und Jungholz, in denen Verbrauchsteuern aufgrund von Verträgen mit Österreich nach den deutschen Verbrauchsteuergesetzen durch die deutsche Zollverwaltung erhoben werden.[24]

II.   Für die Besteuerung relevante Personen

1.   Versorger

Die Begriffsbestimmung des Versorgers hat für das Stromsteuerrecht zentrale Bedeutung. Hieran ist unter anderem die Steuerentstehung gebunden. Weiterhin muss der Versorger diversen Pflichten nachkommen. Die Tätigkeit, des im Steuergebiet ansässigen Versorgers ist erlaubnispflichtig und dieser inländische Versorger ist in seiner Eigenschaft als Steuerschuldner verpflichtet, die entstandene Stromsteuer zu ermitteln sowie diese – form- und fristgerecht – beim zuständigen Hauptzollamt anzumelden und abzuführen. Er fungiert praktisch als Eintreiber der Stromsteuer für die Zollbehörde.

---

22 § 11 Nr. 1 StromStG.
23 Vgl. zur Steuerentstehung unter „G. Steuerentstehung und Steuerschuldner".
24 http://www.zoll.de: Zoll online > Zoll und Steuern > Verbrauchsteuern > Grundsätzliche Regelungen > Deutsches Steuergebiet.

27   Versorger ist, wer Strom leistet.[25] Eine natürliche oder juristische Person ist kraft ihrer Tätigkeit Versorger und nicht kraft einer von der Behörde ausgestellten Erlaubnis.[26] In der Regel handelt es sich um ein Stadtwerk oder ein überregional tätiges Energieversorgungsunternehmen. Es ist aber auch gängige Praxis, dass Konzerne oder andere Unternehmensgruppen den Einkauf und die interne Verteilung der Energie aus wirtschaftlichen Erwägungen über eine eigene Gesellschaft bündeln und diese am Markt als Versorger auftritt.

28   Weiterhin zählen Stromhändler, Kraftwerksbetreiber und Versorgungsnetzbetreiber zu den Versorgern im Sinne des Stromsteuergesetzes. Unwichtig ist es indes, an wen der Versorger Strom leistet. Das kann sowohl ein anderer Versorger als auch ein Letztverbraucher sein. Entnimmt der Versorger Strom zum Selbstverbrauch aus dem Versorgungsnetz, so wird er nicht zum Letztverbraucher, sondern behält seine Eigenschaft als Versorger.

29   Das Leisten bzw. die Leistung von Strom setzt den Willen des Leistenden und des Leistungsempfängers voraus und beschreibt eine rechtsgeschäftliche Verfügung der leistenden Person. Insoweit muss eine schuldrechtliche Beziehung bestehen, in der Regel in Form eines Vertrages über die Lieferung von Strom.[27] Im Prinzip ist die Begrifflichkeit der „Leistung" von Strom mit dem Terminus „Lieferung" von Strom aus dem Umsatzsteuergesetz gleichzusetzen.[28]

30   Schwierig wird die Handhabung des Stromsteuergesetzes mit dem zuvor definierten Begriff des Versorgers, wenn Miet- oder Pachtverhältnisse betrachtet werden. Vermietet oder verpachtet ein Unternehmer Teile seines Betriebsgrundstückes und hat er sich weiterhin dazu verpflichtet an seine Mieter Strom zu liefern, ist er Versorger im Sinne von § 2 Nr. 1 StromStG. Gleiches kann für die Vermietung von Wohnungen und Gebäuden gelten.

31   Diesem Umstand nimmt sich § 1 Abs. 1 StromStV an und formuliert eine Ausnahmeregel. Wer danach ausschließlich von einem im Steuergebiet ansässigen Versorger zum Regelsteuersatz Strom bezieht und diesen ausschließlich an seine Mieter, Pächter oder ähnliche Vertragsparteien als Letztverbraucher leistet, gilt nicht als Versorger, sondern als Letztverbraucher. Obwohl der Vermieter kraft seiner Tätigkeit gemäß § 2 Nr. 1 StromStG Versorger ist, fingiert § 1 Abs. 1 StromStV eine Einordnung als Letztverbraucher. Diese Ausnahme wird aus Vereinfachungsgründen getroffen, um die Anzahl der Versorger klein zu halten und den betroffenen Vermieter und Verpächter die mit der Versorgereigenschaft verbundenen Pflichten zu ersparen.

2.   Eigenerzeuger und Letztverbraucher

32   Eigenerzeuger ist, wer Strom zum Selbstverbrauch erzeugt.[29] Der Eigenerzeuger produziert also Strom und verbraucht diesen vollumfänglich selbst. Sobald er Teile des erzeugten Stroms leistet, wäre er Versorger und nicht mehr Eigenerzeuger. Ausgeschlossen ist, dass ein Versorger gleichzeitig Eigenerzeuger ist, da § 5 Abs. 1 Satz 2 StromStG dem Begriff des Versorgers gegenüber dem des Eigenerzeugers den Vorrang gibt. Insoweit schließen sich auch die Begriffe Versorger und Eigenerzeuger gegenseitig aus.

---

25   § 2 Nr. 1 StromStG.
26   Zur Erlaubnis vgl. unter „F. Erlaubnispflicht im Stromsteuerrecht".
27   BT-Drucks. 14/40 v. 17.11.1998, S. 11; FG Rheinland-Pfalz, Urteil v. 24.6.2004, 6 K 1173/02.
28   Friedrich, DB 1999, S. 662.
29   § 2 Nr. 2 StromStG.

Der Begriff des Letztverbrauchers stammt aus dem Energiewirtschaftsgesetz und wurde aus   33
Gründen der terminologischen Einheitlichkeit auch in das Stromsteuergesetz übernommen.[30]
Letztverbraucher ist derjenige, der Strom, den er nicht selbst erzeugt hat, aus dem Versorgungsnetz entnimmt und zu eigenen Zwecken verbraucht. Der Letztverbraucher ist also der Endkunde,
der Strom in elektrischen Geräten konsumiert und dem die Entnahme von Strom aus dem Netz
vom Versorger gestattet wird.[31] Hier sind beispielsweise Unternehmen, öffentliche Einrichtungen
oder auch Privathaushalte zu nennen.

Grundsätzlich schließen sich auch die Begriffe Versorger und Letztverbraucher gegenseitig aus.[32]   34
Jedoch kann auch der belieferte Versorger als Letztverbraucher gelten, wenn dieser unter den
Voraussetzungen des § 5 Abs. 3 StromStG mit Strom beliefert wird.[33]

E.   Erhebungsart und wirtschaftliche Wirkung

I.   Höhe und Träger der Steuer

Die Stromsteuer belastet den Verbrauch von Strom. Sie ist, wie für eine Verbrauchsteuer typisch,   35
eine Abgabe, die mengenabhängig und damit unabhängig vom Entgelt ist. Bemessungsgrundlage
für die Stromsteuer ist der Verbrauch gemessen in Megawattstunde. Der Steuertarif beträgt aktuell 20,50 € je Megawattstunde.[34] Hierbei handelt es sich um den Regelsteuersatz, der in dieser
Höhe seit dem Jahr 2003 Bestand hat.

Abweichend zum Regelsteuersatz gelten für bestimmte Personengruppen reduzierte Steuersätze.   36
Zunächst unterliegt Strom einem Steuersatz von 11,42 € je Megawattstunde, wenn er im Verkehr
mit Oberleitungsomnibussen oder für den Fahrbetrieb im Schienenbahnverkehr entnommen
wird.[35] Darüber hinaus unterliegt Strom – bis zum 31. Dezember 2010 – einem Steuersatz von
12,30 € je Megawattstunde, wenn er von Unternehmen des Produzierenden Gewerbes oder der
Land- und Forstwirtschaft für betriebliche Zwecke entnommen wird.[36] Die landseitige Stromversorgung von Wasserfahrzeugen für die gewerbliche Schifffahrt erfolgt seit dem 1. Januar 2011 zu
einem ermäßigten Steuersatz in Höhe von 0,50 € je Megawattstunde.[37] Nachfolgender Übersicht
ist zu entnehmen, wie sich die wesentlichen Steuersätze seit Einführung des Stromsteuergesetzes
im Jahr 1999 entwickelt haben.

---

30   BT-Drucks. 14/40 v. 17.11.1998, S. 11.
31   FG Hamburg, Beschluss v. 27.12.2001, IV 327/01; FG Rheinland-Pfalz, Urteil v. 24.6.2004, 6K 1173/02Z.
32   Friedrich/Meißner, Energiesteuern, § 5 StromStG, Rn. 15 ff.
33   Vgl. unter „G. I. 1. b) Fiktion der Steuerentstehung: Lieferung an den unerkannten Versorger".
34   § 3 StromStG.
35   § 9 (2) StromStG.
36   § 9 (3) StromStG in der Fassung bis zum 31.12.2010.
37   Vgl. hierzu unter „H. III. 3. Steuerermäßigung für die gewerbliche Schifffahrt".

37 Übersicht: Höhe und Entwicklung der Steuersätze und ermäßigten Tarife seit 1999

	Regelsteuersatz (§ 3 StromStG)	Nachtspeicherheizung (§ 9 (2a) StromStG)	Fahrstrom (§ 9 (2) Nr. 2 StromStG)	Prod. Gewerbe/ Land- und Forstwirte (§ 9 (3) StromStG)
ab 1.4.1999	10,23 €/MWh	5,11 €/MWh	5,11 €/MWh	2,05 €/MWh
ab 1.1.2000	12,78 €/MWh	6,39 €/MWh	6,39 €/MWh	2,56 €/MWh
ab 1.1.2001	15,34 €/MWh	7,67 €/MWh	7,67 €/MWh	3,07 €/MWh
ab 1.1.2002	17,90 €/MWh	9,00 €/MWh	9,00 €/MWh	3,60 €/MWh
ab 1.1.2003	20,50 €/MWh	12,30 €/MWh	10,20 €/MWh	12,30 €/MWh
ab 1.1.2004	20,50 €/MWh	12,30 €/MWh	11,42 €/MWh	12,30 €/MWh
ab 1.1.2007	20,50 €/MWh	20,50 €/MWh	11,42 €/MWh	12,30 €/MWh
ab 1.1.2011	20,50 €/MWh	20,50 €/MWh	11,42 €/MWh	15,37 €/MWh

38 Anknüpfungspunkt bei der Besteuerung von Strom ist die Entnahme und der Verbrauch von elektrischem Strom. Die Stromsteuer entsteht also grundsätzlich durch die Entnahme zum Verbrauch durch Versorger, Eigenerzeuger oder Letztverbraucher. Der Stromkonsument soll die Steuer wirtschaftlich tragen.[38] Steuerschuldner ist jedoch ein anderer; in der Regel der Versorger. Der Gesetzgeber erhebt die Steuer beim Versorger, der wiederum berechnet dem Stromkonsument, also dem Steuerträger, die Steuer über die Stromrechnung weiter. Der Steuerträger ist weder Steuerpflichtiger noch Beteiligter im Steuerschuldverhältnis. Er soll am Ende mit der Steuer wirtschaftlich belastet sein. Soll der mit der Steuer wirtschaftlich Belastete nach dem Stromsteuergesetz die Steuer ganz oder teilweise nicht tragen, so hat er ein Anspruch auf Erlass, Erstattung oder Vergütung.[39]

39 Die Steuer wird grundsätzlich bei dem Unternehmen, welches den Strom anbietet, erhoben und wird durch diesen Steuerzahler in der Weise auf andere Personen verschoben bzw. weitergeleitet, dass das eigene Vermögen bzw. Einkommen ungekürzt bleibt.[40] Die Stromsteuer soll also über den Strompreis an den Kunden abgewälzt werden. In der Regel ist die Stromsteuer ein Teil des Strompreises und aus der Rechnung ersichtlich. Eine gesetzliche Regelung, zum offenen Ausweis der Stromsteuer in Rechnungen, wie bei der Umsatzsteuer, existiert jedoch nicht.

II. Verhältnis zur Umsatzsteuer

40 Die Stromsteuer ist Entgeltbestandteil bei der Umsatzsteuer,[41] womit der Gesetzgeber durch eine Erhöhung der Stromsteuer das Umsatzsteueraufkommen automatisch erhöhen kann. Entgelt ist alles, was der Leistungsempfänger aufwendet, um die Leistung zu erhalten, so § 1 Abs. 1 Satz 2 UStG. Die Stromsteuer geht in die Bemessungsgrundlage für die Umsatzsteuer ein, da sie im Zusammenhang mit der Stromlieferung steht. Natürlich nur soweit die Stromsteuer entstanden ist.

---

38 BT-Drucks. 14/40 v. 17.11.1998, S. 10.
39 Vgl. hierzu unter „H. IV. Steuerentlastungen: Erlass, Erstattung oder Vergütung der Steuer"
40 Schmölders/Hansmeyer, Allgemeine Steuerlehre, S. 138.
41 Art. 78 Satz 1 MwStSystRL; § 149 (6) UStR.

Die Stromsteuer entsteht nicht, bei einer Stromlieferung an einen Versorger, da keine Entnahme zum Verbrauch erfolgt. Der Versorger ist Weiterverteiler von Strom und kann den Strom stromsteuerfrei beziehen. Insoweit wird ihm eine Stromsteuer nicht in Rechnung gestellt, so dass keine Berücksichtigung als Entgeltbestandteil erfolgen kann.

In der Praxis tritt gelegentlich die Frage auf, ob die gleichzeitige Belastung von Strom mit Stromsteuer und Umsatzsteuer nicht eine unrechtmäßige Doppelbesteuerung sei. Dem ist zu entgegnen, dass – wie bereits ausgeführt – die Stromsteuer als Teil des Entgelts zur umsatzsteuerlichen Bemessungsgrundlage gehört. Nach § 10 Abs. 1 UStG ist die Umsatzsteuer nach dem Entgelt zu bemessen. Dabei ist Entgelt alles, was der Leistungsempfänger aufwendet, um die Leistung zu erhalten, jedoch abzüglich der Umsatzsteuer. Nach Abschnitt 149 Abs. 6 der Umsatzsteuerrichtlinien rechnen zum Entgelt auch die vom Unternehmer geschuldeten Steuern (Verbrauch- und Verkehrsteuern), öffentlichen Gebühren und Abgaben, auch wenn diese Beträge auf den Leistungsempfänger überwälzt werden.   41

F.   Erlaubnispflicht im Stromsteuerrecht

Das Stromsteuerrecht basiert an zwei Stellen auf die Erteilung einer Erlaubnis und das Ausstellen von Erlaubnisscheinen. Zunächst sieht § 4 Abs. 1 StromStG eine Erlaubnispflicht vor, wenn   42

- ein Versorger Strom an seine Abnehmer leistet oder
- ein Eigenerzeuger Strom zum Selbstverbrauch entnimmt oder
- ein Letztverbraucher Strom aus einem Gebiet außerhalb des Steuergebietes bezieht.

Wer eine Erlaubnis als Versorger beantragt und erhalten hat, benötigt keine zusätzliche Erlaubnis als Eigenerzeuger, wenn er Strom zum Selbstverbrauch entnimmt.[42] Der Eigenerzeuger, der Strom steuerfrei nach § 9 Abs. 1 Nr. 3a, Nr. 4 und Nr. 5 entnimmt, benötigt ebenfalls keine Erlaubnis.[43]   43

Damit benötigen diejenigen Eigenerzeuger keine Erlaubnis,   44

- die Betreiber einer Stromerzeugungsanlage mit einer elektrischen Nennleistung von bis zu zwei Megawatt sind und den erzeugten Strom im räumlichen Zusammenhang ausschließlich zum Selbstverbrauch entnehmen;
- die Betreiber einer Notstromanlage sind; und
- die Strom auf Schiffen oder Luftfahrzeugen erzeugen und diesen Strom genau dort verbrauchen und die Strom in Schienenbahnfahrzeugen (im Schienenbahnverkehr) erzeugen und diesen Strom zu begünstigten Zwecken entnehmen. Begünstigter Zweck ist in diesem Fall die Entnahme von Strom im Verkehr mit Oberleitungsomnibussen oder für den Fahrbetrieb im Schienenbahnverkehr mit Ausnahme der betriebsinternen Werkverkehre und Bergbahnen.[44]

Weiterhin sieht § 9 Abs. 4 StromStG eine förmliche Einzelerlaubnis zur Entnahme von steuerbefreiten oder steuerbegünstigten Strom vor. Es bedarf der Erlaubnis,   45

- wer, steuerfrei nach § 9 Abs. 1 Nr. 2 StromStG, Strom zur Stromerzeugung entnehmen will oder

---

42   § 4 (1) Satz 2 StromStG.
43   § 4 (1) Satz 2 StromStG.
44   § 9 (2) Nr. 2 StromStG.

2

- wer, zu einem ermäßigten Steuersatz, Strom im Verkehr mit Oberleitungsomnibussen oder für den Fahrbetrieb im Schienenbahnverkehr mit Ausnahme der betriebsinternen Werkverkehre und Bergbahnen einsetzen will oder

- wer, als Unternehmen des Produzierenden Gewerbes oder als Unternehmen der Land- und Forstwirtschaft, Strom zu einem ermäßigten Steuersatz zu eigenen betrieblichen Zwecken einsetzen will[45] oder

- wer Strom bei der landseitigen Stromversorgung von Wasserfahrzeugen für die Schifffahrt, mit Ausnahme der privaten nichtgewerblichen Schifffahrt, verbrauchen will.[46]

46 Die erforderlichen Erlaubnisse im Stromsteuerrecht lassen sich der Steueraufsicht bzw. der zollamtlichen Überwachung zuordnen.[47] In allen Fällen handelt es sich jeweils um eine förmliche Einzelerlaubnis, die auf Antrag gewährt wird.

I.   Die Erlaubnis

47 Die Erlaubnis ist schriftlich beim zuständigen Hauptzollamt zu beantragen.[48] Im Antrag sind Angaben über Name, Geschäftssitz, Rechtsform, Steuernummer, Umsatzsteuer-Identifikationsnummer und über den Gegenstand des Unternehmens zu machen.[49] Darüber hinaus sind dem Antrag Unterlagen und Erklärungen beizufügen, die unter §§ 2 Abs. 2 und 8 Abs. 2 StromStV abschließend aufgezählt werden. Hierzu zählt beispielsweise ein Registerauszug nach neustem Stand,[50] ein Betriebsstättenverzeichnis oder eine Erklärung über die Bestellung eines steuerlichen Beauftragten. Das Hauptzollamt kann darüber hinaus weitere Angaben und Unterlagen verlangen, aber auch auf Angaben und Unterlagen verzichten.

48 Der jeweilige Antrag kann formlos gestellt werden, wobei es für den Antrag auf Erteilung einer Erlaubnis zur steuerbegünstigten Entnahme von Strom nach § 9 Abs. 3 StromStG einen amtlichen Vordruck gibt.[51] Die Verwendung des Vordruckes ist gesetzlich nicht vorgeschrieben. Der Antragsteller muss ebenfalls persönliche Voraussetzungen erfüllen. So hat er ordnungsgemäße kaufmännische Bücher zu führen, rechtzeitig Jahresabschlüsse zu erstellen und gegen seine steuerliche Zuverlässigkeit dürfen keinerlei Bedenken bestehen.[52]

49 Sofern der Antragsteller die Eigenschaften erfüllt, die an einen Erlaubnisinhaber gestellt werden, wird die Erlaubnis schriftlich unter Widerrufsvorbehalt erteilt.[53] Bei der erteilten Erlaubnis handelt es sich um einen Verwaltungsakt des Hauptzollamtes, welches dem Antragsteller ausdrücklich erlaubt, etwas zu tun.

- Der Versorger ist nach Maßgabe der Erlaubnis berechtigt, im Sinne des Stromsteuergesetzes, Strom zu leisten.

---

45 Die Erlaubnispflicht für Unternehmen des Produzierenden Gewerbes und der Land- und Forstwirtschaft wurde mit Wirkung ab dem 1.1.2011 abgeschafft; § 13 StromStG.

46 Eingeführt durch das Gesetz zur Änderung des Energiesteuer- und des Stromsteuergesetzes v. 8.3.2011 (BGBl. I. v. 8.3.2011).

47 §§ 209 ff. AO.

48 Örtlich zuständig ist das Hauptzollamt, in dessen Bezirk der Antragsteller seinen Geschäfts- oder Wohnsitz hat; vgl. hierzu auch §§ 17 und § 23 AO.

49 § 4 StromStG i.V.m § 2 (1) StromStV und § 9 (4) StromStG i.V.m. § 8 (1) StromStV.

50 Handelsregister, Genossenschaftsregister oder auch Vereinsregister.

51 http://www.zoll.de: Zoll online > Vorschriften und Vordrucke > Formularcenter > Verbrauchsteuern > Stromsteuer > Vordrucknummer 1404.

52 § 4 (2) Satz 1 StromStG und § 9 (4) Satz 2 StromStG.

53 § 4 (2) StromStG und § 9 (4) StromStG.

Khazzoum

- Der Eigenerzeuger ist nach Maßgabe der Erlaubnis berechtigt, im Sinne des Gesetzes selbst erzeugten Strom zum Selbstverbrauch zu entnehmen.

- Der Letztverbraucher ist nach Maßgabe der Erlaubnis berechtigt, aus einem Gebiet, welches außerhalb des Steuergebietes liegt, Strom zu beziehen und zu verbrauchen.

- Das Verkehrsunternehmen ist nach Maßgabe der Erlaubnis berechtigt, Fahrstrom zum ermäßigten Steuersatz von 11,42 € je Megawattstunde zu entnehmen.

- Das Unternehmen des Produzierenden Gewerbes bzw. der Land- und Forstwirtschaft ist nach Maßgabe der Erlaubnis berechtigt, Strom zum ermäßigten Steuersatz von 12,30 € je Megawattstunde für betriebliche Zwecke zu entnehmen.[54]

- Der Stromerzeuger ist nach Maßgabe der Erlaubnis berechtigt, Strom steuerfrei zu entnehmen, soweit dieser zur Stromerzeugung eingesetzt wird.

- Der Betreiber von Wasserfahrzeugen ist nach Maßgabe der Erlaubnis berechtigt, Strom steuerermäßigt zu entnehmen, sofern der Strom bei der landseitigen Stromversorgung von Wasserfahrzeugen für die Schifffahrt verbraucht wird. Mit Ausnahme der privaten nichtgewerblichen Schifffahrt.[55]

Die Erlaubnis beinhaltet darüber hinaus Informationen über die Pflichten des Erlaubnisinhabers. Bei den Pflichten handelt es sich vornehmlich um Nachweis- und Dokumentationserfordernisse, aber auch um Mitteilungspflichten.[56] Diese Pflichten dienen der Steueraufsicht. Weiterhin enthält die Erlaubnis des Hauptzollamtes eine Rechtsbehelfbelehrung. Bei der Erlaubnis handelt es sich um einen begünstigenden Verwaltungsakt im Sinne der §§ 118, 130 AO.   50

II.   Der Erlaubnisschein

Mit der Erlaubnis erhält der Antragsteller einen Erlaubnisschein und entsprechende Mehrausfertigungen bzw. Mehrstücke des Erlaubnisscheines, wobei die Mehrausfertigungen dazu bestimmt sind, als Nachweispapier an die Stromlieferanten verschickt zu werden, damit diese den Strom – entsprechend der Erlaubnis – stromsteuerbegünstigt oder gänzlich ohne Stromsteuer liefern können.[57]   51

Die Anzahl der Mehrausfertigungen, die ein Erlaubnisinhaber erhält, ist unbegrenzt. Sie hängt nur vom Bedarf des Unternehmens ab. Je mehr Stromlieferanten ein Erlaubnisinhaber hat, desto höher ist die Anzahl der benötigten Mehrausfertigungen. Die entsprechende Anzahl kann beim Hauptzollamt angefordert werden. Die Mehrausfertigungen entsprechen in Form und Inhalt dem Erlaubnisschein, nur dass diese Mehrstücke fortlaufend durchnummeriert sind. Bei diesen Mehrausfertigungen handelt es sich jeweils um einen Erlaubnisschein im Original und nicht um eine Kopie.   52

---

54   Die Erlaubnispflicht für Unternehmen des Produzierenden Gewerbes und der Land- und Forstwirtschaft wurde mit Wirkung ab dem 1.1.2011 abgeschafft, § 13 StromStG.
55   Eingeführt durch das Gesetz zur Änderung des Energiesteuer- und des Stromsteuergesetzes v. 8.3.2011 (BGBl. I, S. 282).
56   §§ 4 und 11 StromStV.
57   Eigenerzeuger und Letztverbraucher erhalten keinen Erlaubnisschein, da kein Nachweispapier benötigt wird.

2

53 Der Erlaubnisschein beinhaltet im Wesentlichen Informationen über Name und Anschrift des Erlaubnisinhabers und wozu er nach Maßgabe der Erlaubnis berechtigt ist. Weiterhin wird im Erlaubnisschein auf die zugrunde liegende Erlaubnis verwiesen bzw. auf das Datum ihrer Erteilung und das Aktenzeichen. Darüber hinaus sind die Gültigkeitsdauer der Erlaubnis, die Erlaubnisscheinnummer sowie die ausstellende Behörde benannt.

54 Die Erlaubnisscheinnummer folgt im Idealfall einer einheitlichen Systematik. Beispielsweise ist die Nummer der Versorger-Erlaubnis in der Regel fünfzehnstellig und beginnt mit den Buchstaben STVERS, was die Abkürzung für Stromversorger ist. Dann folgt eine vierstellige Ziffer, hinter der sich der Dienststellenschlüssel des Hauptzollamtes verbirgt, welches den Erlaubnisschein ausgestellt hat. Die sich daran anschließende fünfstellige Ziffer beinhaltet die Unternehmensnummer des Erlaubnisinhabers.

55 Der Erlaubnisschein ist dem Hauptzollamt unverzüglich zurückzugeben, wenn die Erlaubnis erlischt oder die erlaubnispflichtige Tätigkeit, nicht nur vorübergehend, eingestellt wird. Geht der Erlaubnisschein verloren, ist dies unverzüglich anzuzeigen und das Hauptzollamt stellt auf Antrag einen neuen Erlaubnisschein aus.

III. Bedeutung der Erlaubnis im Besteuerungsverfahren und in der Praxis

56 Die Mehrausfertigung des Erlaubnisscheins dient als Beweisdokument gegenüber dem Versorger, um diesem die Berechtigung zum steuerfreien bzw. -ermäßigten Bezug von Strom anzuzeigen. Gleichwohl existiert keine gesetzliche Regelung, die dem Versorger vorschreibt, dass ihm der Erlaubnisschein im Original vorgelegt werden muss, damit der Kunde steuerfrei oder steuerermäßigt beliefert werden darf. Die Forderung zur Vorlage des Erlaubnisscheines im Original dient nur der zusätzlichen Sicherheit aus Sicht des Versorgers[58] und er sollte sich zu Kontrollzwecken den Erlaubnisschein unbedingt im Original vorlegen lassen.

1. Erlaubnis für Versorger und Eigenerzeuger sowie Letztverbraucher bei Strombezug aus dem Ausland

57 Die Erlaubnis nach § 4 Abs. 1 StromStG begründet nicht den Status als Versorger, Eigenerzeuger oder erlaubnispflichtigen Letztverbraucher. Die Erlaubnis wirkt nicht konstitutiv. Der Versorger ist beispielsweise lediglich kraft seiner Tätigkeit als Lieferant von Strom Versorger. Versorger ist nach § 2 Nr. 1 StromStG, wer Strom leistet.[59] Ähnliches gilt für den Eigenerzeuger. Alle die, die Strom zum Selbstverbrauch erzeugen, sind Eigenerzeuger im Sinne des Gesetzes, auch ohne Erlaubnis und Erlaubnisschein. Das Fehlen der Erlaubnis als Versorger oder Eigenerzeuger, aber auch als Letztverbraucher mit Strombezug aus dem Ausland, hat lediglich steuerschuldrechtliche Konsequenzen.

---

58 BMF-Schreiben v. 14.5.2003, III A 1 – V 4201 – 5/03.
59 Vgl. hierzu unter „D. II. 1. Versorger".

Die Gruppe der Versorger, Eigenerzeuger und erlaubnispflichtigen Letztverbraucher, haben gemeinsam, dass sie Steuerschuldner im Sinne des Stromsteuergesetzes sind. In einem weiteren Schritt werden diese in ihrer jeweiligen Eigenschaft erlaubnispflichtig. Damit wird der Verwaltung die Steueraufsicht erleichtert. Nahezu sämtliche Steuerschuldner müssen sich in dieser Art registrieren lassen und werden so erfasst.   58

Fehlt diese Erlaubnis entsteht die Steuer unverändert im Zeitpunkt der Entnahme zum Verbrauch; jedoch ist die Steuer unverzüglich anzumelden und sofort fällig. An dieser Erlaubnis hängt grundsätzlich kein steuerlicher Vorteil für den betroffenen Personenkreis.   59

2.   Erlaubnis bei Steuerbegünstigungen

Demgegenüber ist die Erlaubnis nach § 9 Abs. 4 StromStG so ausgestaltet, dass die natürliche oder juristische Person die Erlaubnis innehaben muss, damit eine Begünstigung gewährt werden kann; und zwar unabhängig davon, ob diese Person die Eigenschaften eines Erlaubnisinhabers in sich vereinigt. Die Steuerbefreiungen und -ermäßigungen sind zeitlich erst nach der Beantragung der Erlaubnis zu gewähren.   60

Die Stromsteuererlaubnis nach § 9 Abs. 4 StromStG hat konstituierende Wirkung und es besteht kein Rechtsanspruch auf eine rückwirkende Erteilung einer Erlaubnis.[60] Sofern die Erlaubnis rückwirkend erteilt wird, handelt es sich ausschließlich um eine Ermessensentscheidung des zuständigen Hauptzollamtes.[61] Die rückwirkende Erlaubniserteilung auf den 1. Januar des Jahres der Beantragung ist bei den Hauptzollämtern übliche Praxis und wird zumeist gewährt.   61

3.   Die zu Unrecht erlangte Erlaubnis

Zum 1. August 2006 wurde § 9 Abs. 7 StromStG neu eingeführt und zum 1. Januar 2011 wieder abgeschafft. Die Regelung beschäftigt sich mit den Fällen, in denen der Antragsteller die Erlaubnis auf begünstigte Entnahme von Strom durch unrichtige oder unvollständige Angaben erhalten hat bzw. der Fortbestand der Erlaubnis aufgrund solcher Angaben besteht. Der Rechtszustand davor war derart, dass Erlaubnisse nur mit Wirkung für die Zukunft widerrufen werden konnten und die Steuer somit nicht zurückgefordert wurde. Der Strom gilt nach dem 1. August 2006 als entnommen, für einen anderen Zweck, als den, der in der Erlaubnis genannt ist. Steuerschuldner ist der Erlaubnisinhaber, also derjenige der die unrichtigen Angaben gemacht hat.   62

Aus Sicht der Verwaltung ist die Einführung einer solchen Regelung sinnvoll, da das Hauptzollamt im Rahmen der Beantragung der Erlaubnis lediglich nach den eingereichten Angaben und Unterlagen entscheiden kann und lediglich eine Plausibilitätsprüfung vorgesehen ist. Sollte ein Fall der zu Unrecht erlangten Erlaubnis vorliegen, kann die Erlaubnis mit Wirkung für die Zukunft widerrufen und die Steuer aufgrund von § 9 Abs. 7 StromStG für die Vergangenheit nachgefordert werden. Mit Streichung des Erlaubnisvorbehaltes für Unternehmen des Produzierenden Gewerbes und Unternehmen der Land- und Forstwirtschaft wurde die Regelung entbehrlich und wurde gestrichen.[62]   63

---

60   FG Baden Württemberg, Urteil v. 23.9.2002 V 15/02, FG Rheinland-Pfalz, Urteil v. 4.12.2003 6 K 3117/00.
61   FG Hamburg, Urteil v. 11.6.2003, IV 35/01.
62   Haushaltsbegleitgesetz 2011 v. 9.12.2010 (BGBl. I, S. 1.885).

4. Anpassung der Erlaubnis bei Umstrukturierungen

64 Unabhängig davon, ob es sich um eine Erlaubnis nach § 4 Abs. 1 oder § 9 Abs. 4 StromStG handelt, ist unbedingt darauf zu achten, dass die Erlaubnis rechtzeitig beantragt wird bzw. dass bei Umstrukturierung im eigenen Unternehmen – bei der sich die Rechtspersönlichkeit der Gesellschaft ändert – eine neue Erlaubnis beantragt wird. Weiterhin ist zu beachten, dass Umstrukturierungen ertragsteuerrechtlich unter bestimmten Voraussetzungen rückwirkend auf den 1. Januar eines Jahres möglich sind. Dies gilt nicht für Verbrauchsteuern und damit auch nicht für die Stromsteuer. Maßgeblicher Zeitpunkt ist hier das Datum der Eintragung in das Handelsregister des Unternehmens.

IV. Abschaffung des Verfahrens von Erlaubnisscheinen für Unternehmen des produzierenden Gewerbes und der Land- und Forstwirtschaft

65 Durch das Haushaltbegleitgesetz 2011[63] wurde die Erlaubnis für Unternehmen nach § 9 Abs. 3 StromStG abgeschafft. Der neu formulierte § 13 StromStG regelt, dass die erteilten Erlaubnisse zur begünstigten Entnahme von Strom mit Ablauf des 31. Dezember 2010 erlöschen.[64] Die Steuerbegünstigung wird ab dem Jahr 2011 nicht mehr dadurch gewährt, dass das begünstigte Unternehmen den Strom zu einem ermäßigten Steuersatz von seinem Versorger geleistet bekommt; vielmehr erhält das Unternehmen einen Entlastungsanspruch nach § 9b StromStG, der neu eingeführt wurde. Das Erlaubnisverfahren wurde im Ergebnis durch ein Antragverfahren ersetzt.

66 Diese Neuerung ist aus Sicht des Versorgers zu begrüßen, da sich der Arbeitsaufwand verringern wird. Demgegenüber wird sich der Aufwand bei den Hauptzollämtern erhöhen, weil die Begünstigung zukünftig im Wege der Steuerentlastung gewährt wird[65] und sich somit die Anzahl der Entlastungsanträge erhöhen.

G. Steuerentstehung und Steuerschuldner

67 Die Regelungen der §§ 5, 6, 7, 8 Abs. 4a und 9 Abs. 5 bis 8 StromStG bestimmen die Entstehung der Steuer und definieren den jeweiligen Steuerschuldner. Dabei bildet § 5 StromStG die Kernregelung des Gesetzes,[66] da hier die Haupttatbestände der Steuerentstehung geregelt sind und die meisten Steuerschuldner bestimmt werden. Ergänzt wird diese Kernregelung durch die §§ 6 und 7 StromStG, die sich mit zwei Sonderfällen der Steuerentstehung beschäftigen, welche nicht durch § 5 StromStG erfasst sind.

68 Die Implementierung und Ausgestaltung der Steuerbegünstigungen und Steueranmeldung im Stromsteuergesetz bringen es weiterhin mit sich, dass weitere Entstehungstatbestände und Steuerschuldner definiert werden mussten. Dem tragen §§ 8 und 9 StromStG entsprechend Rechnung.

---

63 Haushaltsbegleitgesetz 2011 v. 9.12.2010 (BGBl. I, S. 1.885).
64 BT-Drucks. 17/3452 v. 27.10.2010, S. 9.
65 Vgl. hierzu unter „H. II. 2. Steuerermäßigung nach § 9 Abs. 3 StromStG alte Fassung und § 9b StromStG neue Fassung" sowie „H. IV. 2. Steuerentlastung für Unternehmen nach § 9b StromStG".
66 BT-Drucks. 14/40 v. 17.11.1998, S. 11.

I.   Steuerentstehung

Steuerentstehung beschreibt den Umstand, an dem das Gesetz eine Besteuerung festmacht. Sobald der Tatbestand erfüllt ist, an dem das Gesetz die Leistungspflicht knüpft, entsteht die Steuer.[67] Das Stromsteuergesetz enthält verschiedene Steuerentstehungstatbestände, wobei die Steuer in den meisten Fällen durch den Selbstverbrauch von Strom und vor allem durch die Entnahme von Strom aus dem Versorgungsnetz zum Verbrauch entsteht. Die Steuer wird somit im Grundsatz durch das tatsächliche Handeln einer Person ausgelöst; sei es durch die Betätigung eines Schalters, um eine Lampe zum Leuchten zu bringen oder durch das Einführen eines Steckers in eine Steckdose, um ein Elektrogerät zu betreiben.[68] Die Steuer entsteht, wie bei anderen Verbrauchsteuern auch, auf Grundlage eines tatsächlichen Vorgangs bzw. eines Realaktes.

69

Was mit „Entnahme" gemeint ist, wird weder im Gesetz noch in der Gesetzesbegründung definiert. Mit Blick auf andere Verbrauchsteuergesetze ist hierunter zu verstehen, dass eine nach außen deutlich erkennbare Willensbetätigung erfolgen muss, die auf den Verbrauch von Strom gerichtet ist.[69]

70

Die Steuer entsteht auf Ebene desjenigen der zum Verbrauch entnimmt. Im Zeitpunkt der Entnahme tritt die Ware Strom in den steuerrechtlich freien Verkehr ein und wird zugleich konsumiert,[70] womit aufgrund der physikalischen Eigenschaften von Strom die Entnahme und der Verbrauch zeitlich zusammenfallen. Was nicht zuletzt auch auf die mangelnde Speicherfähigkeit des Stromes zurückzuführen ist. Folge der Steuerentstehung im Zeitpunkt des Verbrauches ist auch, dass Leitungsverluste steuerlich nicht erfasst werden.[71]

71

Die Stromsteuer entsteht gemäß §§ 5, 6 und 7 StromStG in folgenden Fällen:

72

- Letztverbraucher im Steuergebiet entnehmen Strom aus dem Versorgungsnetz, der von einem inländischen Versorger im Steuergebiet geleistet wird.
- Versorger im Steuergebiet entnehmen Strom aus dem Versorgungsnetz zum Selbstverbrauch.
- Eigenerzeuger entnehmen Strom zum Selbstverbrauch im Steuergebiet.
- Strom wird widerrechtlich aus dem Versorgungsnetz entnommen.
- Letztverbraucher im Steuergebiet beziehen Strom aus einem Gebiet außerhalb des Steuergebietes und entnehmen ihn dem Versorgungsnetz.

1.   Steuerentstehung nach § 5 StromStG

a)   Grundvariante der Steuerentstehung

Nach § 5 Abs. 1 Satz 1 Var. 1 StromStG entsteht die Steuer dadurch, dass von einem im Steuergebiet ansässigen Versorger geleisteter Strom durch Letztverbraucher im Steuergebiet aus dem Versorgungsnetz entnommen wird. Hierbei handelt es sich um den Regelfall der Steuerentstehung im Stromsteuergesetz, da hierunter nahezu sämtliche natürliche und juristische Personen

73

---

67   § 38 AO.
68   BT-Drucks. 14/40 v. 17.11.1998, S. 10.
69   Jatzke, DStZ 1999, S. 520 und 524.
70   BT-Drucks. 14/40 v. 17.11.1998, S. 11.
71   BT-Drucks. 14/40 v. 17.11.1998, S. 11.

im Steuergebiet fallen, die Strom für eigene Zwecke erwerben und verbrauchen. Steuerschuldner ist nach § 5 Abs. 2 Var. 1 StromStG der Versorger, also derjenige, der sich vertraglich gegenüber dem Kunden zur Lieferung von Strom verpflichtet hat.[72]

2

74 Die Stromsteuer entsteht grundsätzlich nicht, bei der Lieferung von Strom von einem Versorger an einen anderen Versorger, da sich an die Lieferung keine Entnahme zum Verbrauch anschließt. Ausnahme hierzu bildet die Lieferung von Strom an einen unerkannten Versorger nach § 5 Abs. 3 StromStG.

b) Fiktion der Steuerentstehung: Lieferung an den unerkannten Versorger

75 Eingeführt wurde die Regelung zum 1. August 2006[73] und hatte das Ziel eine Verwaltungsvereinfachung bei der Leistung von Strom zwischen Versorgern[74] zu erreichen. Hintergrund der Gesetzesänderung sind Lieferungen von Versorgern an andere Versorger, die versehentlich mit Berechnung von Stromsteuer erfolgen. Bevor § 5 Abs. 3 StromStG eingeführt wurde, mussten solche Sachverhalte bezüglich der Rechnungslegung einer aufwendigen Rückabwicklung zwischen den Versorgern unterzogen werden, da die Steuer tatsächlich nicht entstanden ist. Es fehlte an der Entnahme zum Verbrauch. Die entsprechenden Rechnungen waren zu stornieren und wurden neu ausgestellt.

76 Um die Vereinfachung zu erreichen, wurde die Leistung von Strom an einen anderen Versorger fiktiv als Entnahme zum Verbrauch aus dem Versorgungsnetz durch einen Letztverbraucher im Steuergebiet definiert, wenn die Versorgereigenschaft durch den liefernden Versorger unerkannt blieb und er an den belieferten Versorger in der Annahme leistet, dass die Steuer nach § 5 Abs. 1 Satz 1 Var. 1 StromStG entstanden ist. Die gesetzliche Fiktion führt dazu, dass die Steuer entstanden ist und der liefernde Versorger Steuerschuldner ist. Gleichzeitig wird der belieferte Versorger ausnahmsweise zum Letztverbraucher. Die Steuerentstehung durch die tatsächliche Entnahme des Stroms aus dem Versorgungsnetz bleibt hierdurch jedoch unberührt, was dazu führt, dass bei einer späteren, tatsächlichen Entnahme zum Verbrauch die Steuerschuld nach § 5 Abs. 1 Satz 1 StromStG entsteht.

77 Um im Ergebnis eine Doppelbelastung mit Stromsteuer zu verhindern, erhält der unerkannte Versorger einen Anspruch auf Vergütung der Steuer, die ihm vom leistenden Versorger in Rechnung gestellt wurde. Voraussetzung dafür ist jedoch, dass er nachweist, dass die durch die tatsächliche Entnahme entstandene Steuer entrichtet wurde, für den Strom keine Steuer entstanden ist oder der Strom steuerfrei entnommen wurde.[75]

---

72 BT-Drucks. 14/40 v. 17.11.1998, S. 11.
73 Gesetz zur Neuregelung der Besteuerung von Energieerzeugnissen und zur Änderung des Stromsteuergesetzes v. 15.7.2006, BGBl. I 2006, S. 1.534.
74 BT-Drucks. 16/1172 v. 6.4.2006, S. 46.
75 § 5 (3) StromStG.

c) Steuerentstehung durch Entnahme von Strom zum Selbstverbrauch

Für die Fälle, in denen der Versorger oder Eigenerzeuger den Strom zum Selbstverbrauch entnimmt, ist mangels Kaufgeschäft eine gesonderte Regelung der Steuerentstehung erforderlich.[76]   78

Der Begriff des Selbstverbrauches ist weder im Gesetz noch in der Gesetzesbegründung definiert. In der Praxis werden hierfür auch die Begriffe betrieblicher Eigenverbrauch oder Betriebsverbrauch verwendet. Die Ausführungen zum Selbstverbrauch gelten nicht nur für das hier behandelte Thema der Steuerentstehung, sondern auch im Zusammenhang mit der steuerbegünstigten Stromentnahme für betriebliche Zwecke; also dem betrieblichen Eigenverbrauch von begünstigten Unternehmen, so dass nachfolgende Ausführungen analog für den Selbstverbrauch dieser Unternehmen Geltung haben.[77]   79

Unter Selbstverbrauch von Strom sind sämtliche Stromverwendungen zu verstehen, die zu eigenen betrieblichen Zwecken erfolgen. Die eigenen betrieblichen Zwecke sind von den fremden betrieblichen Zwecken abzugrenzen. Es ist die Frage zu beantworten für wessen Zwecke der Strom verbraucht wird. Unerheblich ist die Frage nach den Eigentumsverhältnissen der Stromverbraucher (Maschinen und Geräte). Wesentlich ist ausschließlich wer den originären Nutzen aus dem Stromverbrauch hat. Der Stromverbrauch ist derjenigen natürlichen oder juristischen Person zuzuordnen, die die tatsächliche Sachherrschaft ausübt und die Stromentnahme tatsächlich verantwortet. Wesentlich ist demnach ausschließlich, wer als Betreiber des Stromverbrauchers die Entnahme zum Verbrauch vornimmt. Der Betreiber ist derjenige, der nach außen deutlich erkennbar die Willensbetätigung ausübt, die auf den Verbrauch von Strom gerichtet ist.   80

Damit zählt der Stromverbrauch von gemieteten, gepachteten oder auch geleasten Geräten und Maschinen zum Eigenverbrauch des Mieters, Pächters bzw. Leasingnehmers, da dieser Unternehmer den Nutzen aus dem Gerät zieht, welches mit Strom angetrieben wird. Handelt es sich dagegen um ein Gerät, welches auf dem Gelände dieses Unternehmens mit Strom betrieben wird, um dem Unternehmer einen Hilfsstoff bzw. Nutzenergie – durch einen Dritten – zu liefern, so ist dies als Liefervertrag über die Nutzenergie einzuordnen. Dem Unternehmer, der die Nutzenergie, wie Kälte, Wärme, Licht etc., geliefert bekommt, ist der Stromverbrauch nicht zuzurechnen, da er nicht Betreiber der Anlage ist. Betreiber der Anlage ist vielmehr das liefernde Unternehmen.   81

Auch werden regelmäßig Verkaufsautomaten auf dem Betriebsgelände oder in den Gebäuden von Unternehmen aufgestellt, über die beispielsweise Zigaretten, Getränke, Süßigkeiten und ähnliches angeboten werden. Der – zugegeben geringe – Stromverbrauch ist dem Betreiber dieser Automaten zuzurechnen und nicht dem Unternehmen, auf dessen Gelände die Automaten aufgestellt werden. In der Praxis wird der Stromverbrauch vermutlich – und nicht korrekt – dem Unternehmen zugerechnet, auf dessen Gelände die Automaten aufgestellt sind. Solche Sachverhalte werden von der Zollverwaltung wegen Geringfügigkeit aber selten thematisiert. Das gleiche, was für den Stromverbrauch von Verkaufsautomaten Geltung hat, trifft auch zu, für den Stromverbrauch den Besucher eines Unternehmens durch mobile Rechner und Telefone sowie andere Elektrogeräte auf dem Gelände des Unternehmens verursachen. Zu den Besuchern zählen Geschäftspartner und Wirtschaftsprüfer, aber auch die Zoll- und Konzernbetriebsprüfung.   82

---

76 BT-Drucks. 14/40 v. 17.11.1998, S. 12.
77 Unternehmen des produzierenden Gewerbes und der Land- und Forstwirtschaft sind berechtigt Steuerbegünstigungen in Anspruch zu nehmen. Aber nur soweit die Stromentnahme zu betrieblichen Zwecken erfolgt (Eigenverbrauch bzw. Selbstverbrauch).

2

83   Es können sicherlich noch viele weitere Praxisfälle genannt und erläutert werden. Wichtig für die Abgrenzung der eigenen von den fremden betrieblichen Zwecken ist es, dass im Einzelfall analysiert wird, wie die Vertragsverhältnisse gestaltet sind und welche Leistungen vereinbart wurden. Weiterhin ist zu ermitteln wer Betreiber des Stromverbrauchers ist und den tatsächlichen und originären Nutzen aus dem Gerät zieht.

84   Nach § 5 Abs. 1 Satz 1 Var. 2 StromStG entsteht die Steuer dadurch, dass von einem im Steuergebiet ansässigen Versorger, Strom im Steuergebiet aus dem Versorgungsnetz zum Selbstverbrauch entnommen wird. Steuerschuldner ist der Versorger selbst. Hierbei ist es unerheblich, ob der Versorger den Strom von einem Dritten bezogen oder ihn selbst erzeugt hat. Bei Eigenerzeugern entsteht die Steuer mit der Entnahme von Strom zum Selbstverbrauch im Steuergebiet, wobei Steuerschuldner der Eigenerzeuger ist.[78] Bei dieser Variante der Steuerentstehung spielt das Versorgungsnetz bzw. die Entnahme aus diesem, keine Rolle. Grund hierfür ist, dass auch die Fälle erfasst werden, bei denen die Entnahme des Stroms über eine Direktleitung erfolgt, die kein Bestandteil des Versorgungsnetzes ist.

85   Wesentlich ist weiterhin, dass die Steuer hier durch Entnahme zum Selbstverbrauch im Steuergebiet entsteht. Insofern ist es unerheblich, ob sich die Stromerzeugungsanlage innerhalb oder außerhalb des Steuergebietes befindet. Damit will der Gesetzgeber verhindern, dass Versorger oder Eigenerzeuger ihren Strom aus Anlagen außerhalb des Steuergebiets steuerfrei beziehen können.[79]

2.   Sondervarianten der Steuerentstehung

a)   Widerrechtliche Entnahme aus dem Versorgungsnetz

86   Die Steuer entsteht weiterhin dadurch, dass Strom widerrechtlich aus dem Versorgungsnetz entnommen wird. Steuerschuldner ist, wer den Strom widerrechtlich entnimmt.[80] Die Steuerentstehung entspricht der Grundsystematik des Stromsteuergesetzes. Auch hier entsteht die Steuer bei Entnahme zum Verbrauch aus dem Versorgungsnetz. Da in den Fällen des Stromdiebstahles kein vertraglich begründetes Recht zur Entnahme von Strom existiert, ist es konsequent, den Stromkonsument selbst zum Steuerschuldner zu machen.[81] Der Versorger kann in diesem Fall nicht zur Steuerschuldnerschaft verpflichtet werden, da er den Strom nicht geleistet hat. Die Entnahme zum Verbrauch erfolgte ohne sein Wissen und gegen seinen Willen.

87   Die Stromsteuereinnahmen aus der widerrechtlichen Entnahme von Strom sind wohl eher gering, da der Stromdieb zunächst nicht gewillt sein wird, seinen stromsteuerrechtlichen Pflichten nachzukommen, indem er die widerrechtliche Entnahme anzeigt und die entsprechende Steuer anmeldet und an das Hauptzollamt abführt. Hierzu ist er zumindest gemäß § 8 Abs. 9 StromStG verpflichtet. Da eine solche Vorgehensweise eher nicht zu erwarten ist, verbleibt nur die Variante, dass der Stromdiebstahl entdeckt wird und die stromsteuerrechtlichen Pflichten erzwungen werden. Da hier die leichtfertige Steuerverkürzung ausgeschlossen werden kann, begeht der Stromdieb gleichzeitig Steuerhinterziehung. In der Praxis ist es durchaus schwierig die Besteuerung

---

78   § 5 (1) Satz 2 und (2) StromStG.
79   Friedrich, DB 1999, S. 661 bis 662.
80   § 6 StromStG.
81   BT-Drucks. 14/40 v. 17.11.1998, S. 12.

Khazzoum

durchzuführen, da die Menge des widerrechtlich entnommenen Stroms nicht genau beziffert werden kann und nur eine Schätzung der Besteuerungsgrundlagen gemäß 162 AO in Betracht kommt. Hierzu bedarf es regelmäßig der Hilfe des Versorgers.

b)   Strombezug von einem ausländischen Versorger

Bezieht ein Letztverbraucher Strom aus einem Gebiet außerhalb des Steuergebietes, entsteht die Steuer dadurch, dass der Strom durch den Letztverbraucher im Steuergebiet aus dem Versorgungsnetz entnommen wird. Steuerschuldner ist der den Strom entnehmende Letztverbraucher.[82] Hierunter fällt auch der Sachverhalt, dass der ausländische Versorger im Steuergebiet erzeugten oder erworbenen Strom an den im Steuergebiet ansässigen Letztverbraucher liefert. Es ist auch unerheblich, ob der bezogene Strom im Ausland bereits einer Stromsteuer unterlag oder nicht, so dass es im Ergebnis zu einer Doppelbesteuerung kommen kann.[83]   88

3.   Stromnetz und Netzverluste

a)   Das Versorgungsnetz

Wesentlich für die meisten bisher thematisierten Steuerentstehungstatbestände, aber auch für diverse Abgrenzungen in der Praxis, ist die Begrifflichkeit des Versorgungsnetzes, wobei eine Definition dem Stromsteuergesetz selbst nicht zu entnehmen ist. Folgt man der Definition aus dem Energiewirtschaftsgesetz, so ist darunter das öffentliche Stromnetz zur Versorgung des Letztverbrauchers zu verstehen. Die verwendete Definition spricht von Übertragungs- und Verteilnetzen.[84] Betrachtet man den Wortlaut selbst, so muss man ebenfalls zu dem Schluss kommen, dass das Versorgungsnetz sich dadurch auszeichnet, dass hierüber Dritte mit Strom versorgt werden. Zum Versorgungsnetz zählen, wegen der Verknüpfung mit dem Übertragungs- und Verteilnetz, auch die Leitungen auf dem Gelände eines Versorgers.[85]   89

Hilfreich in diesem Zusammenhang ist ebenfalls die Definition nach § 3 Nr. 7 EEG, wonach zum Netz, die Gesamtheit der miteinander verbundenen technischen Einrichtungen zur Abnahme, Übertragung und Verteilung von Elektrizität für die allgemeine Versorgung zählen.   90

Die Stromversorgung erfolgt in Deutschland über Stromnetze auf verschiedenen Spannungsebenen. Hier ist zu unterscheiden zwischen Höchst-, Hoch-, Mittel- und Niederspannungen. Das Höchstspannungsnetz ist ein Übertragungsnetz. Es verteilt die von Kraftwerken und Windkraftanlagen erzeugte und ins Netz eingespeiste Energie landesweit an Transformatoren, die nahe an den Verbrauchsschwerpunkten liegen. Das Hochspannungsnetz sorgt für die Grobverteilung elektrischer Energie und ist ein Verteilnetz. Leitungen führen hier in verschiedene Regionen, Ballungszentren oder große Industriebetriebe. Das Mittelspannungsnetz verteilt den Strom an die Transformatorstationen des Niederspannungsnetzes oder direkt an Einrichtungen wie beispielsweise Behörden, Schulen, Industriegebiete oder Fabriken. Die Niederspannungsnetze sind für die Feinverteilung zuständig.   91

---

82 § 7 StromStG.
83 Jatzke, DStZ 1999, S. 520 und 525; Soyk, Mineralöl- und Stromsteuerrecht, S. 253.
84 Friedrich/Meißner, Energiesteuern, § 5 StromStG, Rn. 9 und § 3 Nr. 2 EnWG.
85 Arndt, Kommentar zum Stromsteuergesetz, 1999, § 5 StromStG, Rn. 36; Friedrich/Meißner, Energiesteuern, § 5 StromStG, Rn. 26 ff.

b) Areal- und Objektnetze

92 Die stromsteuerrechtliche Definition des Versorgungsnetzes wird relevant, wenn Objekt- bzw. Arealnetze (auch Eigennetz genannt) betrachtet werden. Hierbei handelt es sich in Abgrenzung zum Versorgungsnetz um nicht öffentliche Stromnetze, an denen diverse Verbrauchstellen liegen und die nicht von einem Versorger betrieben werden. Das Bundesministerium der Finanzen nimmt in einem anderen Zusammenhang eine Abgrenzung vor und versteht demnach unter dem öffentlichen Netz, ein Netz, durch das die allgemeine Versorgung mit Strom – im Regelfall durch Elektrizitätsversorgungsunternehmen – erfolgt. Im Gegensatz dazu steht ein Eigennetz, was auch als innerbetriebliches Netz bezeichnet werden kann.[86]

93 In der Praxis finden sich solche Arealnetze regelmäßig in Gewerbebetrieben, Einkaufszentren oder auch Bürogebäuden. Es treten in diesem Zusammenhang regelmäßig Fragen mit dem Umgang von Netzverlusten auf. Unstreitig ist, dass Netverluste aus dem Versorgungsnetz nicht besteuert werden, da es sich hierbei um keine Entnahme zum Verbrauch handelt.[87]

94 Anders ist es jedoch bei Verlusten aus Objektnetzen, die nicht dem Versorgungsnetz zuzuordnen sind. Die Entnahme zum Verbrauch erfolgte nämlich bei Übergabe der elektrischen Energie vom Versorgungsnetz in das Arealnetz, so dass die Verluste zeitlich nach der Entnahme aus dem Versorgungsnetz entstehen. Damit werden nach geltender Rechtslage Objektnetzverluste steuerlich erfasst.

95 Der Gesetzgeber ist prinzipiell aber nicht gewillt, Netzverluste zu besteuern. Hierfür spricht zum einen, dass ihm die Existenz von nicht unerheblichen Leitungsverlusten bekannt ist und er diese bewusst durch die vorweg beschriebene Art der Steuerentstehung nicht besteuern wollte.[88] Weiterhin nimmt das Bundesfinanzministerium explizit zur Behandlung von Netzverlusten bei Stromlieferungen auf Mittelspannungsebene, bei Messung der Verbräuche auf Niederspannungsebene, Stellung.[89]

96 Strom wird von Versorgern an Letztverbraucher auch auf Mittelspannungsebene geleistet und in einem Transformator auf Niederspannungsebene umgespannt, wobei regelmäßig Netzverluste auftreten. Die Messung der entnommenen Strommenge erfolgt jedoch in einem Zähler auf Niederspannungsebene – hinter dem Transformator. Der Versorger berechnet dem Kunden letztendlich aber aufgrund vertraglicher Vereinbarung die gemessene Menge zuzüglich des Umspannverlustes. Das oben genannte Schreiben[90] des Bundesfinanzministeriums der Finanzen sieht keine Bedenken darin, dass lediglich auf die gemessene Menge die Stromsteuer zu erheben ist, womit die Netzverluste steuerlich unbeachtlich bleiben.

97 Im Ergebnis bleibt festzuhalten, dass der Gesetzgeber bewusst die Besteuerung von Leitungsverlusten aus dem Versorgungsnetz ausschließen will. Dennoch werden nach der Systematik des Stromsteuergesetzes Leitungsverluste besteuert, soweit diese im Bereich von Objekt- bzw. Arealnetzen entstehen. Um dies zu verhindern bzw. um diese Besteuerung rückgängig zu machen sind zwei Wege denkbar.

98 Zum einen könnte sich der Arealnetzbetreiber als Versorger registrieren lassen, so dass dieser den Strom von seinem Vorlieferanten steuerfrei beziehen kann und das von ihm betriebene Netz als Versorgungsnetz einzustufen ist. Voraussetzung ist jedoch, dass der Arealnetzbetreiber tat-

---

86 BMF-Schreiben v. 18.4.2004, III A 1 – V 4250 – 9/04.
87 BT-Drucks. 14/40 v. 17.11.1998, S. 11.
88 BT-Drucks. 14/40 v. 17.11.1998, S. 11.
89 BMF-Schreiben v. 25.7.2000, III A 1 – V 4250 – 21/00.
90 BMF-Schreiben v. 25.7.2000, III A 1 – V 4250 – 21/00.

sächlich Versorger im Sinne des Gesetzes ist. Versorger ist gemäß § 2 Nr. 1 StromStG, wer Strom leistet.[91] Leistet der Arealnetzbetreiber kein Strom an andere, also sind beispielsweise auf einem großen Betriebsgelände oder in einem Gebäude nur die eigenen Abnahmestellen am Arealnetz angeschlossen, so leistet der Arealnetzbetreiber per Definition keinen Strom und ist somit kein Versorger.

Anders verhält es sich, wenn der Arealnetzbetreiber auch Dritte mit Strom beliefert. In diesem Fall ist die Versorger-Eigenschaft grundsätzlich zu bejahen und der Arealnetzbetreiber kann die Versorger-Erlaubnis erfolgreich beantragen. Der Vorteil besteht darin, dass die Netzverluste aus dem Arealnetz unversteuert bleiben, da der Arealnetzbetreiber den Strom in seiner Eigenschaft als Versorger zunächst steuerfrei geliefert bekommt und die Steuerschuld erst bei Entnahme zum Selbstverbrauch oder bei Leistung an Letztverbraucher entsteht.

99

Zum anderen kann von Seiten des Arealnetzbetreibers ein formloser Antrag auf Erstattung der Stromsteuer auf Netzverluste gestellt werden. Hierbei handelt es sich um einen Billigkeitserlass nach § 233 AO. Ob ein solcher Antrag positiv beschieden wird, ist fraglich, aber aufgrund der vorgenannten Argumente durchaus zu empfehlen.

100

4. Weitere Steuerentstehungstatbestände

Die Ausgestaltung der Steuerbefreiungen und Steuerermäßigungen bringen es mit sich, dass weitere Steuerentstehungstatbestände und Steuerschuldner in § 9 StromStG determiniert werden, die an dieser Stelle nur kurz erwähnt und an anderer Stelle genauer beleuchtet werden. Gleiches gilt für den fiktiven Steuerentstehungstatbestand des § 8 Abs. 4a StromStG im Zusammenhang mit dem Verfahren zur steuerlichen Abwicklung des rollierenden Abrechnungsverfahrens.[92]

101

Der Sockelverbrauch nach § 9 Abs. 5 StromStG wird vom Erlaubnisinhaber geschuldet. Für steuerbegünstigten Strom nach § 9 Abs. 3 StromStG entsteht die Steuer bis zu einer jährlichen Verbrauchsmenge von 25 Megawattstunden – der sogenannte Sockelverbrauch – mit der Entnahme des Stroms durch den Erlaubnisinhaber.[93] Die Stromentnahme durch Unternehmen des Produzierenden Gewerbes oder der Land- und Forstwirtschaft wird grundsätzlich mit 12,30 € je Megawattstunde besteuert. Tatsächlich wirkt sich die Steuerbegünstigung aber erst aus, sobald die Sockelmenge in Höhe von 25 Megawattstunden überschritten wurde. Die Regelungen der §§ 9 Abs. 3 und Abs. 5 StromStG wurden zum 1. Januar 2011 gestrichen.[94]

102

Erlaubnisinhaber dürfen den Strom nur für den in der Erlaubnis genannten Zweck verwenden. Wird der Strom für etwas anderes eingesetzt, so handelt es sich um eine zweckwidrige Verwendung. Die Steuer entsteht gemäß § 9 Abs. 6 StromStG für Strom, der zu anderen als in der Erlaubnis genannten Zwecken entnommen wird, mit der zweckwidrigen Verwendung. Eine zweckwidrige Verwendung liegt auch vor, wenn die Erlaubnis aufgrund von unrichtigen und unvollständigen Angaben erteilt wurde.[95] Steuerschuldner ist der Erlaubnisinhaber.

103

---

91 Vgl. hierzu unter „D. II. 1. Versorger".
92 Vgl. hierzu unter „G. II. 1. c) Rollierendes Abrechnungsverfahren".
93 Erlaubnisinhaber nach § 9 (4) StromStG.
94 Vgl. hierzu unter „H. II. 2. Steuerermäßigung nach § 9 Abs. 3 StromStG alte Fassung und 9b StromStG neue Fassung" sowie „H. IV. 2. Steuerentlastung für Unternehmen nach 9b StromStG".
95 Vgl. hierzu unter „F. III. 3. Die zu unrecht erlangte Erlaubnis".

104   Weiterhin werden mit § 9 Abs. 8 StromStG Fälle aus der Praxis erfasst, in denen der Inhaber einer Erlaubnis zur steuerbegünstigten Entnahme von Strom den Widerruf seiner Erlaubnis dem Versorger nicht mitteilt und dieser weiterhin den Strom begünstigt leistet.[96] In diesen Fällen wird der Nichtberechtigte – neben dem Versorger – zum Steuerschuldner. Die Steuer entsteht auch in der Person des Nichtberechtigten. Vor Einführung des § 9 Abs. 8 StromStG hat sich das Hauptzollamt regelmäßig und gesetzeskonform an den Versorger als Steuerschuldner gewandt, um diese Begünstigung rückgängig zu machen. Der Versorger zahlte somit die Stromsteuer in Höhe der Differenz zwischen Regelsteuersatz und ermäßigten Steuersatz an das Hauptzollamt und musste im Verhältnis zu seinem nichtberechtigten Kunden versuchen, diesen Betrag auf zivilrechtlichem Wege erstattet zu bekommen. Nun schreibt § 9 Abs. 8 StromStG vor, dass der Nichtberechtigte neben dem Versorger auch zum Steuerschuldner wird.

II.   Steuerschuldner

105   Der Steuerschuldner ist verpflichtet die Steuer für eigene Rechnung zu entrichten. Gegen ihn richtet sich der Steueranspruch. Der Steueranspruch entsteht, sobald der Tatbestand verwirklicht ist, an dem das Gesetz die Leistungspflicht knüpft.[97] Wer Steuerschuldner ist, richtet sich danach, wer den Strom leistet oder erzeugt oder wer ihn entnimmt. Insoweit wird sowohl der Versorger, als auch der Eigenerzeuger, als auch der Letztverbraucher zum Steuerschuldner im Stromsteuergesetz.

- Der Versorger ist Steuerschuldner für Strom, den er im Steuergebiet an Letztverbraucher leistet und für Strom den er zum Selbstverbrauch entnimmt (§ 5 Abs. 1 Satz 1 und Abs. 2 StromStG).

- Der Eigenerzeuger ist Steuerschuldner für Strom, den er zum Selbstverbrauch entnimmt (§ 5 Abs. 1 Satz 2 und Abs. 2 StromStG).

- Der Letztverbraucher ist Steuerschuldner

  - für den durch ihn widerrechtlich entnommenen Strom (§ 6 Satz 2 StromStG),

  - für den Strom den er als Erlaubnisinhaber aus dem Ausland bezieht und zum Verbrauch aus dem Versorgungsnetz entnimmt (§ 7 Satz 2 StromStG),

  - für den Sockelverbrauch an Strom den er als Erlaubnisinhaber für betriebliche Zwecke entnimmt (§ 9 Abs. 5 Satz 4 StromStG), wobei die Regelung mit Wirkung ab dem 1. Januar 2011 gestrichen wurde[98] und

  - für den Strom, den er als Erlaubnisinhaber zweckwidrig verwendet hat (§ 9 Abs. 6 Satz 4 StromStG).

106   Sämtliche Steuerschuldner müssen Pflichten nachkommen. Unter anderem und vor allem müssen diese die entstandene Steuer fristgerecht anmelden und an den Steuergläubiger abführen. Die Art und der Umfang der steuerlichen Anforderungen, die an den Steuerschuldner gestellt werden, hängen davon ab, ob es sich um einen Versorger, einen Eigenerzeuger oder einen Letztverbraucher handelt. Der Versorger ist unstreitig derjenige, dem die meisten Aufgaben im Besteuerungsverfahren auferlegt werden.

---

96   BT-Drucks. 16/1172 v. 6.4.2006, S. 47.
97   Tipke/Lang, Steuerrecht, 19. Auflage, S. 178.
98   Vgl. hierzu unter „H. II. 2. Steuerermäßigung nach § 9 Abs. 3 StromStG alte Fassung und 9b StromStG neue Fassung" sowie „H. IV. 2. Steuerentlastung für Unternehmen nach 9b StromStG".

1.   Pflichten des Versorgers als Steuerschuldner und Erlaubnisinhaber

Steuerschuldner ist der Versorger, der sich vertraglich gegenüber dem Letztverbraucher zur Leistung von Strom verpflichtet hat. Wesentlich ist, dass Steuerschuldner jede natürliche oder juristische Person sein kann, die Rechtsfähigkeit besitzt. Hierzu zählt beispielsweise auch eine Gesellschaft bürgerlichen Rechts oder eine Arbeitsgemeinschaft, die sich nur vorübergehend und für ein bestimmtes Projekt zusammenschließt. Das Abstellen auf vertragliche Leistungsbeziehungen ist im Verbrauchsteuerrecht ungewöhnlich, aber angesichts der Besonderheit des Steuergegenstandes Strom zulässig und unumgänglich.[99] Steuerschuldner ist damit in den meisten Fällen und für den überwiegenden Teil des Stromsteueraufkommens der Versorger.[100]   107

Das Versorgerdasein ist zunächst erlaubnispflichtig, welche Pflichten damit einhergehen, wurde unter „F. Erlaubnispflicht im Stromsteuerrecht" dargelegt. Die Erlaubnis zur Leistung von Strom bringt es weiterhin mit sich, dass der Versorger ein Belegheft führen muss. Auch wenn für das Führen eines Beleghefts grundsätzlich keine Formvorschriften existieren, kann davon ausgegangen werden, dass hierin sämtliche stromsteuerrelevanten Schriftstücke und Unterlagen abzulegen sind. Das Hauptzollamt kann zum Führen des Beleghefts Anordnungen treffen und damit Vorgaben machen.[101] Stromsteuerrelevant ist beispielsweise die Erlaubnis oder der Schriftverkehr zwischen Hauptzollamt und dem Versorger. Weiterhin sind die Aufzeichnungen zu den Stromlieferungen relevant.   108

Zur Ermittlung der Steuer und der Grundlagen ihrer Berechnung sind vom Versorger Aufzeichnungen zu führen. Das heißt, dass die gelieferten und im Steuergebiet vom Letztverbraucher entnommenen Strommengen getrennt nach Steuersätzen, Steuerbegünstigungen und Kunden aufgezeichnet werden müssen. Wird Strom aufgrund einer Erlaubnis begünstigt geleistet und ist für diese Begünstigung eine Erlaubnis nach § 9 Abs. 4 StromStG vorgesehen, so ist die Erlaubnisscheinnummer des Kunden entsprechend zu hinterlegen. Bei der Lieferung von unversteuertem Strom an andere Versorger, ist die geleistete Menge getrennt nach Versorger aufzuzeichnen. Weiterhin ist bei Entnahme von Strom für den betrieblichen Eigenverbrauch des Versorgers selbst, die entsprechende Menge getrennt nach Art des Selbstverbrauches und nach Begünstigungsart aufzuzeichnen.   109

Diese Mengen- und Verwendungsaufzeichnungen sowie die damit einhergehende Höhe der Steuer ist nachprüfbar zu dokumentieren. Die Aufzeichnungen müssen derart beschaffen sein, dass einem sachverständigen Dritten – vor allem der steuerlichen Außenprüfung – in angemessener Zeit die Überprüfung der Unterlagen möglich ist. Das Hauptzollamt kann nach eigenem Ermessen weitere Aufzeichnungspflichten verlangen, aber auch einfachere Dokumentationen zulassen, wenn die Steuerbelange dadurch nicht beeinträchtigt werden.   110

Sollten sich die im Rahmen der Beantragung der Erlaubnis angegebenen Verhältnisse[102] ändern, die für die Erlaubnis von Bedeutung sind, so hat der Versorger dem Hauptzollamt dies unverzüglich schriftlich mitzuteilen. Gleiches gilt für Überschuldung, drohende oder eingetretene Zahlungsunfähigkeit sowie für den Fall, dass der Antrag auf Eröffnung eines Insolvenzverfahrens gestellt wird. Das Hauptzollamt kann hierauf aber auch verzichten.   111

---

99   BT-Drucks. 14/40 v. 17.11.1998, S. 11.
100 Vgl. hierzu unter „D. II. 1. Versorger".
101 § 4 (1) StromStV.
102 Vgl. hierzu unter „F. Erlaubnispflicht im Stromsteuerrecht"; § 2 StromStV.

2

112 Der Versorger hat in seiner Eigenschaft als Steuerschuldner letztendlich für den Strom, den er im Steuergebiet an Letztverbraucher leistet und für Strom, den er zum Selbstverbrauch entnimmt, eine Steueranmeldung abzugeben und die selbst ermittelte Steuer an das Hauptzollamt abzuführen.

a) Steueranmeldung durch den Versorger

113 Der Versorger hat regelmäßig eine Steuererklärung[103] einzureichen. Entsprechend der Angaben in dieser Anmeldung führt das Hauptzollamt die Steuerveranlagung durch und unterlässt in der Regel zu diesem Zeitpunkt weitergehende Prüfungen, soweit die Angaben und Unterlagen vollständig und plausibel sind. Nachweise und Unterlagen, aus denen sich die ermittelte Steuer ergeben, sind zunächst nicht beizufügen. In regelmäßigen Abständen erfolgt beim Steuerschuldner eine Außenprüfung, wobei große Versorger in der Regel durchgängig geprüft werden. Im Rahmen dieser Außenprüfung prüft das Hauptzollamt unter anderem, ob die in den Steueranmeldungen erfolgten Angaben korrekt und unter Beachtung steuerlicher Vorschriften ermittelt wurden.

114 Die Steuererklärung ist vom Versorger nach amtlich vorgeschriebenem Vordruck[104] schriftlich zu erstellen. Durch seine Unterschrift bestätigt der Steuerschuldner, die Angaben nach bestem Wissen und Gewissen gemacht zu haben. Die Steuererklärung ist zunächst eine Willenserklärung, mit der eine natürliche oder juristische Person gegenüber den Finanzbehörden die Grundlagen zur Festsetzung der Steuer offen legt.

115 Eine Steuererklärung, in der der Steuerschuldner die Steuer selbst zu berechnen hat, ist eine Steueranmeldung.[105] Die Steueranmeldung steht einer Steuerfestsetzung unter dem Vorbehalt der Nachprüfung gleich. Hinsichtlich der Verwirklichung von Ansprüchen aus dem Steuerschuldverhältnis steht eine Steueranmeldung einem Steuerbescheid gleich. Eine Festsetzung der Steuer durch Steuerbescheid ist nur erforderlich, wenn die Festsetzung zu einer abweichenden Steuer führt.[106]

116 Der Steuerschuldner kann die Stromsteueranmeldung entweder für den Veranlagungsmonat oder für das Veranlagungsjahr erstellen. Das Wahlrecht kann jeweils für ein Kalenderjahr ausgeübt werden, ist formlos zu stellen und muss bis zum 31. Dezember des Vorjahres ausgeübt werden. Wird das Wahlrecht nicht ausgeübt, so ist die Steuer jährlich anzumelden.[107]

117 Sofern die Steuer monatlich angemeldet wird, ist bis zum 15. Tag des auf den Veranlagungsmonat folgenden Monats beim Hauptzollamt eine Steueranmeldung einzureichen. Dabei ist hier unter Veranlagungsmonat der Monat zu verstehen, in dem die Steuer entstanden ist. Die ist bis zum 25. Tag des Folgemonats fällig.[108]

118 Alternativ kann der Steuerschuldner die Steuer für das Kalenderjahr anmelden und abführen. Erfolgt dies, so hat der Steuerschuldner monatliche Vorauszahlungen auf die voraussichtliche Steuerschuld zu leisten. Die Steueranmeldung ist in diesem Fall für das Veranlagungsjahr zu erstellen

---

103 § 8 (1) StromStG.
104 http://www.zoll.de: Zoll online > Vorschriften und Vordrucke > Formularcenter > Verbrauchsteuern > Stromsteuer > Vordrucknummer 1400; § 5 StromStV.
105 § 150 (1) AO und §§ 167, 168 AO.
106 § 167 (1) AO i.v.m §§ 150, 155 AO.
107 § 8 (2) Satz 3 und 4 StromStG.
108 § 8 (3) StromStG.

Khazzoum

und bis zum 31. Mai des Folgejahres beim Hauptzollamt einzureichen. Die in der Steueranmeldung errechnete Steuer ist – unter Anrechnung der geleisteten Vorauszahlungen[109] – bis zum 25. Juni des Folgejahres fällig.

Die Stromsteueranmeldung für das Jahr 2010 ist beispielsweise bis zum 31. Mai 2011 beim zuständigen Hauptzollamt einzureichen. Die berechnete Steuer ist nach Abzug der bereits unterjährig im Jahr 2010 geleisteten Vorauszahlung durch den Versorger bis zum 25. Juni 2011 an das Hauptzollamt zu überweisen. Ergibt sich bei der Steueranmeldung eine Forderung des Versorgers, ist das Hauptzollamt im Gegenzug nicht dazu verpflichtet, die Erstattung innerhalb einer bestimmten Frist an den Versorger auszuzahlen. 119

Der Versorger sollte die jährliche Steueranmeldung wählen, da diese in der Praxis mit geringerem organisatorischen Aufwand verbunden ist. Bei einer monatlichen Anmeldung muss die Strommenge auch monatlich ermittelt werden und dies zwölfmal im Jahr. Versorger ermitteln darüber hinaus den Stromverbrauch ihrer Kunden nur einmal im Jahr und berechnen diesen, nach Abzug der vom Stromkonsumenten unterjährig geleisteten Abschlagszahlungen, dann entsprechend in einer Jahresrechnung. Die Abschlagszahlungen ermitteln sich aus dem Vorjahresverbrauch der Kunden und sind eher eine schlechte Variante, um als Grundlage für die Steueranmeldung zu fungieren. Die damit auf Schätzungen basierenden zwölf Steueranmeldungen pro Jahr, wären im Nachgang zur jährlichen Endabrechnung der Letztverbraucher entsprechend zu korrigieren. 120

Eine Abweichung zur jährlichen Steueranmeldung ergibt sich, wenn ein Steuerschuldner unterjährig aus der Steuerpflicht ausscheidet. Dies kann dadurch erfolgen, dass er keinen Strom mehr leistet, aber auch dadurch, dass das Unternehmen im Rahmen von Umstrukturierungsmaßnahmen beispielsweise auf eine andere Gesellschaft verschmolzen wird. Liegt ein Ausscheiden aus der Steuerpflicht vor, so ist die Steuer analog der Abgabefrist bei jährlicher Steueranmeldung bis zum Ablauf des fünften Kalendermonats, der dem Ende der Steuerpflicht folgt, anzumelden. Am 25. Tag des Folgemonats ist die berechnete Steuer, unter Berücksichtigung der geleisteten Vorauszahlungen, abzuführen.[110] 121

Scheidet der Versorger zum Beispiel am 31. August 2010 aus der Steuerpflicht aus, weil er auf ein anderes Unternehmen verschmolzen wurde, ist die Steueranmeldung zum 31. Januar 2011 abzugeben und eine eventuelle Nachzahlung ist spätestens am 25. Februar 2011 an das Hauptzollamt zu überweisen. Maßgeblich für das Ausscheiden aus der Steuerpflicht ist das Datum der Eintragung in das Handelsregister der untergehenden Gesellschaft. In dem vorgenannten Beispiel, der 31. August 2010. 122

Die Steueranmeldung ist vom Versorger gemäß § 8 Abs. 9 Satz 1 Var. 1 und 2 StromStG unverzüglich einzureichen, wenn der Versorger Strom ohne Erlaubnis nach § 4 Abs. 1 StromStG leistet. Hier muss der Versorger als Steuerschuldner die Anmeldung unmittelbar nach Entstehung der Steuer einreichen und die Zahlung sofort leisten. 123

b)   Stromsteuervorauszahlungen durch den Versorger

Bei der jährlichen Steueranmeldung sind Vorauszahlungen auf die Jahressteuerschuld zu leisten. Die Höhe der monatlichen Vorauszahlungen beträgt in der Regel ein Zwölftel der Steuer, die im vorletzten Kalenderjahr entstanden ist.[111] Weichen die so ermittelten Vorauszahlungen von der 124

---

109 § 8 (6) und (7) StromStG.
110 § 8 (5) StromStG.
111 § 8 (6) StromStG.

2

125 Die Steuerentlastungen der §§ 9a, 9b, 9c und 10 StromStG sind antragsgebundene Ermäßigungen der Stromsteuer, die zeitlich nach Verwendung des elektrischen Stroms erfolgen. Jedoch besteht die Möglichkeit, das voraussichtliche Erstattungsvolumen aus diesen Entlastungstatbeständen im Rahmen der Vorauszahlungen zu berücksichtigen. Ein Zwölftel des voraussichtlichen Erstattungsvolumens mindert die monatliche Zahlung.[112]

Die Vorauszahlungen werden vom Hauptzollamt mittels Vorauszahlungsbescheid festgesetzt. Soweit der monatlich im Voraus zu zahlende Betrag weniger als 200 € beträgt, kann das Hauptzollamt darauf verzichten.

126 tatsächlich zu erwartenden Steuerschuld ab, so ist dem Hauptzollamt dies mitzuteilen und es setzt nach eigenem Ermessen und bei erheblicher Abweichung eine andere Höhe fest. Die monatlichen Zahlungen sind jeweils am 25. Tag des Folgemonats fällig und sind unaufgefordert an das Hauptzollamt zu zahlen.

c) Rollierendes Abrechnungsverfahren

127 Versorger wenden in der Praxis bei ihren Tarifkunden regelmäßig das rollierende Abrechnungsverfahren an. Hierbei wird die verbrauchte Menge aller Kunden nicht an einem Stichtag ermittelt und abgerechnet, sondern über das Jahr verteilt. Das heißt, dass für die eine Kundengruppe der Abrechnungszeitraum zum Beispiel von Januar bis Dezember des Jahres reicht, während für eine andere Gruppe der Abrechnungszeitraum von Juni des einen Jahres bis zum Mai des nächsten Jahres reicht. Damit einhergehend sind zum 31. Mai eines Jahres, dem Abgabezeitpunkt der Steueranmeldung, nicht alle Kunden für das Vorjahr endabgerechnet. Alle diejenigen Kunden, die nach diesem Zeitpunkt abgerechnet werden, können also nicht mit den tatsächlichen entnommenen Strommengen in der Steueranmeldung berücksichtigt werden. Insofern sind Veranlagungszeiträume und die Ablesezeiträume einzelner Kundengruppen nicht deckungsgleich, so dass der Versorger in der Anmeldung nicht sämtliche, tatsächlich an den Endkunden gelieferten Mengen ermitteln und anmelden kann.

128 Diesem Umstand trägt § 8 Abs. 4a StromStG[113] Rechnung. Die Mengen, die aufgrund der rollierenden Abrechnung zum 31. Mai des Folgejahres noch nicht ermittelt wurden, können geschätzt werden und in dieser Form in die Steueranmeldung eingehen. Es wird jedoch verlangt, dass die Schätzung sachgerecht und für einen Dritten nachvollziehbar ist. Damit ist zunächst die im Veranlagungszeitraum tatsächlich geleistete und ermittelte Strommenge sowie die plausibel geschätzte Menge des Veranlagungszeitraum – der noch laufenden Ablesezeiträume – zur Versteuerung anzumelden.[114]

129 Nachdem sämtliche noch offenen Ablesezeiträume für das betreffende Veranlagungsjahr endabgerechnet wurden, muss der Versorger eine berichtigte Steueranmeldung für die ursprünglich geschätzte Menge schriftlich erstellen und einreichen. In dieser Anmeldung ist die Differenz zwischen der geschätzten Menge und der tatsächlichen Menge zu ermitteln. Als Berichtigungsjahr gilt das Kalenderjahr, in dem der Ablesezeitraum endet und diese Steuer bzw. der Erstattungsanspruch entsteht gemäß § 8 Abs. 4a Satz 5 StromStG ebenfalls in diesem Jahr.

---

112 § 6 (2) StromStV, BMF-Schreiben v. 25.1.2011, III B 6 – V 8105/10/10001, S. 2.
113 § 8 (4a) StromStG wurde durch das Gesetz zur Neuregelung der Besteuerung von Energieerzeugnissen und zur Änderung des Stromsteuergesetzes v. 15.7.2006 (BGBl I 2006 S. 1534) eingeführt.
114 § 8 (4a) Satz 2 StromStG.

d)   Festsetzungsfrist bei der Stromsteueranmeldung

Eine Steuerfestsetzung, ihre Aufhebung oder Änderung ist nur innerhalb der Festsetzungsfrist   130
möglich. Sobald Festsetzungsverjährung eingetreten ist, ist weder zugunsten noch zuungunsten
des Steuerpflichtigen eine Steueränderung möglich. In der Regel beginnt die Festsetzungsfrist
mit Ablauf des Kalenderjahres, in dem die Stromsteueranmeldung beim Hauptzollamt eingereicht
wird, spätestens jedoch mit Ablauf des dritten Kalenderjahres, das auf das Kalenderjahr erfolgt, in
dem die Steuer entstanden ist.[115] Die Festsetzungsfrist beträgt für die Stromsteuer ein Jahr[116] und
ist im Vergleich zu anderen Steuerarten verhältnismäßig kurz. Die Frist verlängert sich auf fünf
Jahre bei Vorliegen einer leichfertigen Steuerverkürzung und auf zehn Jahre bei Vorliegen von
Steuerhinterziehung.

Die Steueranmeldung für das Jahr 2009 war vom Versorger beispielsweise am 31. Mai 2010 ein-   131
zureichen. Insoweit beginnt die Festsetzungsfrist für diese Steueranmeldung mit Ablauf des 31.
Dezember 2010 und Endet mit Ablauf des 31. Dezember 2011. Ab dem 1. Januar 2012 wäre keine
Änderung der festgesetzten Steuer mehr möglich.

Der Ablauf der Festsetzungsfrist kann unterbrochen bzw. gehemmt werden, womit das Ende   132
der Festsetzungsfrist auf einen unbestimmten Zeitpunkt in die Zukunft verschoben wird. Dies
geschieht in der Praxis regelmäßig durch den Beginn einer steuerlichen Außenprüfung.[117] Die
Festsetzungsfrist läuft in dem Fall solange nicht ab, wie die aufgrund der Prüfung zu erlassenden
Bescheide unanfechtbar geworden sind.

2.   Pflichten des Eigenerzeugers und erlaubnispflichtigen Letztverbrauchers als Steuerschuldner und Erlaubnisinhaber

Sowohl Eigenerzeuger als auch erlaubnispflichtige Letztverbraucher, die den Strom aus dem Aus-   133
land beziehen und zum Verbrauch entnehmen, benötigen analog zum Versorger eine Erlaubnis
nach § 4 Abs. 1 StromStG.[118] Genauso wie der Versorger müssen Eigenerzeuger und erlaubnispflichtige Letztverbraucher nach § 4 StromStV ein Belegheft[119] führen, aus dem die Höhe der
Stromsteuer sowie die für ihre Ermittlung notwendigen Aufzeichnungen und Unterlagen zu entnehmen ist. Hier sind die Aufzeichnungen wesentlich, aus denen sich die Art und Menge des
Stroms ergibt, der zum Selbstverbrauch im Veranlagungsjahr entnommen wurde. Werden Steuerbegünstigungen, beansprucht sind die entsprechenden Strommengen getrennt nach Begünstigung aufzuzeichnen. Das Hauptzollamt kann hierzu zusätzliche Aufzeichnungen verlangen. Um-
gekehrt kann die Zollbehörde aber auch vereinfachte Aufzeichnungen zulassen. Die Aufzeichnungen und Unterlagen müssen für einen sachverständigen Dritten innerhalb angemessener Zeit
nachprüfbar sein.

---

115 § 170 (2) Satz 1 Nr. 1 AO.
116 § 169 (2) Satz 1 AO.
117 § 171 (4) AO.
118 Vgl. hierzu unter „F. Erlaubnispflicht im Stromsteuerrecht".
119 Vgl. hierzu unter „G. II. 1. Pflichten des Versorgers als Steuerschuldner und Erlaubnisinhaber".

2

134 Der Eigenerzeuger und der Letztverbraucher nach § 7 StromStG haben in ihrer Eigenschaft als Steuerschuldner für den Strom, den sie im Steuergebiet zum Selbstverbrauch entnehmen eine Steueranmeldung abzugeben und die selbst ermittelte Steuer an das Hauptzollamt abzuführen. Hierzu gilt das, was unter „C. II. 1. Steueranmeldung durch den Versorger" ausgeführt wurde, analog für die hier aufgeführten Steuerschuldner.

3. Steuerschuld und Steueranmeldung bei widerrechtlicher Entnahme und zweckwidriger Verwendung von Strom

135 Die Stromsteuer muss bei Erfüllung bestimmter Tatbestandsvoraussetzungen gemäß § 8 Abs. 9 StromStG unverzüglich angemeldet und sofort entrichtet werden. Dies gilt unter anderem für die Steuerentstehung, aufgrund der Tatsache, dass Strom steuerbegünstigt an einen Nichtberechtigten nach § 9 Abs. 8 StromStG geleistet wurde oder widerrechtlich nach § 6 StromStG aus dem Versorgungsnetz entnommen wurde oder zweckwidrig nach § 9 Abs. 6 StromStG entnommen wurde.

136 Die Pflicht zur unverzüglichen Abgabe der Anmeldung und sofortiger Entrichtung der Steuer trifft den Steuerschuldner. Im Fall der steuerbegünstigten Leistung von Strom an einen Nichtberechtigten entsteht die Steuer gemäß § 9 Abs. 8 StromStG auch in der Person des Nichtberechtigten. Versorger und Nichtberechtigter werden damit zum Gesamtschuldner, wobei nur der Nichtberechtigte – und nicht der Versorger – die Steuer unverzüglich anmelden und abführen muss.

137 In den Fällen der zweckwidrigen Stromentnahme, gemäß § 9 Abs. 7 StromStG, in denen die Erlaubnis aufgrund von unrichtigen und unvollständigen Angaben erlangt wurde, bestimmt das Hauptzollamt die Frist zur Abgabe der Steueranmeldung und den Zeitpunkt der Steuerfälligkeit. Die Regelung des § 9 Abs. 7 StromStG wurde mit Wirkung zum 1. Januar 2011 gestrichen.[120]

H. Begünstigungen des Stromsteuergesetzes

138 Das Stromsteuergesetz enthält in den §§ 9, 9a, 9b, 9c und 10 StromStG meist politisch motivierte Steuerbegünstigungen, die entweder als gänzliche Befreiung von der Stromsteuer oder lediglich als teilweise Ermäßigung ausgestaltet sind. Damit ist die Steuerbegünstigung als Oberbegriff für die Steuerbefreiungen einerseits und die Steuerermäßigungen andererseits zu verstehen. Innerhalb dieser beiden Gruppen ist darüber hinaus zu differenzieren, ob die Begünstigung über den Versorger gewährt wird oder ob die Begünstigung über die Beantragung beim Hauptzollamt erfolgt. Eine Begünstigung über den Versorger wird gewährt, indem er vor Stromverwendung zu einem reduzierten Steuersatz bzw. steuerfrei an den Kunden liefert. Die Begünstigung über den Antrag durch den Kunden selbst, erfolgt erst nach Verwendung des Stroms. Bei der Begünstigung, die im Antragverfahren gewährt wird, handelt es sich um eine Steuerentlastung. Nachfolgende Abbildung zeigt sämtliche Steuerbegünstigungen des Stromsteuergesetztes.

---

120 Vgl. hierzu „F. III. 3. Die zu unrecht erlangte Erlaubnis".

Übersicht: Steuerbegünstigungen im Stromsteuerrecht.   139

Stromsteuerbegünstigungen

Steuerbefreiungen

Strom aus erneuerbaren Energieträgern, der ausschließlich aus einem entsprechend gespeisten

Netz oder Leitung entnommen wird
(§ 9 (1) Nr. 1 StromStG).

Strom, der zur Stromerzeugung eingesetzt wird

(§ 9 (1) Nr. 2 StromStG).

Stromerzeugung in Anlagen mit einer elektrischen
Nennleistung von bis zu 2 Megawatt
(§ 9 (1) Nr. 3 StromStG).

- Stromentnahme zum Selbstverbrauch im räumlichen Zusammenhang zu der Anlage nach
  § 9 (1) Nr. 3a StromStG oder

- Stromentnahme durch Letztverbraucher im
  räumlichen Zusammenhang zu der Anlage nach
  § 9 (1) Nr. 3b StromStG (Contracting)

Stromerzeugung in Notstromanlagen
(§ 9 (1) Nr. 4 StromStG).

Stromverbrauch und -erzeugung auf Luft- und Wasserfahrzeugen sowie Fahrstrom
(§ 9 (1) Nr. 5 StromStG).

Produzierendes Gewerbe für bestimmte Prozesse
und Verfahren (§ 9a StromStG):

- auf Antrag/ keine Erlaubnis

Produzierendes Gewerbe für die Herstellung bestimm-ter Erzeugnisse (§ 9c StromStG):

- auf Antrag/ keine Erlaubnis

Steuerermäßigungen

Nachtspeicherheizung (§ 9 (2a) StromStG a.F.):

- keine Erlaubnis

- ausgelaufen zum 31.12.2006

Fahrstrom (§ 9 (2) Nr. 2 StromStG):

- erlaubnispflichtig

- ermäßigter Satz: 11,42 €/MWh

Produzierendes Gewerbe (§ 9 (3) StromStG a.F.):

- erlaubnispflichtig

- ermäßigter Satz: 12,30 €/MWh

- abgeschafft zum 31.12.2010

Produzierendes Gewerbe (§ 9b StromStG)

- auf Antrag/ keine Erlaubnis

- Ermäßigung um 5,13 €/MWh

- eingeführt ab 1.1.2011

Produzierendes Gewerbe (§ 10 StromStG):

- auf Antrag/ keine Erlaubnis

Land- und Forstwirte (§ 9 (3) StromStG a.F.):

- erlaubnispflichtig

- ermäßigter Satz: 12,30 €/MWh

- abgeschafft zum 31.12.2010

Strom für die landseitige Stromversorgung von
Wasserfahrzeugen (§ 9 (3) StromStG n.F.):

- erlaubnispflichtig

- Ermäßigung um 20,00 €/MWh

Land- und Forstwirte (§ 9b StromStG):

- auf Antrag/ keine Erlaubnis

- Ermäßigung um 5,13 €/MWh

- eingeführt ab 1.1.2011

I.   Steuerbefreiungen im Stromsteuerrecht

1.   Einführung und Überblick

140   Nahezu alle Steuerbefreiungstatbestände sind in § 9 Abs. 1 StromStG geregelt. Diese Zusammenfassung in einer Regelung führte zu einer steuersystematischen Vereinheitlichung[121] und erfolgte zum 1. August 2006.[122] Folgende Ausnahmen von der Besteuerung sieht das Stromsteuergesetz hier vor:

- Strom aus erneuerbaren Energieträgern, der ausschließlich aus einem entsprechenden Netz oder einer entsprechenden Leitung entnommen wird (§ 9 Abs. 1 Nr. 1 StromStG).

- Strom zur Stromerzeugung (§ 9 Abs. 1 Nr. 2 StromStG).

- Strom, der in einer Anlage mit einer elektrischen Nennleistung von bis zu 2 Megawatt erzeugt wurde und im räumlichen Zusammenhang zu dieser Anlage entnommen wird. (§ 9 Abs. 1 Nr. 3 StromStG).

- Strom, der in Notstromanlagen erzeugt wird (§ 9 Abs. 1 Nr. 4 StromStG).

- Strom, der in Wasser- oder Luftfahrzeugen produziert und dort verbraucht wird sowie Strom, der in Schienenbahnfahrzeugen erzeugt und verbraucht wird; außer betriebsinterne Werkverkehre und Bergbahnen (§ 9 Abs. 1 Nr. 5 StromStG).

141   Das Gesetz sieht Befreiungen aus unterschiedlichen Gründen vor. Der Strom aus erneuerbaren Energiequellen ist von der Steuer befreit, weil es aus ökologischen Gründen sinnvoll erscheint solche Energieträger zu fördern, indem sie nicht zusätzlich mit Stromsteuer belastet werden. Der Strom zur Stromerzeugung wird von der Steuer befreit, weil es andernfalls zu einer Doppelbesteuerung kommen würde, wenn auch der Stromverbrauch der Erzeugungsanlage steuerlich belastet würde.[123] Der Grund für die Steuerbefreiung von Strom der in Kleinanlagen bis zu 2 Megawatt erzeugt wird, liegt wohl darin, dass die dezentrale Stromerzeugung aus umweltpolitischen Gründen gefördert werden soll.[124]

142   Notstromanlagen werden als Anlagen umschrieben, die der vorübergehenden Stromversorgung im Falle eines Stromausfalles oder einer Störung der sonst üblichen Stromversorgung dienen.[125] Soweit es sich hierbei um Anlagen mit einer elektrischen Nennleistung von bis zu 2 Megawatt nach § 9 Abs. 1 Nr. 3 StromStG handelt, wovon man ausgehen kann, wäre der erzeugte Strom schon nach dieser Regelung von der Steuer befreit. Die steuerfreie Entnahme nach § 9 Abs. 1 Nr. 4 StromStG ist nicht erlaubnispflichtig. Derjenige, der Strom aus Notstromanlagen leistet ist nach § 1 Abs. 4 Satz 2 StromStV kein Versorger.

143   Der Grund für die Steuerbefreiung von Strom, der auf Wasser- oder Luftfahrzeugen erzeugt und verbraucht wird, ist die Reduzierung des Verwaltungsaufwands im Besteuerungsverfahren. Die Erfassung und Kontrolle solcher Steuerschuldner steht vermutlich in keinem Verhältnis zu dem

---

121 BT-Drucks. 16/1172 v. 6.4.2006, S. 46.
122 Gesetz zur Neuregelung der Besteuerung von Energieerzeugnissen und zur Änderung des Stromsteuergesetzes v. 17.7.2006 (BGBl. I 2006 S. 1.534).
123 BT-Drucks. 14/40 v. 17.11.1998, S. 12.
124 BT-Drucks. 14/2044 v. 10.11.1999, S. 11.
125 § 9 (1) Nr. 4 StromStG.

Khazzoum

möglichen Steueraufkommen.[126] Weiterhin ist der Strom, der in Schienenfahrzeugen im Schienenbahnverkehr selbst erzeugt wird und für den Fahrbetrieb im Schienenbahnverkehr verwendet wird, von der Steuer befreit.

Schwerpunkt nachfolgender Ausführungen sind aufgrund ihrer Praxisrelevanz lediglich die Befreiungen für Strom aus erneuerbaren Energieträgern, für Strom zur Stromerzeugung und für Strom aus einer Anlage bis zu 2 Megawatt elektrische Nennleistung.   144

2.   Strom aus erneuerbaren Energieträgern

Von der Steuer befreit, ist Strom aus erneuerbaren Energieträgern (grüner Strom), wenn dieser Strom aus einem, ausschließlich mit Strom aus erneuerbaren Energieträgern gespeisten Netz oder einer entsprechenden Leitung (grünes Netz) entnommen wird.[127] Die Steuerbefreiung steht nicht unter Erlaubnisvorbehalt und es ist ebenfalls nicht notwendig, dass der grüne Strom im Steuergebiet erzeugt wird. Nur die Entnahme zum Verbrauch muss im Inland erfolgen. Der Erlaubnisvorbehalt ist zum 1. August 2006 entfallen, weil sich die Befreiung auf die Art der Stromerzeugung und nicht auf die Art der Stromverwendung bezieht.[128] Damit sind zwei Voraussetzungen für die Steuerbefreiung wesentlich. Zum einen muss die Stromproduktion aus regenerativen Energiequellen erfolgen und zum anderen darf dieser Strom nur über grüne Netze oder Leitungen zum Stromverbraucher transportiert werden.   145

a)   Erneuerbare Energieträger

Was zu den erneuerbaren Energieträgern zählt, wird im Stromsteuergesetz im Rahmen der Begriffserklärungen des § 2 StromStG erläutert. Die erneuerbaren Energieträger werden in § 2 Nr. 7 StromStG abschließend aufgezählt. Hierzu zählt Strom, der aus Wasserkraft, Windkraft, Sonnenenergie, Erdwärme, Deponiegas oder aus Biomasse erzeugt wird. Ausgenommen ist Strom aus Wasserkraftwerken mit einer installierten Generatorleistung von über zehn Megawatt. Keine erneuerbaren Energieträger sind Klärschlamm und Grubengas. Die regenerativen Quellen können wie folgt näher beschrieben werden.[129]   146

Bei der Wasserkraft – also fließendes Wasser – handelt es sich um Strömungsenergie, die in Turbinen von Wasserkraftwerken in mechanische Energie und dann durch Generatoren in elektrische Energie umgewandelt wird. Bei der Windkraft wird kinetische Energie der bewegten Luftmassen in der Atmosphäre von Windkraftanlagen über die Rotorblätter in mechanische Energie und dann durch Generatoren in elektrische Energie umgewandelt.   147

Sonnenenergie ist Strahlungsenergie, die in entsprechenden Anlagen, insbesondere Fotovoltaik, unmittelbar in elektrische Energie umgewandelt wird. Mittelbar erfolgt die Umwandlung von Sonnenenergie in elektrische Energie über solarthermische Kraftwerke, in denen über Sonnenkollektoren und Wärmetauscher Wasserdampf gewonnen wird, der über Turbinen und Generatoren elektrischen Strom produziert.   148

---

126 BT-Drucks. 14/440 v. 17.11.1998, S. 14.
127 § 9 (1) Nr. 1 StromStG.
128 BT-Drucks. 16/1172 v. 6.4.2006, S. 47.
129 Vgl. hierzu Salje, Erneuerbaren-Energien-Gesetz, 5. Auflage 2009, §§ 23-33; Wundrack, in Bongartz, Kommentar zum EnergieStG und StromStG, 2. Auflage 2005, §§ 6-11.

149 Erdwärme ist in Form von Wärme gespeicherte Energie unterhalb der festen Erdoberfläche und wird beispielsweise zur Stromerzeugung genutzt, indem Wasser unter hohem Druck in tiefliegende, heiße Gesteinsschichten gepresst und nach der Erwärmung wieder an die Erdoberfläche geleitet wird. Der so erzeugte Wasserdampf wird mittels Turbinen und Generatoren in elektrischen Strom umgewandelt.

150 Deponie- und Klärgase sind Faulgase, die durch den mikrobiologischen Abbau organischer Substanzen auf Mülldeponien bzw. in Kläranlagen entstehen und nach Verdichtung zur Erzeugung elektrischer Energie verbrannt werden. Biomasse wird beispielsweise in Anlagen der Kraft-Wärme-Kopplung eingesetzt oder in Biogas umgewandelt, um in Gasmotoren zur Erzeugung elektrischer Energie eingesetzt zu werden.

151 Eine Stromerzeugungsanlage muss nicht ausschließlich mit erneuerbaren Quellen Strom produzieren. Bei der Stromerzeugung aus Deponiegas, Klärgas oder Biomasse ist es möglich, dass in einer Anlage für den einen Zeitraum Strom ausschließlich aus erneuerbaren Energieträgern und für einen anderen Zeitraum ausschließlich aus nicht erneuerbaren Energieträgern (z.B. Erdgas) erzeugt wird. Dies liegt entweder darin begründet, dass erneuerbare Energieträger nicht immer verfügbar sind, oder darin, dass dadurch eine bessere Auslastung der Anlage erreicht werden kann. In diesem Fall spricht nichts dagegen, dass der während des ausschließlichen Einsatzes der erneuerbaren Energieträgern erzeugte Strom steuerfrei entnommen wird, wenn die aus den jeweiligen Energieträgern erzeugte Strommenge eindeutig ermittelt werden kann.[130]

b)   Grünes Netz

152 Von der Steuer befreit ist der grüne Strom nur dann, wenn er direkt und unvermischt mit Strom aus nicht regenerativen Quellen, auch Egalstrom genannt, zum Stromverbraucher gelangt.[131] Der Wortlaut des Gesetzes ist sehr restriktiv und bedeutet bei Vermischung von grünem Strom mit Atomstrom oder auch Strom aus Kohlekraftwerken den sofortigen Verlust der Steuerbefreiung. Diese restriktive Auslegung des Gesetzes ist in der Praxis jedoch mit erheblichen Problemen verbunden, da Erzeuger von grünem Strom in der Regel auch Egalstrom hinzukaufen oder erzeugen müssen, der durch die selben Leitungen und Netze zu den Stromverbrauchern gelangt und somit eine Vermischung unumgänglich ist. Würde diese restriktive Auslegung des Gesetzes beibehalten werden, würde diese Steuerbefreiung nahezu vollumfänglich ins Leere laufen.

153 Das Bundesministerium der Finanzen hat hierauf mit einer Klarstellung reagiert, indem es ausführt, dass die Voraussetzung der Ausschließlichkeit auch dann noch gegeben ist, wenn der Strom aus erneuerbaren Energieträgern erst innerhalb eines Eigennetzes[132] oder einer entsprechenden Leitung am Ort der Erzeugung mit Strom aus anderen Energieträgern vermischt wird.[133] Dies bedeutet für die Praxis, dass grüner Strom seine Steuerfreiheit erst dann verliert, wenn er in das Netz der öffentlichen Versorgung (Versorgungsnetz) eingespeist wird und dort mit Egalstrom vermischt wird.

---

130 BMF-Schreiben v. 30.11.2001, III A 1 – V 4250 – 27/01.
131 BT-Drucks. 14/40 v. 17.11.1998, S. 12.
132 zur Abgrenzung Eigennetz, Objekt- oder Arealnetz vgl. unter „G. I. 3. b) Areal- und Objektnetze".
133 BMF-Schreiben v. 30.11.2001, III A 1 – V 4250 – 27/01.

c)   Stromsteuerrechtliche Folgen der fiktive Stromeinspeisung in das Versorgungsnetz nach dem Erneuerbaren-Energien-Gesetz (EEG)

Ein Praxisschwerpunkt im Rahmen der Befreiung für Strom aus regenerativen Energiequellen   154
ist die sogenannte „kaufmännisch-bilanzielle Einspeisung". Diese Begrifflichkeit umschreibt den
Umstand, dass die Einspeisung von Strom in das Versorgungsnetz nicht tatsächlich bzw. physikalisch erfolgt, sondern nur fiktiv. Hintergrund ist, dass nach dem EEG der in EEG-Anlagen
erzeugte Strom von den Netzbetreibern zu einem festgelegten Preis vollumfänglich abgenommen
werden muss.

Die Betreiber solcher Stromerzeugungsanlagen erhalten die Vergütung auch für Strom, der nicht   155
physikalisch in das öffentliche Netz eingespeist wurde. In der Praxis ist es somit der Regelfall, dass
diese Stromerzeuger den Strom tatsächlich selbst entnehmen und verbrauchen, jedoch kaufmän-
nisch-bilanziell einspeisen. Dies erfolgt auf Grundlage eines Liefervertrages zwischen Einspeiser
und Netzbetreiber, so dass der Einspeiser die EEG-Vergütung vom Netzbetreiber gutgeschrieben
bekommt. Im Gegenzug erfolgt die Rücklieferung dieses – fiktiv eingespeisten – Stroms aufgrund
eines Liefervertrages zwischen Versorger und Einspeiser. Netzbetreiber und Versorger können
hierbei ein und dieselbe Person sein.

Daraus folgt aus stromsteuerlicher Sicht, dass diese Einspeiser keinen Strom leisten, wenn der   156
Strom selbst verbraucht und physikalisch nicht in das Versorgungsnetz eingespeist wird. Dabei ist
es unerheblich, ob eine Vergütung nach dem EEG gezahlt wurde. Es liegt nur eine vertraglich vereinbarte Einspeisung in das Versorgungsnetz vor. Werden dem Anlagenbetreiber vom Netzbetreiber die tatsächlich nicht eingespeisten, aber nach EEG vergüteten, Strommengen in Rechnung gestellt, ist auch durch den Netzbetreiber keine Leistung von Strom im Sinne des Gesetzes gegeben.

Im Endeffekt erhält der Anlagenbetreiber die Vergütung nach dem EEG und darf den erzeugten   157
Strom steuerfrei entnehmen, da die Steuerfreiheit des § 9 Abs. 1 Nr. 1 StromStG nach den tatsächlichen physikalischen Verhältnissen zu beurteilen ist.[134] Probleme in der Praxis ergeben sich regelmäßig bei der Messung und Erfassung der Mengen sowie bei der Differenzierung zwischen einer
steuerbaren und einer nicht steuerbaren Leistung von Strom. Wichtig ist die Dokumentation solcher Sachverhalte, um nachweisen zu können, welche Mengen vom EEG-Einspeiser produziert
und selbst verbraucht wurden, welche tatsächlich ins Versorgungsnetz physikalisch eingespeist
wurden oder welche Mengen zusätzlich, zum selbst produzierten Strom, aus dem Versorgungsnetz zum Verbrauch entnommen wurden.

Im Gegensatz zum Stromsteuerrecht orientiert sich das Umsatzsteuerrecht nicht an den physika-   158
lischen Fluss des Stroms, sondern an der vertraglichen Vereinbarung und dem, was von den Parteien wirtschaftlich gewollt ist. Sowohl die fiktive Lieferung des vom Einspeiser aus regenerativer
Energie erzeugten Stroms, als auch die – ebenfalls fiktive – Rücklieferung dieses Stroms werden
von der Finanzverwaltung als steuerbare und steuerpflichtige Leistung nach dem Umsatzsteuergesetz angesehen.[135] Eine entsprechende Regelung wurde in die Richtlinien zum Umsatzsteuergesetz[136] aufgenommen.

---

134 Vgl. hierzu auch BMF-Schreiben v. 19.06.2002, III A 1 – V 4201 – 1/02.
135 BMF-Schreiben v. 15.1.2007; IV A 5 1/07.
136 A 42n Satz 3 UStR 2008.

2

3. Strom zur Stromerzeugung

159 Nach § 9 Abs. 1 Nr. 2 StromStG wird Strom von der Besteuerung ausgenommen, wenn er zur Erzeugung von Strom entnommen wird. Die Entnahme von Strom zur Stromerzeugung ist nach § 9 Abs. 4 StromStG erlaubnispflichtig.[137] Es ist nur der Stromverbrauch befreit, der im direkten Zusammenhang mit der Erzeugung von Strom steht. Ausgeschlossen sind damit also Verbräuche in Kantinen, Gemeinschaftsräumen oder die Beleuchtung von Parkplätzen.[138] Der Umfang des entnommenen Stroms ist grundsätzlich durch Mess- oder Zähleinrichtungen zu ermitteln. Soweit diese nicht vorhanden sind, ist eine sachgerechte, von einem Dritten nachvollziehbare Schätzung zulässig.[139]

a) Entnahme zum Verbrauch in Kraftwerken

160 Steuerfrei ist Strom, der in Neben- und Hilfsanlagen einer Stromerzeugungseinheit (Generator oder Turbine), insbesondere zur Wasseraufbereitung, Dampferzeugungswasserspeisung, Frischluftversorgung, Brennstoffversorgung oder Rauchgasreinigung, verbraucht wird.[140] Hierbei handelt es sich um eine beispielhafte und nicht abschließende Auflistung der begünstigten Anlagen. Unter Neben- und Hilfsanlagen sind sämtliche technischen Anlagen zu zählen, die den ordnungsmäßigen Betrieb der Stromerzeugungseinheiten gewährleisten.[141] Betriebsteile und Anlagen, die nicht der Stromerzeugung im technischen Sinne dienen, fallen nach der Rechtsprechung[142] nicht in den Anwendungsbereich dieser Steuerbefreiung und die enge Auslegung durch den Gesetzgeber sei rechtmäßig. Das gilt zum Beispiel für Beleuchtungsanlagen, Instandhaltungsanlagen, Sicherheitseinrichtungen sowie Lager- und Verwaltungsgebäude. Weiterhin zählen nicht zur Stromerzeugung im technischen Sinne, die Gewinnung des Brennstoffes im Bergbau sowie die Herstellung des Brennstoffes.[143]

161 Das Finanzgericht Düsseldorf fasst das, was zur Stromerzeugung im technischen Sinne zählt in einem Urteil vom 24. März 2010 jedoch sehr viel weiter, als Verwaltung und Rechtsprechung es bis zu diesem Zeitpunkt zugelassen haben. In dem entschiedenen Fall verwehrt das Hauptzollamt die Steuerbefreiung für Strom, der zur Beleuchtung und Klimatisierung der Räumlichkeiten, in der die Stromerzeugungsanlage untergebracht ist, dient. Hierzu führt das Gericht aus, dass der Verbrauch von Strom im technischen Sinne mindestens soweit zu fassen ist, dass die Stromerzeugungsanlage technisch ordnungsgemäß betrieben werden kann. Ohne Beleuchtung kann eine Anlage nicht betrieben werden. Es sei aus Gründen der Arbeitsmedizin und der Sicherheit notwendig, die Räumlichkeiten entsprechend zu beleuchten und zu klimatisieren.[144]

---

137 Vgl. zur Erlaubnispflicht die Ausführungen unter „F. Erlaubnispflicht im Stromsteuerrecht".
138 Wundrack, in Bongartz, Kommentar zum EnergieStG u. StromStG, 2. Aufl. 2005, § 9 StromStG, Rn. 21.
139 § 12 (2) StromStV.
140 § 12 (1) Nr. 1 StromStV.
141 Friedrich/Meißner, Energiesteuern, § 9 StromStG, Rn. 26.
142 FG Hamburg, Urteil v. 20.6.2002, IV 173/00; FG Düsseldorf, Urteil v. 21.9.2005, 4 K 2253/04.
143 FG Düsseldorf, Urteil v. 21.9.2005, 4 K 2253/04; FG Hamburg, Urteil v. 13. Juli 2010, 4 V 126/10.
144 FG Düsseldorf, Urteil v. 24.3.2010, 4 K 2523/09 (Nichtzulassungsbeschwerde ist anhängig).

Khazzoum

b)   Entnahme zum Verbrauch beim Betrieb von Pumpspeicherkraftwerken

Weiterhin ist der Strom, der in Pumpspeicherkraftwerken von Pumpen zum Fördern der Spei-   162
chermedien zur Erzeugung von Strom im technischen Sinne verbraucht wird, begünstigt.[145] Ein
Pumpspeicherkraftwerk dient der Speicherung von elektrischer Energie durch Umwandlung in
potentielle Energie von Wasserkraft. Ein Pumpspeicherwerk ist kein Kraftwerk im herkömmli-
chen Sinn, weil es originär keinen Strom erzeugt, sondern im Saldo mehr Strom verbraucht als
erzeugt. In Schwachlastzeiten, also zu Zeiten, in denen ein Überschuss an elektrischer Energie
vorhanden ist, wird Wasser über Pumpen in ein hochgelegenes Becken gepumpt. Wird Strom
in Spitzenlastzeiten benötigt, arbeitet ein Motor-Generator als Generator und liefert, von einer
Turbine durch kinetische Energie angetrieben, elektrischen Strom. Das Wasser fließt dabei vom
Ober- ins Unterbecken und liefert die Antriebsleistung. Bei Überschuss an elektrischer Leistung
im Stromnetz arbeitet der Motorgenerator als Elektromotor und treibt die Pumpe an, welche das
Wasser wieder in das Oberbecken pumpt. Diesen Vorgang, der faktisch als Stromverbrauch mit
anschließender Stromerzeugung zu sehen ist, zweifach mit Stromsteuer zu belasten, wäre unangemessen.[146]

4.   Stromerzeugung in Kleinanlagen bis zu 2 Megawatt

Von der Steuer befreit ist Strom, der in Anlagen mit einer elektrischen Nennleistung von bis zu   163
zwei Megawatt erzeugt wird und vom Anlagenbetreiber als Eigenerzeuger im räumlichen Zusammenhang zu der Anlage zum Selbstverbrauch entnommen wird, oder von demjenigen, der
die Anlage betreibt oder betreiben lässt, an Letztverbraucher geleistet wird. Der Strom muss im
räumlichen Zusammenhang zu der Anlage entnommen werden. Zur steuerlichen Vereinfachung
entfiel der Erlaubnisvorbehalt zum 1. August 2006, weil sich die Befreiung auf die Art der Stromerzeugung und nicht auf die Art der Stromverwendung bezieht.[147] Wesentlich ist zunächst, den
Anlagenbegriff zu präzisieren.

a)   Anlagen mit einer elektrischen Nennleistung von bis zu 2 Megawatt

Die Bestimmung, was unter einer Anlage im Sinn von § 9 Abs. 1 Nr. 3 StromStG zu verstehen   164
ist, wird spätestens dann relevant, wenn es darum geht, mehrere Stromerzeugungseinheiten danach zu beurteilen ob es sich um eine oder mehrere Anlagen handelt. Der Antwort auf diese
Frage kommt deshalb große Bedeutung zu, weil durch das Zusammenfassen mehrerer Stromerzeugungseinheiten schnell die Grenze von zwei Megawatt überschritten werden kann. Die Frage,
ob es sich um eine oder mehrere Anlagen zur Erzeugung von Strom handelt, ist nach Ansicht des
Bundesministeriums der Finanzen[148] im Einzelfall nach dem Gesamtbild der Gegebenheiten und
auf Grundlage von sachlichen Abgrenzungskriterien zu beurteilen. Maßstab für die Beurteilung
sind vor allem nachfolgende Gesichtspunkte:

---

145 § 12 (1) Nr. 1 StromStV.
146 BT-Drucks. 14/40 v. 17.11.1998, S. 12 – 13.
147 BT-Drucks. 16/1172 v. 6.4.2006, S. 47.
148 BMF-Schreiben v. 18.10.2004, III A 1 – V 4250 – 9/04.

- Sind die Stromerzeugungseinheiten in einem Raum, einem Gebäude oder in ähnlicher Weise räumlich angeordnet?

- Ist eine gemeinsame Steuerung vorhanden oder wird bzw. kann jede Einheit einzeln gesteuert werden?

- Bildet die Anlage nach ihrer Auslegung oder Bauweise eine technische Einheit, wie es beispielsweise bei einer Gas- und Dampfturbinenanlage der Fall ist?

- Ist eine getrennte Fahrweise der Einheiten möglich?

- Wird bei Anlagen der Kraft-Wärme-Kopplung die erzeugte Wärme über ein gemeinsames Rohrleitungssystem abgeführt?

- Sind andere gemeinsame Einrichtungen, wie beispielsweise eine gemeinsame Brennstoffversorgung, eine gemeinsame Rauchgasreinigung oder ein gemeinsamer Kamin vorhanden?

165 Ergänzend hierzu sagt § 12a StromStV das mehrere unmittelbar miteinander verbundene Stromerzeugungseinheiten an einem Standort als eine Anlage zur Stromerzeugung gelten. Als unmittelbar miteinander verbunden gelten insbesondere Anlagen, die sich im selben baulichen Objekt befinden.[149] Das Wort „insbesondere" lässt darauf schließen, dass es sich hierbei um keine abschließendes Aufzählung der Fälle handelt, in denen die elektrische Nennleistung mehrerer Erzeugungseinheiten zusammengerechnet werden, um die Nennleistungsgrenze von zwei Megawatt zu überprüfen. Die enge Auslegung des Anlagebegriffs im Bezug auf die Nennleistungsgrenze ist aus Sicht des Gesetzgebers durchaus nachvollziehbar, da hierdurch missbräuchliche Gestaltungen vermieden werden. Diese Ansicht wurde durch die Rechtsprechung regelmäßig bestätigt.[150]

166 Die elektrische Nennleistung einer Anlage zur Stromerzeugung ist die Dauerleistung, für die sie gemäß Liefervereinbarung bestellt ist. Die Dauerleistung einer Anlage ist die höchste Leistung, die bei einem bestimmungsgemäßen Betrieb ohne zeitliche Einschränkung erbracht wird und ihre Lebensdauer und Sicherheit nicht beeinträchtigt. Bei Anlagen der Kraft-Wärme-Kopplung ist die elektrische Nennleistung maßgeblich.[151]

b)   Entnahme im räumlichen Zusammenhang zu der Anlage

167 Der Begriff des räumlichen Zusammenhangs hat in der Zeit seit Einführung des Stromsteuergesetzes schon zu etlichen Auslegungsproblemen geführt. Es liegt wohl in der Natur der Sache, dass die Finanzverwaltung die Auslegung äußerst eng vorgenommen hat und davon ausging, dass die Befreiung nur greift, wenn der Strom innerhalb eines Arealnetzes verbraucht wird und somit durch die Einspeisung in das Versorgungsnetz verloren geht. Der BFH[152] hat dieser restriktiven Auslegung im Jahr 2004 eine Ende gemacht und betont, dass „räumlich" ein Gebiet nach Länge, Breite und Höhe beschreibt, so dass das Festmachen der Befreiung an der Tatsache, ob der Strom in einem Arealnetz verbleibt oder nicht, der Regelung nicht entsprechen würde.

168 Das Gericht führt aus, dass die Grenzen des „räumlichen" vom Gesetzgeber gesetzt wurden, indem nicht die flächendeckende Versorgung begünstigt werden sollte, sondern nur eine regionale Versorgung, was wiederum ein größeres Landschaftsgebiet oder ein Landstreifen ist. Darüber hinaus kann eine Anlage von bis zu zwei Megawatt zwei- bis dreitausend Kunden im Jahr mit Strom

---

149 § 12a Satz 1 und 2 StromStG.
150 BFH, Urteile v. 23.6.2009, VII R 34/08, VII R 42/08; FG Düsseldorf, Urteil v. 14.5.2003, 4 K 3876/02.
151 BMF-Schreiben v. 18.10.2004, III A 1 – V 4250 – 9/04.
152 BFH, Urteil v. 20.4.2004, VII R 44/03.

versorgen, so dass bei der Versorgung einer Gemeinde dieser Größenordnung die Voraussetzung der Entnahme im räumlichen Zusammenhang gewahrt ist. Ein Umkreis von bis zu 4,5 km, der mit Strom versorgt wird, ist für die Annahme eines räumlichen Zusammenhangs unschädlich.[153]

Die Auslegung des räumlichen Zusammenhangs ist weniger problematisch bei der Entnahme von Strom durch den Anlagenbetreiber zum Selbstverbrauch nach § 9 Abs. 1 Nr. 3a StromStG, sondern vielmehr in den Fällen des § 9 Abs. 1 Nr. 3b StromStG, den Contracting-Fällen.   169

c)   Contracting nach § 9 Abs. 1 Nr. 3b StromStG

Eine Steuerbefreiung kommt hiernach in Betracht, wenn der Contractor für Letztverbraucher eine Stromerzeugungsanlage betreibt oder betreiben lässt und die Letztverbraucher den Strom im räumlichen Zusammenhang zu der Anlage entnehmen. Beim Contracting findet eine Arbeitsteilung zwischen Contractor und Dritten statt, wodurch Investitionen in die Energieversorgung erfolgen, die beim Nutzer aus Gründen von Kapitalmangel und fehlendem Know-how unterbleiben. Durch den auf das Geschäftsfeld spezialisierten Contractor ergeben sich in verschiedene Weise optimierte Lösungen für den Kunden.[154]   170

Die Voraussetzung der Stromentnahme im räumlichen Zusammenhang wurde bereits zuvor unter b) ausführlich behandelt, womit zwei zu erfüllende Sachverhalte verbleiben. Zum einen muss ein Stromlieferverhältnis zwischen dem Contractor und dem Letztverbraucher bestehen und zum anderen muss die Voraussetzung des „betreiben oder betreiben lassen" erfüllt sein.   171

Die Eigentumsverhältnisse an einer Anlage sind für das Betreiben oder Betreiben lassen der Anlage von untergeordneter Rolle. Derjenige, der mit der Anlage auf Basis vertraglicher Vereinbarungen Strom erzeugt, ist gleichzeitig Anlagenbetreiber, da er die nach außen erkennbare Willensbetätigung ausübt, die auf die Erzeugung von Strom gerichtet ist. Er übt die tatsächliche Sachherrschaft über die Anlage aus und verantwortet die Stromerzeugung. Hierdurch ist der Anlagenbetreiber berechtigt den Strom zum Selbstverbrauch zu entnehmen oder an Letztverbraucher zu leisten. Sobald der Betreiber ein Unternehmen mit der Betriebsführung dieser Anlage beauftragt, lässt er diese Anlage durch den Betriebsführer betreiben, wobei der Strom weiterhin im Namen und auf Rechnung des Anlagenbetreibers erzeugt wird.   172

Der Contractor ist aufgrund der Tatsache, dass er Strom leistet, grundsätzlich Versorger im Sinne des § 2 Nr. 1 StromStG.[155] Begünstigter dieser Steuerbefreiung ist im Übrigen nicht der Letztverbraucher, sondern allein der Contractor. Das Gesetz sieht an keiner Stelle vor, dass die Steuerbefreiung vom Contractor an den Kunden weitergegeben werden muss.   173

d)   Steuerbefreiung bei rechtlich entflochtenen Energieversorgungsunternehmen

Mit Schreiben[156] des Bundesministeriums der Finanzen vom 31. Mai 2010 wird bestätigt, dass der in kleinen KWK-Anlagen erzeugte Strom nach § 9 Abs. 1 Nr. 3b StromStG auch dann von der Stromsteuer befreit ist, wenn Anlagen- und Netzbetreiber jeweils rechtlich selbständige Unternehmen sind.   174

---

153 BFH, Urteil v. 20.4.2004, VII R 44/03.
154 BMF-Schreiben v. 2.10.2001, III A 1 – V 4250 – 8/01.
155 Vgl. hierzu die Ausnahme gem. § 1 (4) StromStV sowie die Ausführungen unter „D. II. 1. Versorger".
156 BMF-Schreiben v. 31.5.2010, III B 6 – 4250/05/10003.

175   In diesem Zusammenhang sind in der Praxis Konstellationen aufgetreten, bei denen die Steuerbefreiung seitens der Zollverwaltung versagt wurde, wenn Anlagen- und Netzbetreiber jeweils rechtlich selbständige Unternehmen sind. Der Betreiber der Anlage hat den erzeugten Strom physikalisch in das öffentliche Netz des Netzbetreibers eingespeist, um den Zuschlag nach dem KWKG zu erhalten; daran anschließend erfolgte der Rückkauf und die Lieferung an Letztverbraucher.

176   Nach Auffassung verschiedener Hauptzollämter schließe die Einspeisung in das öffentliche Netz und damit der Verkauf an den Netzbetreiber die Steuerbefreiung nach § 9 Abs. 1 Nr. 3b StromStG aus, da ein Leisten von Strom vom Anlagenbetreiber direkt an Letztverbraucher nicht mehr möglich sei. Bei dieser Betrachtung wird die Auffassung vertreten, dass ein stromsteuerbefreites „Leisten" an einen Letztverbraucher im Sinne des Stromsteuergesetzes unmittelbar vom Anlagenbetreiber an den Letztverbraucher erfolgen muss. Eine Unmittelbarkeit der Leistung sei in den genannten Fällen nicht gegeben.

177   Diese Rechtsauffassung teilt das Bundesministerium der Finanzen jedoch nicht. Im genannten Schreiben wird betont, dass der Verkauf des Stroms an rechtlich entflochtenen Netzbetreiber und der gleichzeitige Rückerwerb des Stroms vom Netzbetreiber durch den Betreiber der KWK-Anlage für die Steuerbefreiung nach § 9 Abs. 1 Nr. 3b StromStG unschädlich sind.

II.   Steuerbegünstigungen für Unternehmen des Produzierenden Gewerbes und Unternehmen der Land- und Forstwirtschaft

178   Die hierunter fallenden Steuerbegünstigungen sind geregelt in den §§ 9 Abs. 3, 9a, 9b und 10 StromStG. Nachfolgende Darstellung wird dem Umstand Rechnung tragen, dass der Gesetzgeber die Besteuerungssystematik der Begünstigung für das produzierende Gewerbe und die Land- und Forstwirtschaft zum 1. Januar 2011 geändert und verringert hat. Folgende Regelungen zu den Steuerbegünstigungen werden in diesem Kapitel behandelt:

- Unternehmen des Produzierenden Gewerbes sowie der Land- und Forstwirtschaft konnten bis zum 31. Dezember 2010 nach § 9 Abs. 3 StromStG Strom zu einem ermäßigten Steuersatz von 12,30 € je Megawattstunde Strom zu betrieblichen Zwecken entnehmen. Die Begünstigung wurde im Erlaubnisverfahren gewährt. Das Erlaubnisverfahren ist mit der Aufhebung von § 9 Abs. 3 StromStG[157] zum 31. Dezember 2010 entfallen. Als Ersatz für diese Begünstigung wurde § 9b StromStG neu in das Gesetz aufgenommen.

- Unternehmen des Produzierenden Gewerbes sowie der Land- und Forstwirtschaft können sich ab dem 1. Januar 2011 nach § 9b StromStG die Stromsteuer, für Strom, den sie für betriebliche Zwecke entnommen haben, in Höhe von 5,13 € je Megawattstunde erstatten lassen. Die Begünstigung wird im Entlastungsverfahren gewährt.

- Nach § 9a StromStG können sich Unternehmen des Produzierenden Gewerbes die Steuer für versteuerten Strom erstatten lassen, sofern der Strom für bestimmte Prozesse und Verfahren nach § 9a Abs. 1 Nr. 1 bis 4 StromStG entnommen wurde. Die Begünstigung wird im Entlastungsverfahren gewährt.

---

157 § 13 StromStG, BT-Drucks. 17/3452 v. 27.10.2010, S. 9.

Khazzoum

▦   Im Rahmen des Spitzenausgleiches nach § 10 StromStG können sich Unternehmen des Produzierenden Gewerbes, unter Anrechnung der gezahlten Rentenversicherungsbeiträge sowie eines Sockelbetrages, die verbleibende Stromsteuerbelastung eines Kalenderjahres um bis zu 95 % erstatten lassen, soweit es sich um Entnahme für betriebliche Zwecke in den Jahren bis einschließlich 2010 handelt. Der Prozentsatz wurde für Jahre 2011 und 2012 von 95 % auf 90 % gesenkt. Die Begünstigung wird im Entlastungsverfahren gewährt.

Diese Steuerbegünstigungen sind politisch motiviert und sollen durch eine geringere Stromsteuerbelastung die internationale Wettbewerbsfähigkeit inländischer Unternehmen bewahren. Die Steuerermäßigungen unter §§ 9 Abs. 3, 9b und 10 StromStG wirken sich jedoch erst oberhalb einer bestimmten Sockelverbrauchsmenge aus. Die Regelung zu diesem Selbstbehalt wurde in den vergangenen Jahren bereits mehrfach geändert, angepasst und aktuell auch erhöht.   179

1.   Begünstigter Personenkreis: Unternehmen des Produzierenden Gewerbes und Unternehmen der Land- und Forstwirtschaft

Die Grundlage für die Bestimmung, ob ein Unternehmen des Produzierenden Gewerbes oder ein Unternehmen der Land- und Forstwirtschaft dem begünstigten Personenkreis im Sinne des Gesetzes zuzuordnen ist, ist die Klassifikation der Wirtschaftszweige. Hierbei handelt es sich um die Einordnung und -gliederung von Unternehmen in bestimmte Branchen, die vom statistischen Bundesamt in Wiesbaden herausgegeben wird. Im Stromsteuergesetz wird auf die Ausgabe 2003 der Klassifikation der Wirtschaftzweige (WZ 2003) Bezug genommen.[158] Die Klassifikation der Wirtschaftszweige wurde im Jahr 2008 geändert, was für das Stromsteuergesetz zunächst unerheblich ist, da der Rückgriff auf die WZ 2008 eine entsprechende Änderung des Stromsteuergesetzes voraussetzt. Bei der Bezugnahme auf die entsprechende WZ handelt es sich um einen statischen Verweis.[159]   180

Die Zuordnung eines Unternehmens zum produzierenden Gewerbe erfolgt durch Eingruppierung des Unternehmens in einen bestimmten Abschnitt der WZ 2003. Zum begünstigten Personenkreis zählen auch anerkannte Werkstätte für behinderte Menschen im Sinne des § 136 des Neunten Buches Sozialgesetzbuch, wenn sie überwiegend eine wirtschaftliche Tätigkeit ausüben, die den entsprechenden Abschnitten der WZ 2003 zuzuordnen sind.[160] Begünstigt sind demnach Unternehmen, die nachfolgenden Abschnitten der WZ 2003 zugeordnet werden können.   181

▦   Abschnitt C (Bergbau und Gewinnung von Steine und Erde);

▦   Abschnitt D (Verarbeitendes Gewerbe);

▦   Abschnitt F (Baugewerbe) oder

▦   Abschnitt E (Energie- und Wasserversorgung)

Ein Unternehmen im Sinne der Regelungen ist die kleinste rechtlich selbständige Einheit sowie kommunale Eigenbetriebe, die auf Grundlage der Eigenbetriebsgesetze oder Eigenbetriebsverordnungen der Länder geführt werden.[161] Damit kommt es weder auf die Größe oder Rechtsform,   182

---

158 § 2 Nr. 2a StromStG, http://www.destatis.de.
159 Zum statischen Verweis vgl. unter „D. I. Steuerobjekt und Steuergebiet".
160 § 2 Nr. 3 und Nr. 5 StromStG.
161 § 2 Nr. 4. StromStG.

2

noch auf eine organschaftliche Einbindung des Unternehmens an. Zu den kleinsten rechtlichen Einheiten zählen demnach Einzelunternehmen, Personengesellschaften, Kapitalgesellschaften sowie juristische Personen des öffentlichen Rechts. Keine kleinste rechtlich selbständige Einheit ist dagegen eine Betriebsstätte, ein Werk oder eine Zweigniederlassung.

183   Die Entscheidung über die Zuordnung eines Unternehmens zum begünstigten Personenkreis trifft das Hauptzollamt. Werden mehrere wirtschaftliche Tätigkeiten nebeneinander ausgeübt, die nicht alle begünstigt sind, so ist eine Zuordnung nach dem Schwerpunkt der wirtschaftlichen Tätigkeit vorzunehmen. Sind die ermittelten Schwerpunkte überwiegend den begünstigten Wirtschaftzweigen zuzuordnen, so ist das Unternehmen insgesamt dem begünstigten Personenkreis zuzuordnen. Zur Ermittlung der Schwerpunkte stehen dem Unternehmer vier alternative Verfahren zur Wahl, wobei das Hauptzollamt die Wahl zurückweisen kann, wenn es der Ansicht ist, dass das gewählte Verfahren ungeeignet ist.[162]

184   Auch für die Zuordnung eines Unternehmens zur Land- und Forstwirtschaft verweist das Gesetz auf die WZ 2003. Ein begünstigtes Unternehmen der Land- und Forstwirtschaft liegt vor, wenn es dem Abschnitt A (Land- und Forstwirtschaft) oder der Klasse 05.02 (Teichwirtschaft und Fischzucht) zuzuordnen ist. Gleiches gilt für anerkannte Behindertenwerkstätte im Sinne des § 136 des Neunten Buches Sozialgesetzbuch, wenn sie überwiegend eine Tätigkeit ausüben, die den entsprechenden Abschnitten der WZ 2003 zuzuordnen sind.[163] Handelt es sich um Mischbetriebe, so entscheidet der Schwerpunkt der Tätigkeit über die Einordnung im Rahmen der WZ 2003.

2. Steuerermäßigung nach § 9 Abs. 3 StromStG alte Fassung und § 9b StromStG neue Fassung.

185   Nach § 9 Abs. 3 StromStG unterliegt Strom, der von einem Unternehmen des Produzierenden Gewerbes oder der Land- und Forstwirtschaft für betriebliche Zwecke entnommen wird und nicht von der Steuer befreit ist, einem ermäßigten Steuersatz von 12,30 € je Megawattstunde. Die Begünstigung unterliegt einem Erlaubnisvorbehalt nach § 9 Abs. 4 StromStG[164] und gilt nach § 9 Abs. 5 StromStG nicht für einen Sockelverbrauch in Höhe von 25 Megawattstunden je Kalenderjahr. Zum 1. Januar 2011 wurden nunmehr die §§ 9 Abs. 3 und 5 StromStG gestrichen, wobei die Begünstigung an sich nicht entfallen ist, sondern in einem gesonderten § 9b StromStG geregelt wird. Der Selbstbehalt wurde erhöht. Gestrichen wurde ebenfalls der Erlaubnisvorbehalt des § 9 Abs. 4 StromStG.

186   Eine Steuerentlastung wird nach § 9b StromStG für nachweislich versteuerten Strom gewährt, den ein Unternehmen des Produzierenden Gewerbes oder der Land- und Forstwirtschaft für betriebliche Zwecke entnommen hat und der nicht bereits von der Steuer befreit ist. Die Steuerbegünstigung beträgt ab dem 1. Januar 2011 nur noch 5,13 € je Megawattstunde. Weiterhin steigt der Selbstbehalt auf 250 € pro Kalenderjahr an, was einer Erhöhung auf rund 49 Megawattstunden je Kalenderjahr entspricht. Entlastungsberechtigt ist derjenige, der den Strom entnommen hat.

187   Die Steuerentlastung nach § 9b StromStG wird aber nicht gewährt für Entnahmen von Strom zur Erzeugung von Nutzenergie wie Licht, Wärme, Kälte, Druckluft und mechanische Energie, wenn nicht nachgewiesen wird, dass diese Nutzenergie durch ein Unternehmen des Produzierenden

---

162 Vgl. hierzu näher unter § 15 StromStV.
163 § 2 Nr. 5 und 6 StromStG.
164 Vgl. hierzu die Ausführungen unter „F. Erlaubnispflicht im Stromsteuerrecht".

Gewerbes oder ein Unternehmen der Land- und Forstwirtschaft genutzt worden ist.[165] Abwei-   188
chend hiervon wird die Steuerentlastung auch für Strom zur Erzeugung von Druckluft gewährt,
soweit diese in Druckflaschen oder anderen Behältern abgegeben werden.[166]

Insgesamt bleiben aus diesen Änderungen bei der Steuerbegünstigung für Unternehmen des Pro-   189
duzierenden Gewerbes und der Land- und Forstwirtschaft vier Dinge festzuhalten:

▪ Beim Selbstbehalt erfolgt eine Änderung, da der Gesetzgeber nicht mehr eine bestimmte Menge, als nicht begünstigungsfähig ansieht, sondern ein Betrag in Euro. Darüber hinaus wird das
Erhebungsverfahren beim Selbstbehalt geändert und er wird erhöht.

▪ Neben dieser Steuererhöhung wird die Stromsteuer auch dadurch erhöht, dass die Steuerbegünstigung von 8,20 € auf 5,13 € je Megawattstunde gesenkt wird.

▪ Stromentnahmen für Nutzenergie-Contracting zählen nicht mehr zu den betrieblichen Zwecken des begünstigten Unternehmens, wenn die Nutzenergie an Nichtbegünstigte geliefert
wird.

▪ Es erfolgt weiterhin die Abschaffung des Erlaubnisscheinverfahrens zugunsten eines Steuer-
entlastungsverfahrens.

a)   Verfahrensänderung beim Selbstbehalt zum 1. Januar 2011

Aus Gründen der Verwaltungsvereinfachung wurde eine Bagatellgrenze, bei der Verbrauchsmen-   190
ge, in Höhe von 25 Megawattstunden je Kalenderjahr eingeführt, bis zu welcher dem begünstigten
Personenkreis keinerlei Ermäßigungen gewährt werden. Damit wird vermieden, dass sich das
Hauptzollamt mit unverhältnismäßig vielen Anträgen beschäftigen muss. Einem Unternehmen
wird bis zum Erreichen dieser Sockelmenge die Ermäßigung in Höhe von 12,30 € je Megawattstunde nicht eingeräumt. Diese Unternehmen bekommen den Strom, ab der ersten Kilowattstunde, zum ermäßigten Steuersatz geliefert bzw. in Rechnung gestellt.

Für die Sockelmenge gibt es zwei Steuerschuldner, den Versorger und den Erlaubnisinhaber,   191
wobei der Erlaubnisinhaber seinen Anteil an der Steuer selbst an das zuständige Hauptzollamt
abführt. Abzuführen ist vom Erlaubnisinhaber, der Betrag in Höhe von 205 €, der sich wie folgt
berechnet:

$$25 \text{ Megawattstunde x } 8,20 \text{ € je Megawattstunde} = 205 \text{ €.}$$

Das Erhebungsverfahren wurde für Veranlagungszeiträume ab 2009 insoweit geändert, als dass   192
der Erlaubnisinhaber den Sockelverbrauch nicht mehr selbst anmelden muss. Die Steuer in Höhe
von 205 € je Kalenderjahr wird mit Steuerbescheid festgesetzt.

Diese Unternehmen sind damit für die Sockelmenge definitiv mit dem Regelsteuersatz in Höhe   193
von 20,50 € je Megawattstunde belastet. Der Versorger leistet dabei den Anteil in Höhe von 307,50
€ (25 Megawattstunde x 12,30 € je Megawattstunde) und in der Summe ergibt sich ein Betrag in
Höhe von 512,50 € je Megawattstunde (307,50 € + 205 €).

Die Sockelverbrauchsmenge wird durch die Änderung zum 1. Januar 2011 faktisch durch einen   194
Selbstbehalt in Höhe von 250 € je Kalenderjahr nach § 9b Abs. 2 StromStG ersetzt und durch einen zusätzlichen Selbstbehalt von 1.000 € je Kalenderjahr nach § 10 StromStG ergänzt. Dieser ist
ebenfalls zum 1. Januar 2011 eingefügt worden und hat den Betrag von 512,50 € nach § 10 Abs. 1
StromStG ersetzt.

---

165 § 9b (1) Satz 2 StromStG.
166 § 9b (1) Satz 3 StromStG.

2

195   Positiv ist, dass für begünstigte Unternehmen der Arbeits- und Verwaltungsaufwand mit der Be-
zahlung des Sockelbetrages gänzlich weggefallen ist, wobei dieser bereits dadurch verringert wurde, dass die Anmeldepflicht seit dem Veranlagungsjahr 2009 entfallen ist.

196   Aus Sicht der Zollverwaltung ist der Verwaltungsaufwand in diesem Zusammenhang erheblich
geringer geworden, da nicht mehr etliche Steuerbescheide mit einer zu zahlenden Steuer in Höhe
von je 205 € je Kalenderjahr zu verschicken sind. Auch müssen die Zahlungseingänge nicht mehr
nachgehalten und eventuell angemahnt werden. Insofern ist diese Entwicklung des Selbstbehaltes
sowohl aus Sicht der Verwaltung als auch aus Sicht des Verbrauchers zu begrüßen.

197   Dies trifft nicht auf die Erhöhung des Selbstbehaltes zu, die nur aus Sicht der Verwaltung bzw. des
Gesetzgebers positiv ist. Mit der Erhöhung fallen Unternehmen mit geringeren Energieverbräuchen aus dem Kreis der Begünstigten heraus, so dass die Verwaltung weniger Anträge als bisher
bearbeiten muss.

b)   Stromentnahme zu betrieblichen Zwecken und Wegfall von Nutzenergie-Contracting bei Unternehmen des Produzierenden Gewerbes

198   Die Stromentnahme für Unternehmen des Produzierenden Gewerbes ist nur begünstigt, soweit
sie für betriebliche Zwecke erfolgt. Die eigenen betrieblichen Zwecke, also der Selbstverbrauch
eines begünstigten Unternehmens, sind von den privaten und fremden betrieblichen Zwecken
zu differenzieren.[167] Wesentlich wird diese Unterscheidung auch im Zusammenhang mit Gestaltungen, bei denen durch den Verbrauch von Strom eine Nutzenergie wie Licht, Wärme, Kälte,
Druckluft oder mechanische Energie hergestellt und veräußert wird.

199   Ausgangspunkt dieser Gestaltung ist, dass eine natürliche oder juristische Person (Contracting-
Nehmer), welche kein Unternehmen des Produzierenden Gewerbes ist, Strom nicht begünstigt
für den betrieblichen Eigenverbrauch entnehmen kann, während der Contractor gleichwohl dem
begünstigten Personenkreis zuzuordnen ist. Als weitere Voraussetzung benötigt der Contracting-
Nehmer eine von den genannten Nutzenergien.

200   Damit einhergehend kann der Contractor die Stromentnahmeanlage betreiben und mit ihr das
Produkt Licht, Kälte, Wärme, Druckluft oder mechanische Energie herstellen, indem unter anderem Strom in den Produktionsprozess eingeht. Die produzierte Nutzenergie wird anschließend
auf Grundlage von vertraglich vereinbarten Leistungen an den Contracting-Nehmer geliefert und
berechnet. Der Contractor erhält aufgrund seiner Eigenschaft als Unternehmen des Produzierenden Gewerbes die stromsteuerlichen Begünstigungen, einschließlich des Spitzenausgleiches
nach § 10 StromStG, und gibt diesen steuerlichen Vorteil ganz oder teilweise an den Contracting-
Nehmer, im Preis für die Nutzenergielieferung, weiter.

201   Die Entnahme des Stroms durch den Contractor erfolgt zu eigenen betrieblichen Zwecken, weil er
die tatsächliche Sachherrschaft über die Anlage ausübt und die Stromentnahme verantwortet. Er
als Betreiber der Anlage nimmt die Entnahme zum Verbrauch vor. Der Anlagenbetreiber ist derjenige, der nach außen deutlich erkennbare die Willensbetätigung ausübt, die auf den Verbrauch
von Strom gerichtet ist.

---

167 Zur genaueren Erläuterung der betrieblichen Zwecke vgl. unter „G. I. 1. c) Steuerentstehung durch Entnahme von
Strom zum Selbstverbrauch".

Sind die vorgenannten Voraussetzungen nicht erfüllt und trägt der Contractor nicht das wirtschaftliche Risiko für die Produktion und die Lieferung der Nutzenergie, ist davon auszugehen, dass keine außersteuerlichen Gründe für die Gestaltung existent sind. Ist die Gestaltung tatsächlich nur steuerlich motiviert, so ist von einer Steuerumgehung gemäß § 42 Abs. 1 AO auszugehen und der Steueranspruch entsteht in der Höhe, in der sie bei einer rechtlich angemessenen Gestaltung entstanden wäre.   202

Missbräuchliche Gestaltungen waren in diesem Kontext bisher kein Gegenstand der Rechtsprechung, so dass der Gesetzgeber sich letztendlich dazu entschlossen hat, das Nutzenergie-Contracting gänzlich abzuschaffen. Hierzu betont der Gesetzgeber, dass Fehlentwicklungen bei der Nutzung von Steuerbegünstigungen für Unternehmen des Produzierenden Gewerbes durch eine Begrenzung auf die förderungswürdigen Sachverhalte begegnet werden sollen.[168]   203

Die Einschränkung im Gesetz ist zum 1. Januar 2011 erfolgt. Die Regelungen der §§ 9b und 10 StromStG bestimmen, dass eine Begünstigung für Entnahmen von Strom zur Erzeugung von Nutzenergie wie Licht, Wärme, Kälte, Druckluft und mechanische Energie nicht gewährt wird, wenn nicht nachgewiesen wird, dass diese Nutzenergie durch ein Unternehmen des Produzierenden Gewerbes genutzt worden ist.[169]   204

Bekanntlich regelt § 13 StromStG, dass die erteilten Erlaubnisse zur steuerbegünstigten Entnahme von Strom mit Ablauf des 31. Dezember 2010 erlöschen.[170] Erlaubnisscheine hätten aber durchaus noch Sinn gehabt, wenn die Einschränkungen beim Contracting betrachtet werden. Wie kann ein Contractor sicher gehen, ob es sich beim Kunden um ein begünstigtes Unternehmen handelt oder nicht. Erlaubnisscheine wären hier äußerst hilfreich gewesen, doch das Bundesministerium der Finanzen hat an dieser Stelle einen anderen Weg eingeschlagen und verlangt laut Schreiben vom 25. Januar 2011[171] eine Selbsterklärung des Nutzers von Nutzenergie.[172]   205

Der Contractor hat nachzuweisen, dass die von ihm erzeugte und gelieferte Nutzenergie von einem begünstigten Unternehmen genutzt wird, wenn er die Entlastungen der §§ 9b und 10 StromStG erhalten möchte. Hierzu müssen die Contracting-Nehmer eine Selbsterklärung nach amtlichem Vordruck einreichen. Neben den üblichen Angaben zum Unternehmen, ist die Beschreibung der wirtschaftlichen Tätigkeit beizufügen und das Unternehmen muss unwiderruflich sein Einverständnis erklären, dass die gemachten Angaben im Rahmen einer Außenprüfung durch das Hauptzollamt überprüft werden dürfen.[173] Für den Fall, dass die Nutzenergie über mehrstufige Lieferketten vom Contractor zum Kunden gelangt, verlangt das Bundesministerium, dass die Selbsterklärung des tatsächlichen Nutzers der Energie am Ende der Kette, im Original, vorzulegen ist.[174]   206

Das Original der Selbsterklärungen soll der Entlastungsberechtigte mit dem ersten Entlastungsantrag beim Hauptzollamt einreichen, während eine Kopie davon in seinen Unterlagen verbleibt. Weiterhin muss der Contractor dem Entlastungsantrag eine gesonderte Aufstellung beifügen, aus der hervorgeht, welche Nutzenergie an welchen Abnehmer geliefert wurde sowie welche Art und Menge an Energieerzeugnisse für die Herstellung der jeweiligen Nutzenergie eingesetzt wurde.   207

---

168 BT-Drucks. 17/3030 v. 27.9.2010, S. 1.
169 Soweit es sich um die Entlastung nach § 9b StromStG handelt, gilt dies auch für Unternehmen der Land- und Forstwirtschaft.
170 BT-Drucks. 17/3452 v. 27.10.2010, S. 9.
171 BMF-Schreiben v. 25.1.2011, III B 6 – V 8105/10/10001.
172 http://www.zoll.de: Zoll online > Vorschriften und Vordrucke > Formularcenter > Verbrauchsteuern > Stromsteuer > Vordrucknummer 1456.
173 BMF-Schreiben v. 25.1.2011, III B 6 – V 8105/10/10001, S. 4.
174 BMF-Schreiben v. 25.1.2011, III B 6 – V 8105/10/10001, S. 5.

2

In der Praxis wird nicht nur die Einschränkung beim Contracting selbst auf wenig Gegenliebe treffen, sondern auch diese rechtlich bedenkliche und äußerst bürokratische Nachweisführung.

c)   Umstellung des Erlaubnisverfahrens auf ein Entlastungsverfahren

208   Als grundlegende Änderung im Besteuerungsverfahren bei begünstigten Unternehmen – Unternehmen des Produzierenden Gewerbes und der Land- und Forstwirtschaft – wird zum 1. Januar 2010 das Erlaubnisverfahren abgeschafft und durch ein Verfahren der Steuerentlastung auf Antrag ersetzt. Damit einhergehend erhalten begünstigte Unternehmen den Strom nicht mehr zu einem ermäßigten Steuersatz geliefert, sondern zum Regelsteuersatz in Höhe von 20,50 € je Megawattstunde. Vergleichbar mit den Regelungen der §§ 9a und 10 StromStG müssen die Entlastungsberechtigten einen entsprechenden Antrag auf Entlastung von der Stromsteuer beim zuständigen Hauptzollamt stellen.[175]

209   Das geänderte Verfahren entspricht der im Energiesteuerrecht bereits gängigen Vorgehensweise. Das Energiesteuerrecht kennt grundsätzlich keine Energielieferung zu einem ermäßigten Steuersatz auf Basis von Erlaubnisscheinen. Steuerermäßigungen werden entsprechend im Entlastungsweg gewährt, womit die Neuerung im Stromsteuergesetz schon aus diesem Grund zu begrüßen ist. Weiterhin wird der Arbeitsaufwand aus Sicht des Versorgers erheblich reduziert, da die Leistung von Strom zu einem ermäßigten Steuersatz von zuletzt 12,30 € je Megawattstunde an Unternehmen des Produzierenden Gewerbes und der Land- und Forstwirtschaft gänzlich entfällt. Diese Gruppen haben in der Praxis mit Abstand den größten Teil der Stromlieferungen zu einem begünstigten Steuersatz ausgemacht.

210   Der Versorger muss den zutreffenden Steuersatz selbst ermitteln. Sofern eine Befreiung oder Ermäßigung beim Kunden gegeben ist, müssen hierzu alle Voraussetzungen erfüllt sein, um begünstigt Strom zu liefern. Macht der Versorger hierbei Fehler, werden diese spätestens im Rahmen einer Außenprüfung aufgedeckt und führen zu Nachzahlungen. Ursache dieser Fehler sind regelmäßig auch unrichtige, unvollständige und nicht mehr aktuelle Angaben der Kunden. Der Versorger steht nunmehr vor der Frage, ob die Abrechnung gegenüber dem Kunden geändert werden soll oder nicht.

211   Die Stromsteuer soll im Ergebnis zwar vom Letztverbraucher wirtschaftlich getragen werden, jedoch sind bei dieser Frage auch die Kosten der Korrekturabrechnung, dem Nutzen gegenüber zu stellen. Der Nutzen liegt unstreitig darin, dass die nachgezahlte Steuer abgewälzt werden kann. Bei den Kosten handelt es sich vor allem um den administrativen Aufwand, für die Nachberechnung der Steuer. Ebenfalls zu berücksichtigen ist aber auch die Belastbarkeit der Kundenbeziehung durch eine solche Nachberechnung der Steuer.

212   Beim Versorger entfallen durch die Änderung des Gesetzes zunächst die Verwaltung und Pflege der Abrechnungssysteme bezüglich der Erlaubnisscheine, sowie die Kosten für die eventuelle Nachbelastung von Stromsteuer. Darüber hinaus sinkt der Aufwand in der Außenprüfung, da diese sich oftmals auf die Prüfung erlaubnispflichtiger Lieferungen konzentriert. Die Prüfung beim Versorger wird zeitlich verkürzt. Im Gegenzug muss die Zollprüfung verstärkt bei den begünstigten Unternehmen prüfen, was für die Verwaltung ein Nachteil ist. Ebenfalls steigt durch die Verfahrensänderung die Anzahl der zu bearbeitenden Steuerentlastungsanträge um ein Vielfaches.

---

175 § 9b (3) StromStG; vgl. unter „H. IV. Steuerentlastungen: Erlass, Erstattung oder Vergütung der Steuer".

Nicht nur die Minderung der Begünstigung von 8,20 auf 5,13 € je Megawattstunde ist aus Sicht der begünstigten Unternehmen negativ, sondern auch die Verfahrensänderung selbst. Bei diesen Unternehmen entsteht zunächst ein Liquiditätsnachteil, da sie ab 2011 die Begünstigung erst nach Entnahme des Stroms beantragen können und bei der Vergütung auf das Bearbeitungstempo des zuständigen Hauptzollamtes angewiesen sind. Weiterhin steigen die Belastungen, weil für den Antrag nach § 9b StromStG zusätzlicher Arbeits- und Verwaltungsaufwand auf die betroffenen Unternehmen zukommt. Der zunehmende Arbeitsaufwand verstärkt sich vermutlich dadurch, dass die Zollverwaltung bei der Prüfungsplanung sich mehr auf diese begünstigten Unternehmen konzentrieren muss. **213**

Da die Erlaubnisscheine für das produzierende Gewerbe und die Land- und Forstwirte nach § 13 StromStG mit Ablauf des 31. Dezember 2010 ihre Gültigkeit verlieren[176], sind diese für das Besteuerungsverfahren ab dem Jahr 2011 unerheblich. Die Erlaubnisse müssen nicht durch die Hauptzollämter widerrufen werden und eine Rückgabe der ausgestellten Erlaubnisscheine ist nicht erforderlich.[177] Dennoch ist nicht davon auszugehen, dass die Erlaubnisscheine hierdurch kurzfristig entsorgt werden können. Vielmehr müssen diese weiterhin vom Versorger vorgehalten werden, da ab dem Jahr 2011 auch Zeiträume abgerechnet werden müssen, die vor dem 1.1.2011 liegen. Dies gilt sowohl für die erstmalige Abrechnung von Stromlieferung, als auch für Rechnungskorrekturen sowie für Abrechnungen im rollierenden Verfahren.[178] **214**

III. Andere Steuerermäßigungen im Stromsteuergesetz

1. Begünstigung für die Nachtspeicherheizung

Die Begünstigung für Nachtspeicherheizungen bzw. Elektrospeicherheizungen war bis zum 31. Dezember 2006 begrenzt und wurde nicht verlängert. Die entsprechende Regelung hierzu sowie alle damit zusammenhängende Verweise im Stromsteuergesetz wurden mittlerweile durch das Gesetz zur Änderung des Energiesteuer- und des Stromsteuergesetzes[179] aus dem Gesetz gestrichen. **215**

Der Bezug begünstigten Stroms setzte voraus, dass es sich um Geräte zur Raumheizung handelt, die durch Umwandlung von elektrischer Energie erzeugte Wärme mittels eines Speichermediums längere Zeit speichern und bei Bedarf wieder abgeben können. Die Geräte mussten vor dem 1. April 1999 installiert worden sein.[180] Die Steuerbegünstigung betrug zuletzt 8,20 € je Megawattstunde und war nicht an eine förmliche Einzelerlaubnis gebunden. Diese Begünstigung war sozialpolitisch motiviert, da sich solche energieintensiven Nachtspeicherheizungen meist in Wohnungen von Familien mit kleinen Einkommen befanden.[181] **216**

Eine Herausforderung in der Praxis lag darin, dass die Strommenge, die für diese Elektrospeicherheizung entnommen wurde, entsprechend zu ermitteln war. Grundsätzlich ist eine Ermittlung über einen gesonderten Zähler gewünscht, was jedoch in seltenen Fällen gegeben war. Meist war nur ein Zähler pro Haushalt vorhanden, der sowohl den Nachtspeicherstrom als auch den sonsti- **217**

176 BT-Drucks. 17/3452 v. 27.10.2010, S. 9; BMF-Schreiben v. 25.1.2011, III B 6 – V 8105/10/10001, S. 4.
177 BMF-Schreiben v. 25.1.2011, III B 6 – V 8105/10/10001, S. 3.
178 Vgl. hierzu näher unter „G. II. 1. c) Rollierendes Abrechnungsverfahren".
179 Gesetz zur Änderung des Energiesteuer- und des Stromsteuergesetzes v. 8.3.2011 (BGBl. I. S. 282).
180 § 13 StromStV; Friedrich/Meißner, Energiesteuern, zu § 9 StromStG, Rn. 31 ff.
181 BT-Drucks. 14/40 v. 17.11.1998, S. 13.

2

gen Strom gemessen hat. Insoweit musste der Versorger den Strom nach plausiblen Erfahrungswerten aufteilen. Die Schätzung war dann etwas einfacher, wenn der Zähler über zwei Zählwerke
verfügte. Wobei ein Zählwerk den Tagstrom und das andere den Nachtstrom misst. Tatsächlich
wurden in der Nachtperiode aber auch andere Geräte mit Strom versorgt, so dass der Nachtstrom
nach Erfahrungswerten aufzuteilen war.

218 Neuanlagen, die nach dem Stichtag 31. März 1999 installiert worden sind, waren von dieser Steuerermäßigung ausgenommen, da der weitere Ausbau von Nachtspeicherheizungen wegen der ge-
ringen Energieeffizienz nicht gefördert werden sollte. In der Praxis bestand regelmäßig die Pro-
blematik der Abgrenzung der Neuanlage von der Reparatur einer Altanlage. Weitgehend durchge-
setzt hat sich die Auffassung, dass alles das unter Altanlage zu subsumieren war, was im Rahmen
der Gewährleistung repariert bzw. ausgetauscht werden musste.

2. Steuerermäßigung im Verkehr mit Oberleitungsomnibussen und Schienenbahnen

219 Strom, der im Verkehr mit Oberleitungsomnibussen oder für den Fahrbetrieb von Schienenbahnen im Schienenbahnverkehr, mit Ausnahme der betriebsinternen Werksverkehre und Bergbahnen, entnommen wird, unterliegt einem ermäßigten Steuersatz in Höhe von 11,42 € je Megawattstunde.[182] Ausgenommen sind die Fälle, in denen der Strom bereits unter den Befreiungs-
tatbestand von § 9 Abs. 1 Nr. 5. StromStG fällt.[183] Die begünstigte Verwendung von Fahrstrom
unterliegt einem Erlaubnisvorbehalt.[184] Hintergrund dieser Ermäßigung ist der Wille des Gesetzgebers, den öffentlichen Personenverkehr gegenüber dem Individualverkehr aus umweltpolitischen Gründen zu fördern.

a) Umfang der Begünstigung

220 Begünstigt ist der Strom, der zum Antrieb der Fahrzeuge sowie zum Betrieb ihrer sonstigen elektrischen Anlagen der Fahrzeuge und der im Verkehr der Schienenbahnen für die Zugbildung,
Zugvorbereitung sowie für die Bereitstellung und Sicherung der Fahrtrassen und Fahrwege verbraucht wird.[185] Zu den Stromverbräuchen, die von § 9 Abs. 2 StromStG erfasst werden, zählen
laut Bundesministerium der Finanzen:[186]

- Der Verbrauch zum Antrieb der Fahrzeuge und zum Betrieb ihrer sonstigen elektrischen Anlagen, wie Zugbeleuchtung, Heizung, Klimatisierung, Bordküchen, Steckdosen für Fahrgäste
  etc. Dies soweit sich die Anlagen im Fahrzeug befinden.

- Der Verbrauch für die Zugbildung und Zugvorbereitung (Drehscheiben, Schiebebühnen, Ab-
  laufbremsen, Gleisfeldbeleuchtung, Zugvorheizung, etc.).

- Der Verbrauch für die Bereitstellung und Sicherung der Fahrtrassen und Fahrwege (Betriebs-
  leit- und Rangieranlagen, Stellwerke, Signalanlagen, Sicherungsanlagen, Weichenbetriebsan-
  lagen, Betriebs- und Zugfunk, Tunnelbeleuchtung und -belüftung, Bahnübergangssicherun-
  gen sowie Bahnsteig- und Haltestellenbeleuchtung).

---

182 § 9 (2) StromStG.
183 Vgl. hierzu unter „H. I. Steuerbefreiungen im Stromsteuerrecht".
184 Vgl. hierzu unter „F. Erlaubnispflicht im Stromsteuerrecht";§ 9 (4) StromStG i.V.m. § 8 StromStV.
185 § 14 StromStV.
186 BMF-Schreiben v. 21.6.2004, III A I – V 4250 – 1/04.

Die Voraussetzungen für eine Steuerbegünstigung nach § 9 Abs. 2 StromStG liegen demgegenüber   221
nicht vor für Stromverbräuche in

- Werkstätten, in denen Reparaturen, Wartungen und Instandhaltungen durchgeführt werden;

- Verwaltungs- und Bürogebäuden der Verkehrsunternehmen,

- Zugreinigungsanlagen;

- Bahnhöfen, soweit es sich um die allgemeine Bahnhofsbeleuchtung, Geschäfte, Verkaufsstän-
  de, Kundenbüros, Serviceeinrichtungen, Fahrscheinautomaten, Werbebeleuchtungen und
  ähnliche Verbraucher handelt; und

- Zugangsbereichen, wie Beleuchtung in Zugangswegen, Fußgängertunnel, Fußgängerbrücken,
  Rolltreppen etc.

Während § 9 Abs. 2 StromStG die zuletzt genannten Stromverbräuche sowie den Verbrauch im   222
betriebsinternen Werksverkehr und Bergbahnen von dieser Ermäßigung ausnimmt, können solche Eigenverbräuche[187] aber in den Anwendungsbereich der Regelungen zur Begünstigung der
Unternehmen des Produzierenden Gewerbes fallen.

b)   Differenzversteuerung

Die Differenzversteuerung ist sowohl für Erlaubnisinhaber nach § 9 Abs. 2 StromStG als auch für   223
Unternehmen nach § 9 Abs. 3 StromStG vorgesehen. Sie wird aus Vereinfachungsgründen nur an
dieser Stelle behandelt. Darüber hinaus ist § 9 Abs. 3 StromStG zum 1. Januar 2011 entfallen, so
dass die Differenzversteuerung für solche Erlaubnisinhaber nicht mehr anwendbar ist.

Eine Versteuerung der Differenz ist durchzuführen, wenn sich der tatsächliche Verwendungs-   224
zweck, im Vergleich zu dem Verwendungszweck zu dem entnommen wurde, verändert hat. Wird
beispielsweise zu 11,42 € je Megawattstunde entnommener Strom nicht für begünstigte Zwecke
verwendet, so ist eine Höherversteuerung zum zutreffenden Steuersatz durchzuführen. Dieser
Steuersatz ist in der Regel der Steuersatz von 20,50 € je Megawattstunde. Die Steuerschuld ermittelt sich aus der Differenz zwischen dem Regelsteuersatz und dem begünstigten Steuersatz und
beträgt 9,08 € je Megawattstunde. Bei der hier zu behandelnden Differenzversteuerung wird der
begünstigt bezogene Strom nicht zum Verbrauch entnommen, sondern an einen anderen weitergeliefert.

Geregelt ist die Differenzversteuerung in § 16 StromStV und dient der Steuervereinfachungen, um   225
den Verwaltungsaufwand zu senken. Sie macht Erlaubnisinhaber, die Strom begünstigt beziehen
dürfen zum Steuerschuldner, ohne dass diese gleichzeitig zum Versorger werden. Erlaubnisinhaber in diesem Kontext sind solche, die Strom im Verkehr mit Oberleitungsomnibussen oder für
den Fahrbetrieb im Schienenbahnverkehr einsetzen dürfen.

Die Vorgehensweise nach § 16 StromStV ist beim zuständigen Hauptzollamt zu beantragen und   226
wird durch einen begünstigenden Verwaltungsakt zugelassen. Diese Vereinfachung wendet sich
an begünstigte Unternehmen, die als Vermieter oder Verpächter auftreten und Strom an ihre Mieter oder Pächter weiterleiten. Da der Vermieter bzw. Verpächter Erlaubnisinhaber ist, kann er
Strom zu einem begünstigten Steuersatz entnehmen, welchen er entweder an einen Erlaubnisinhaber oder einen Nichtbegünstigten weiterleitet. Ist der Mieter oder Pächter ebenfalls Erlaubnis-

---

187 Vgl. zum Eigenverbrauch unter „G. I. 1. c) Steuerentstehung durch Entnahme zum Selbstverbrauch".

inhaber ist keine Differenzversteuerung durchzuführen. Ist er dagegen ein Letztverbraucher, der nicht begünstigt Strom beziehen darf, muss der Vermieter bzw. Verpächter die Differenz zwischen ermäßigt bezogenen und weitergeleiteten Strom als Steuerschuldner anmelden und abführen.[188]

227 Die Differenzversteuerung ist abzugrenzen von der zweckwidrigen Stromverwendung nach § 9 Abs. 6 StromStG. Die zweckwidrige Stromverwendung ist ein eigenständiger Steuerentstehungstatbestand, der auf Strom abzielt, der von einem Erlaubnisinhaber zu anderen Zwecken, als den in der Erlaubnis genannten entnommen wurde. Hier geht es also nicht um die Weiterverteilung von Strom durch den Erlaubnisinhaber, sondern um die eigene Verwendung.

3. Steuerermäßigung für die gewerbliche Schiffahrt

228 Die Steuerermäßigung für die gewerbliche Schifffahrt, soweit sie in Häfen vor Anker liegen, wurde zum 1. Januar 2011 neu in das Gesetz aufgenommen und setzt das Vorliegen einer Erlaubnis[189] voraus. Mit der Begünstigung soll die bisher vorwiegend durch Schiffsgeneratoren erfolgte Stromversorgung auf – in Häfen liegenden – Wasserfahrzeugen zugunsten einer Stromversorgung vom Land aus zurückgedrängt werden, um Umwelt- und Lärmbeeinträchtigungen zu reduzieren.

229 Die landseitige Stromversorgung von Wasserfahrzeugen für die gewerbliche Schifffahrt sollte ursprünglich vollständig von der Steuer befreit werden, was jedoch an der EU-rechtlichen Genehmigung gescheitert ist und dazu führte, dass die Stromsteuerbelastung an dieser Stelle auf den europarechtlich vorgeschriebenen Mindeststeuersatz in Höhe von 0,50 € je Megawattstunde beschränkt wurde.[190]

IV. Steuerentlastungen: Erlass, Erstattung oder Vergütung der Steuer

230 Eine Steuerentlastung ist die antragsgebundene Befreiung von der Steuer oder die Ermäßigung der Steuer. Die Entlastung erfolgt zeitlich nach Verwendung des elektrischen Stroms und begünstigt ist der Träger der Steuer.[191]

231 Als Steuerentlastung ist entweder der Erlass, die Erstattung oder die Vergütung einer bereits entstandenen Steuer zu verstehen. Wird eine Steuer erlassen, so wurde sie tatsächlich noch nicht gezahlt. Es ist lediglich der Anspruch auf eine Zahlung entstanden, welche durch Erlass nicht mehr gezahlt werden muss. Eine Erstattung kann erfolgen, wenn die Steuer bereits vom Steuerschuldner bezahlt worden ist. Von einer Vergütung wird gesprochen, wenn derjenige die Steuer ausgezahlt bekommt, der ist, welcher sie wirtschaftlich auch getragen hat, jedoch von einem anderen – dem Steuerschuldner – abgeführt wurde.[192]

232 Das Gesetz zur Änderung des Energiesteuer- und des Stromsteuergesetzes, welches zum 1. Januar und 1. April 2011 in Kraft getreten ist, befreit in einem neu gefassten § 9c StromStG und unter bestimmten Voraussetzungen die Herstellung von Industriegasen entsprechend der EU-Richtlinie.

---

188 § 16 (4) StromStV i.V.m. § 8 (2) bis (7) und 10 StromStG sowie § 4 (2) bis (4) StromStG.
189 Eingeführt durch das Gesetz zur Änderung des Energiesteuer- und des Stromsteuergesetzes v. 8.3.2011 (BGBl. I. S. 282).
190 Beschlussempfehlung und Bericht des Finanzausschusses, BT-Drucks. 17/4234 v. 15.12.2010.
191 Steuerträger ist derjenige, der die Steuerlast nach Willen des Gesetzgebers wirtschaftlich tragen soll.
192 Schneider/Theobald, Recht der Energiewirtschaft, 2. Auflage 2008, S. 1.228.

Khazzoum

Entlastungsberechtigt ist das Unternehmen des Produzierenden Gewerbes, das den Strom ent-   233
nommen hat. Bei der Beantragung der Entlastung nach § 9c StromStG ist analog zu den §§ 9a, 9b
und 10 StromStG vorzugehen und wird nachfolgend erläutert.

Behandelt werden im Schwerpunkt die Steuerentlastungen der §§ 9a und 10 StromStG, die aus-   234
schließlich den Unternehmen des Produzierenden Gewerbes zustehen. Es handelt sich in beiden
Fällen um eine steuerliche Subvention, die der Bewahrung internationaler Wettbewerbsfähigkeit dient.[193] Darüber hinaus wird die Steuerentlastung für begünstigte Unternehmen nach § 9b
StromStG behandelt.

Die Entlastungsmöglichkeit nach § 17 StromStV wird an dieser Stelle nur kurz erläutert, da die   235
Regelung zum 1. Januar 2011 entfallen ist. Nach § 17 StromStV erhalten Unternehmen des Produzierenden Gewerbes und der Land- und Forstwirtschaft einen Anspruch auf Entlastung, wenn sie
als Mieter oder Pächter Strom nachweislich zum Regelsteuersatz bezogen haben, obwohl sie auf
Basis ihrer Eigenschaft als begünstigtes Unternehmen den Strom ermäßigt hätten beziehen dürfen. Die Höhe des Entlastungsanspruchs beläuft sich auf die Differenz zwischen Regelsteuersatz
und dem zum 1. Januar 2011 entfallenen Steuersatz für begünstigte Unternehmen in Höhe von
12,30 € je Megawattstunde.

1.   Entlastung für bestimmte Prozesse und Verfahren

Geregelt ist die Begünstigung in § 9a StromStG und gewährt Entlastungen für Unternehmen des   236
Produzierenden Gewerbes, soweit diese den Strom für bestimmte Verwendungen einsetzen. Die
Prozesse und Verfahren, die nach § 9a StromStG begünstigt sind, werden abschließend aufge-
zählt.[194] Hierzu zählt die Verwendung des Stroms

- für Elektrolyseverfahren (Strom, der direkt in die Elektrolyse eingeht);
- für die Herstellung von Glas und Glaswaren, keramischen Erzeugnissen, keramischen Wand
  und Bodenfliesen sowie -platten, Ziegeln und sonstige Baukeramik, Zement, Kalk und ge-
  branntem Gips, Erzeugnisse aus Beton, Zement und Gips, mineralischen Isoliermaterialien,
  Asphalt und mineralischen Düngemitteln. Zu berücksichtigen sind Stromverbräuche, die zum
  Brennen, Schmelzen, Warmhalten und Entspannen der jeweiligen Erzeugnisses oder seines
  Vorproduktes eingesetzt wird;
- für die Metallerzeugung, Metallbearbeitung und im Rahmen der Herstellung von Metaller-
  zeugnisse (Schmieden, Stanzen, Pressen, Walzen etc.);
- für die Oberflächenveredlung und Wärmebehandlung jeweils zum Schmelzen, Erwärmen,
  Warmhalten, Entspannen oder sonstigen Wärmebehandlung sowie
- für chemische Reduktionsverfahren.

Zur Auslegung dieser Prozesse und Verfahren, nach § 9a Abs. 1 Nr. 2 und Nr. 3 StromStG, ist die   237
Verordnung (EWG) Nr. 3037/90 des Rates vom 9. Oktober 1990, betreffend die statistische Syste-
matik der Wirtschaftszweige in der Europäischen Gemeinschaft in der am 1. Januar 2003 geltenden
Fassung (NACE Rev. 1.1), heranzuziehen.[195]

---

193 BVerfG, Urteil v. 20.4.2004, 1 BvR 905/00.
194 § 9a (1) Nr. 1 StromStG.
195 BT-Drucks. 16/1172 v. 6.4.2006, S. 48.

2

238 Hintergrund dieser Regelung ist die Definition des Begriffs Verheizen im Energiesteuergesetz ab dem 1. August 2006.[196] Die Definition ist sehr weit gefasst worden, so dass nach Einführung des Energiesteuergesetzes viele Verwendungen unter „Verheizen" zu fassen sind, die vor Einführung des Energiesteuergesetzes kein „Verheizen" waren und somit zu Zeiten des Mineralölsteuergesetzes steuerfrei blieben. Um dies auszugleichen und um bestimmte Prozesse und Verfahren weiterhin steuerfrei zu halten, wurde in § 51 EnergieStG die Steuerentlastung für bestimmte Prozesse und Verfahren eingeführt, um die internationale Wettbewerbsfähigkeit inländischer Unternehmen nicht zusätzlich zu belasten. Damit einhergehend wurde diese Regelung entsprechend in das Stromsteuerrecht unter § 9a StromStG übernommen.[197]

239 Das Verfahren der Steuerentlastung richtet sich nach § 17a StromStV. Vom Verwender des Stroms ist ein Antrag nach amtlichem Vordruck einzureichen.[198] Diese Anmeldung muss bis zum 31. Dezember, des auf die Verwendung folgenden Jahres, erfolgen.[199] Die Vergütung kann vierteljährlich, halbjährlich oder jährlich erfolgen und auf Antrag auch monatlich.[200] Dem Antrag sind eine Beschreibung der wirtschaftlichen Tätigkeit des Unternehmens beizufügen und eine Betriebserklärung mit der Beschreibung über die Verwendung der Energieerzeugnisse. Weiterhin ist ein Nachweis über die Menge und den Verwendungszweck des entnommenen Stroms zu führen. Sofern die Erstattung nach § 9a StromStG gewährt wurde, ist für die hier berücksichtigten Stromverbräuche keine zusätzliche Entlastungsmöglichkeit nach §§ 9b und 10 StromStG gegeben, da insoweit keine Stromsteuerbelastung mehr besteht.

2. Steuerentlastung für Unternehmen nach § 9b StromStG

240 Der mit dem Haushaltsbegleitgesetz 2011 eingeführte § 9b StromStG wurde bereits im Rahmen der Steuerbegünstigungen einleitend erläutert und soll der Vollständigkeit wegen, an dieser Stelle nochmals kurz thematisiert werden.

241 Eine Steuerentlastung wird auf Antrag gewährt, für nachweislich zum Regelsteuersatz versteuerten Strom, den ein Unternehmen des Produzierenden Gewerbes oder der Land- und Forstwirtschaft für betriebliche Zwecke nach dem 31. Dezember 2010 entnommen hat. Die Steuerentlastung wird nicht gewährt, für Strom zur Erzeugung von Nutzenergie,[201] soweit diese nicht von einem Unternehmen des Produzierenden Gewerbes oder der Land- und Forstwirtschaft genutzt worden ist. Abweichend hiervon wird die Steuerentlastung aber für Strom zur Erzeugung von Druckluft gewährt, soweit diese in Druckflaschen oder anderen Behältern abgegeben werden.[202]

242 Die Steuerentlastung beträgt 5,13 € je Megawattstunde und wird nur gewährt, wenn der Selbstbehalt in Höhe von 250 € je Kalenderjahr überschritten wurde. Dies entspricht einem Stromverbrauch in Höhe von rund 49 Megawattstunden je Kalenderjahr. Entlastungsberechtigt ist derjenige, der den Strom zum Selbstverbrauch entnommen hat.

243 Die Steuerentlastung nach § 9b StromStG wird gewährt, soweit der Antrag spätestens bis zum 31. Dezember des Jahres eingeht, das auf das Kalenderjahr folgt, in dem der Strom entnommen wurde. Antragsberechtigt sind Unternehmen des Produzierenden Gewerbes und der Land- und

---

196 § 2 (6) EnergieStG.
197 Khazzoum/Eichhorn, VersW 2007, S. 57.
198 § 9a (2) StromStG.
199 Vgl. hierzu unter „H. IV. 5. Abgabefrist bei Steuerentlastungsanträgen".
200 http://www.zoll.de: Zoll online > Vorschriften und Vordrucke > Formularcenter > Verbrauchsteuern > Stromsteuer > Vordrucknummer 1452.
201 Vgl. unter „H. II. 2. Steuerermäßigung nach § 9 Abs. 3 StromStG alte Fassung und § 9b StromStG neue Fassung".
202 § 9b (1) Satz 3 StromStG.

Khazzoum

Forstwirtschaft im Sinne des § 2 Nr. 3 und 5 StromStG. Die Zollbehörde verlangt im Rahmen der Beantragung genaue Angaben zu den wirtschaftlichen Tätigkeiten des Unternehmens, um es einer Klasse bzw. einem Abschnitt der WZ 2003 zuordnen zu können. Hierzu ist der Vordruck 1402 „Beschreibung der wirtschaftlichen Tätigkeit" zu verwenden.[203]

Für die Zuordnung des Unternehmens in die WZ 2003 sind die Kriterien des § 15 StromStV anzuwenden und es sind grundsätzlich die Tätigkeit des Kalenderjahres maßgebend, das dem Kalenderjahr vorgeht, für das ein Antrag auf Steuerentlastung gestellt wird.[204]   244

Der Antrag auf Steuerentlastung kann nach Wahl des Antragstellers für ein Kalendervierteljahr, ein Kalenderhalbjahr oder ein Kalenderjahr gestellt werden. Das Hauptzollamt kann auf Antrag einen Zeitraum von einem Monat zulassen. Die Höhe der Entlastung ist durch den Antragsteller selbst zu berechnen. Ein Festsetzungsbescheid ergeht nur, wenn von der Berechnung des Antragstellers abgewichen wird.[205]   245

3.   Steuerentlastung in Sonderfällen nach § 10 StromStG

Die Steuerentlastung nach § 10 StromStG – auch Spitzenausgleich genannt – verfolgt ebenfalls das Ziel, die internationale Wettbewerbsfähigkeit deutscher Unternehmen zu stärken. Die Berechnung[206] des Spitzenausgleichs erfolgt unter Berücksichtigung einer fiktiven Ersparnis in der Rentenversicherung, wobei der Bezug zur Rentenversicherung auf dem ursprünglichen Willen des Gesetzgebers basiert, mit dem Stromsteueraufkommen aus der Stromsteuer die Rentenversicherungsbeiträge zu senken bzw. stabil zu halten.   246

Die Steuer, für nachweislich versteuerten Strom, den ein Unternehmen des Produzierenden Gewerbes für betriebliche Zwecke entnommen hat, kann auf Antrag erlassen, erstattet oder vergütet werden, soweit der Sockelbetrag überschritten wird und nachdem die Einsparung aus der Senkung der Rentenversicherungsbeiträge von der Steuerbelastung abgezogen wurde. Die danach verbleibende Stromsteuerbelastung ist Basis für die Steuerentlastung nach § 10 StromStG. Je höher die Entlastung in der Rentenversicherung und je höher die Anzahl der Mitarbeiter in einem Unternehmen ist, desto geringer fällt die Entlastung aus.   247

a)   Spitzenausgleich vor Änderung durch das Haushaltsbegleitgesetz 2011

Nachdem Unternehmen des Produzierenden Gewerbes im ersten Schritt berechtigt sind, Strom zu einem ermäßigten Steuersatz in Höhe von 12,30 € je Megawattstunde zu entnehmen, können diese im nächsten Schritt die verbleibende Stromsteuerschuld[207] weiter senken, soweit nach § 9a StromStG nicht bereits eine hundertprozentige Entlastung herbeigeführt wurde.   248

---

203 http://www.zoll.de: Zoll online > Vorschriften und Vordrucke > Formularcenter > Verbrauchsteuern > Stromsteuer > Vordrucknummer 1402.
204 BMF-Schreiben v. 25.1.2011, III B 6 – V 8105/10/10001, S. 2.
205 Zum Antrag auf Steuerentlastung nach 9b StromStG vgl. unter http://www.zoll.de: Zoll online > Vorschriften und Vordrucke > Formularcenter > Verbrauchsteuern > Stromsteuer > Vordrucknummer 1453.
206 Zur Berechnung des Spitzenausgleichs vgl. unter http://www.zoll.de: Zoll online > Vorschriften und Vordrucke > Formularcenter > Verbrauchsteuern > Stromsteuer > Vordrucknummer 1450 und 1451.
207 Ausgenommen ist der Sockelverbrauch in Höhe von 25 MWh.

249   Die fiktive Ersparnis beim Arbeitgeberanteil in der Rentenversicherung ermittelt sich bis 2006 aus der Differenz des Beitragssatzes des Jahres 1998 und dem Beitragssatz des Antragjahres. Dieser sich ergebende Prozentsatz[208] wird auf das versicherungspflichtige Arbeitsentgelt angewandt und es ergibt sich so die Ersparnis in der Rentenversicherung. Das Jahr 1998 wird deshalb als Bezug genommen, weil es das Jahr vor Einführung der Stromsteuer ist. Die nachfolgenden Jahre sind demnach diejenigen Jahre, in denen die Versicherungsbeiträge durch die Finanzierung über die Ökosteuer entlastet werden sollten.

250   Nunmehr kann die Steuer für nachweislich versteuerten Strom, den ein Unternehmen des Produzierenden Gewerbes für betriebliche Zwecke entnommen hat, erlassen, erstattet oder vergütet werden, soweit der Sockelbetrag von 512,50 € je Kalenderjahr überschritten wird. Von der Steuerbelastung (abzgl. Sockelbetrag) ist die Ersparnis in der Rentenversicherung abzuziehen. Die sich daraus ergebende Differenz wird in Höhe von 95 % entlastet.

251   Der Spitzenausgleich war ab dem 1. Januar 2007 neu zu regeln, da die bis zum 31. Dezember 2006 geltende Regelung nur bis dahin von der EU genehmigt war. Die Neuregelung wich von der bisherigen Systematik nicht ab. Lediglich die Ersparnis in der Rentenversicherung wurde insoweit modifiziert, als dass nicht mehr die Differenz des Beitragssatzes des Jahres 1998 zum Beitragssatz des Antragjahres gebildet wird.

252   Ab dem Jahr 2007 wird die Entlastung aus der Differenz des Beitragssatzes des Jahres 1998 zum Beitragssatz des Jahres 2006 ermittelt, womit die Ersparnis in der Rentenversicherung auf das Niveau 2006 festgeschrieben wird. Der Grund der Einfrierung des Beitragssatzes war ein fiskalischer, da bei steigenden Rentenversicherungsbeiträgen die Erstattungsbeträge aus dem Spitzenausgleich kontinuierlich gestiegen wären.

253   Die Neufassung des Spitzenausgleiches zum 1. Januar 2007 durch das Biokraftstoffquotengesetz[209] stand unter dem Vorbehalt der beihilferechtlichen Genehmigung, die am 13. Juni 2007 durch die Kommission der Europäischen Gemeinschaft, rückwirkend auf den 1. Januar 2007, erfolgte.[210] Die Gewährung des Spitzenausgleichs, in der von der Bundesregierung vorgelegten Form, erfolgte bis Ende 2009 bedingungslos, während bis zum Ende der Jahre 2010, 2011 und 2012 bestimmte Klimaschutzziele von Deutschland erreicht werden müssen.

254   Mit dem Jahressteuergesetz 2009[211] wurden die Ziele der Klimaschutzvereinbarung in das Gesetz aufgenommen und in § 10 Abs. 1a StromStG wie folgt festgeschrieben.

1.   Der Spitzenausgleich wird bis zum 31. Dezember 2010 verlängert, wenn

▪   die Bundesregierung im Jahr 2009 feststellt, dass zu erwarten ist, dass die in der Vereinbarung zwischen der Regierung der Bundesrepublik Deutschland und der deutschen Wirtschaft zur Klimavorsorge vom 9. November 2000 (Klimaschutzvereinbarung) genannten Ziele zur Verringerung von Treibhausgasen (Emissionsminderungsziele) bis zum 31. Dezember 2009 in Höhe von 96 % und bis zum 31. Dezember 2012 in Höhe von 100 % erreicht werden, und

▪   diese Feststellung bis zum 31. Dezember 2009 im Bundesgesetzblatt bekannt gemacht wird.

2.   Der Spitzenausgleich wird bis zum 31. Dezember 2011 verlängert, wenn

▪   die Voraussetzungen nach Nummer 1 vorliegen,

---

208 Der Arbeitgeberanteil in der Rentenversicherung für das Jahr 1998 beträgt 10,15 % und der für das Jahr 2006 9,75 %. Die Differenz daraus beträgt 0,4 % und ist bei der Ermittlung der Ersparnis in der Rentenversicherung anzuwenden.
209 Biokraftstoffquotengesetz v. 18.12.2006 (BGBl. I, S. 3.180).
210 BMF-Schreiben v. 19.6.2007, III A 1 – V 9905/06/0001.
211 Jahressteuergesetz 2009 v. 19.12.2008 (BGBl. I, S. 2.794).

Khazzoum

- die Bundesregierung im Jahr 2010 feststellt, dass die in der Klimaschutzvereinbarung genannten Emissionsminderungsziele bis zum 31. Dezember 2009 in Höhe von 96 % erfüllt wurden und zu erwarten ist, dass sie bis zum 31. Dezember 2012 in Höhe von 100 % erreicht werden, und

- diese Feststellung bis zum 31. Dezember 2010 im Bundesgesetzblatt bekannt gemacht wird.

3. Der Spitzenausgleich wird bis zum 31. Dezember 2012 verlängert, wenn

- die Voraussetzungen nach Nummer 2 vorliegen,

- die Bundesregierung im Jahr 2011 feststellt, dass zu erwarten ist, dass die in der Klimaschutzvereinbarung genannten Emissionsminderungsziele bis zum 31. Dezember 2012 in Höhe von 100 % erfüllt werden, und

- diese Feststellung bis zum 31. Dezember 2011 im Bundesgesetzblatt bekannt gemacht wird.

Die Bundesregierung hat Ihre Feststellungen zur Erreichung der Emissionsminderungsziele jeweils auf der Grundlage eines von einem unabhängigen wirtschaftswissenschaftlichen Institut erstellten Berichts zu treffen.   255

Für eine Fortführung der Begünstigungen ist ab dem Jahr 2013 eine neue gesetzliche Regelung notwendig, die einer neuen EU-rechtlichen Genehmigung bedarf. Die Vorarbeiten dazu sollen im Frühjahr 2011 mit dem Ziel aufgenommen werden, eine Nachfolgeregelung bis zum Sommer 2012 herbeizuführen.[212]   256

Für Stromverbräuche bis zum 31. Dezember 2010 stellte sich in der Praxis die Frage, ob der Spitzenausgleich beantragt werden kann, ohne dass eine entsprechende Erlaubnis für das produzierende Gewerbe vorlag und damit der Strom nicht steuerbegünstigt zu 12,30 € je Megawattstunde bezogen worden ist. Für den Antrag nach § 10 StromStG ist es wichtig, dass es sich um ein Unternehmen des Produzierenden Gewerbes handelt und dass dieses den Strom für betriebliche Zwecke entnimmt. Das Vorliegen einer Erlaubnis ist dabei unwesentlich und es wird bei der Berechnung des Entlastungsbetrages diejenige Stromsteuerbelastung berücksichtigt, die nachweislich gezahlt wurde. Insoweit ist der Spitzenausgleich auch ohne Erlaubnis möglich. Grundlage ist jedoch die Stromsteuerbelastung in Höhe von 20,50 € je Megawattstunde und nicht die Belastung auf Basis des ermäßigten Steuersatzes.   257

b)   Spitzenausgleich nach Änderung durch das Haushaltsbegleitgesetz 2011

Der Spitzenausgleich hat mit dem Haushaltsbegleitgesetz 2011 einige Änderungen erfahren. Der Selbstbehalt wurde von 512,50 € auf 1.000 € je Kalenderjahr erhöht, was dazu führt, dass die Steuerentlastung für alle betroffenen Unternehmen gesenkt wird und dass Unternehmen, die geringe Verbräuche haben, von der Entlastung gänzlich ausgeschlossen werden.   258

In § 10 Abs. 1 StromStG wurde weiterhin ein Satz 2 eingefügt, der bestimmt, dass eine nach § 9b StromStG mögliche Steuerentlastung, neben dem Selbstbehalt und der Ersparnis in der Rentenversicherung, von der vergütungsfähigen Stromsteuerbelastung abgezogen werden muss. Wenn die Formulierung des § 10 StromStG genauer betrachtet wird, dann ist festzustellen, dass der Gesetzgeber von einer „möglichen" Entlastung nach § 9b StromStG spricht. Wird also vom Entlastungsberechtigten nicht oder nicht rechtzeitig die Vergütung nach § 9b StromStG beantragt,   259

---

212 BT-Drucks. 17/3030 v. 27.9.2010, S. 2.

so kann diese Entlastung nicht über den § 10 StromStG mit beantragt werden. Basis für den Spitzenausgleich ab 2011 ist immer die Steuerbelastung in Höhe von 15,37 € je Megawattstunde und unter keinen Umständen eine Steuerbelastung von 20,50 € je Megawattstunde.

260   Weiterhin ist in § 10 Abs. 2 Satz 1 StromStG die Begrenzung des Spitzenausgleichs von 95 auf 90 % der vergütungsfähigen Stromsteuer gesenkt worden. Und wie bereits ausgeführt, werden Contracting-Gestaltungen durch den neu eingeführten Satz 3 von § 10 Abs. 1 StromStG gänzlich abgeschafft. Hier heißt es, dass die Steuer für Strom, der zu Erzeugung von Licht, Wärme, Kälte, Druckluft und mechanischer Energie entnommen worden ist, nur erlassen, erstattet oder vergütet wird, soweit die vorgenannten Erzeugnisse nachweislich durch ein Unternehmen des Produzierenden Gewerbes genutzt worden sind. Hiervon abweichend wird die Steuerentlastung auch für Strom zur Erzeugung von Druckluft gewährt, soweit diese in Druckflaschen oder anderen Behältern abgegeben wird.

c)   Spitzenausgleich beim Grenzpreisvergleich

261   Der Grenzpreis ist ausschlaggebend bei der Feststellung, ob ein Kunde zur Zahlung der Konzessionsabgabe verpflichtet ist. Im Rahmen des Grenzpreisvergleichs nach § 2 Abs. 4 KAV müssen Konzessionsabgaben für die Lieferung von Strom an Sondervertragskunden nicht gezahlt werden, wenn deren Durchschnittspreis im Kalenderjahr je Kilowattstunde unter dem Durchschnittserlös je Kilowattstunde aus der Lieferung von Strom an alle Sondervertragskunden liegt. Dieser Grenzpreis wird durch das Statistische Bundesamt jeweils für das vorletzte Kalenderjahr veröffentlicht. Um nun den Durchschnittspreis je Kilowattstunde Strom niedrig zu halten, taucht die Frage auf, ob hier nicht die Entlastung nach § 10 StromStG berücksichtigt werden darf bzw. muss. Analog stellt sich auch die Frage, ob die Entlastungen nach den §§ 9a und 9b StromStG zu berücksichtigen sind.

262   Gegen den Abzug der Entlastungen spricht, dass die vom Versorger berechnete Stromsteuer Preisbestandteil ist und der Preis auf Grundlage nachträglicher Entlastungen, beispielsweise durch das Hauptzollamt, nicht gemindert werden kann. Die Landgerichte Mainz und Stuttgart bestätigen diese Auffassung, indem sie unterstreichen, dass beim Grenzpreisvergleich die nachträgliche Erstattung der Stromsteuer unbeachtlich bleibt.[213] Der Durchschnittspreis eines Sondervertragskunden sei nur anhand der Zahlungen zwischen Kunde und Versorger zu bestimmen. Ist der Sondervertragskunde also Versorger, und damit berechtigt Strom steuerfrei zu beziehen, ist die Stromsteuer nicht Preisbestandteil, womit beim Grenzpreisvergleich die Stromsteuer gänzlich außen vor bleibt.

263   Nach einem Urteil des Oberlandesgerichts Stuttgart[214] sind beim Grenzpreisvergleich Entlastungen jedoch zu berücksichtigen. Das Gericht verlangt eine wirtschaftliche Betrachtung und führt aus, dass die Konzessionsabgabenverordnung nicht dazu führen darf, dass eine vom Gesetzgeber durch die Möglichkeit zur Rückerstattung der Stromsteuer gewollte Entlastung, dadurch wieder zunichte gemacht wird, dass der Kunde eine höhere Abgabe an die Kommune zahlen muss. Weiterhin sei eine Ungleichbehandlung im Vergleich zu den Sondervertragskunden mit Versorgerstatus – nach Ansicht des Gerichtes – nicht gerechtfertigt und die Stromsteuer stehe darüber hinaus in keinem Bezug zu der vom Konzessionsvertrag geregelten Nutzung öffentlicher Verkehrswege, so dass sie auch bei der Berechnung der Gegenleistung außer Betracht bleiben müsse.

---

213 LG Mainz, Urteil v. 10.10.2006, 10 HK. O 60/06; LG Stuttgart, Urteil v. 24.1.2008, 41 O 191/07.
214 OLG Stuttgart, Urteil v. 19.11.2009, 2 U 40/08, Revision beim BGH wurde zugelassen.

Der BGH[215] hat in einem Urteil vom 1. Februar 2011 die Entscheidung des Oberlandesgerichts   264
Stuttgart aufgehoben. Mit der Aufhebung dieser Entscheidung wird das Urteil des Landgerichts
Stuttgart vom 28. Februar 2008 bestätigt, das die Berücksichtigung von Stromsteuererstattungen
für unzulässig erachtet hat. Damit sind Stromsteuererstattungen nach dieser letztinstanzlichen
Entscheidung des BGH bei der Ermittlung des Durchschnittspreises nach § 2 Abs. 4 KAV nicht
zu berücksichtigen.

4.   Steuerentlastungen als Minderung der Bemessungsgrundlage bei der Umsatzsteuer

Nach § 17 Abs. 1 UStG hat ein Unternehmer, an den ein Umsatz ausgeführt wurde, den dafür in   265
Anspruch genommenen Vorsteuerabzug zu berichtigen, wenn sich die Bemessungsgrundlage für
diesen Umsatz geändert hat. Bemessungsgrundlage für den Umsatz ist nach § 10 Abs. 1 UStG das
vereinbarte Entgelt und dieses ist alles, was der Leistungsempfänger aufwendet, um die Leistung
zu erhalten, abzüglich der Umsatzsteuer. Hier stellt sich in der Praxis die Frage, ob die Steuerentlastungen nach §§ 9a, 9b und 10 StromStG eine Änderung der Bemessungsgrundlage im Sinne von
§ 17 Abs. 1 UStG darstellt und hierdurch eine Vorsteuerkorrektur vorzunehmen ist.

Eine Vorsteuerkorrektur ist nicht vorzunehmen, da es sich bei den Steuerentlastungen nach dem   266
Stromsteuergesetz nicht um Beträge handelt, die durch den Versorger berechnet werden. Ob die
Steuerentlastung durch den Leistungsempfänger überhaupt in Anspruch genommen wird, ist die
Entscheidung allein des Entlastungsberechtigten. Die Höhe der Entlastung hängt – vor allem bei
§ 10 StromStG – von den persönlichen Verhältnissen des Leistungsempfängers ab. Die wirtschaftlichen Verhältnisse zwischen dem Versorger und dem Leistungsempfänger spielen hierbei keine
Rolle. Steuerbemessungsgrundlage ist alles, was den Wert der Gegenleistung bildet, die der Versorger für diese Umsätze vom Erwerber erhält. Hierzu zählt die Stromsteuer vollumfänglich in
der berechneten Höhe, unabhängig von einer späteren Erstattung, die von Dritten gezahlt wird.

Weiterhin handelt es sich bei Entlastungen um echte nicht steuerbare Zuschüsse, die nur dem   267
Entlastungsberechtigten zugutekommen sollen. Die vom Leistenden bzw. Versorger geschuldete
Stromsteuer bleibt hiervon unberührt und in der Höhe unverändert.

5.   Abgabefrist bei Steuerentlastungsanträgen

Der Antrag auf Erlass, Erstattung oder Vergütung der Stromsteuer nach §§ 9a, 9b, 9c und 10   268
StromStG ist bis zum 31. Dezember des Jahres zu stellen, welches dem Jahr der Stromentnahme
folgt. Bei dieser Ausschlussfrist handelt es sich um eine gesetzliche und keine behördliche Frist
im Sinne von § 109 AO, weswegen eine Fristverlängerung, über den 31. Dezember hinaus, nicht
möglich ist.

Gleichwohl kann es möglich sein, dass die Frist zur Einreichung des Antrags unver-schuldet ver-   269
säumt wird, weil der Berechtigte den Antrag beispielsweise nachweislich verschickt, dieser beim
Hauptzollamt aber nicht eintrifft. In dem konkreten Fall, der vor dem BFH[216] verhandelt wurde,

---

215 Entscheidung nach mündlicher Verhandlung des BGH vom 1.2.2011 bzgl. der Revision (Akt. EnZR 57/09) gegen das
   Berufungsurteil des OLG Stuttgart vom 19.11.2009 (Akt. 2 U 40/08). Das Urteil des LG Stuttgart vom 28.2.2008 wurde
   damit wiederhergestellt.
216 BFH, Urteil v. 24.1.2008, VII R 3/07.

hat der Entlastungsberechtigte den Antrag im Dezember eines Jahres abgeschickt und auf Nachfrage im Folgejahr wurde ihm mitgeteilt, dass der Antrag nicht eingegangen ist. Nach Einreichung einer Kopie des Vergütungsantrages, wurde dieser mit der Begründung abgelehnt, dass der Antrag zum 31. Dezember des Vorjahres hätte eingereicht werden müssen, so dass der Antrag zu spät eingegangen ist. Der Antrag auf Wiedereinsetzung in den vorigen Stand wurde ebenfalls durch das Hauptzollamt abgelehnt, was der BFH bestätigte. Wird eine Wiedereinsetzung gewährt, hat dies zur Folge, dass der Erstattungsberechtigte so gestellt wird, als sei die Frist gewahrt.

270 Grundsätzlich ist die Wiedereinsetzung gemäß § 110 AO bei einer unverschuldet versäumten gesetzlichen Frist möglich. Bei vielen Entlastungsanträgen im Verbrauchsteuerrecht besteht das Problem aber darin, dass die Antragsfrist gleichzeitig mit der Festsetzungsfrist nach § 169 AO abläuft. Eine Wiedereinsetzung in den vorigen Stand außerhalb der Festsetzungsfrist ist nicht möglich, da dies dem Sinn und Zweck der Festsetzungsverjährung widerspricht. Unabhängig vom Verschulden sind verspätet eingegangene Anträge abzulehnen, weil der Erstattungsanspruch nach Ablauf der Festsetzungsfrist erlischt.[217] Insoweit ist es sehr wichtig, diese Frist einzuhalten und eventuell beim Hauptzollamt vor Fristablauf nachzufragen, ob der Antrag eingegangen ist.

---

217 Vgl. hierzu ausführlich Hintze, DB vom 19.9.2008, S. 2051 bis 2054.

Khazzoum

§ 3 Energiesteuergesetz

A. Steuergegenstand

Unter das Energiesteuergesetz fallen „Energieerzeugnisse". Das sind grundsätzlich alle Kraft- und Heizstoffe. Allerdings gibt es keinen abschließenden Katalog von Energieerzeugnissen. Es gibt lediglich in § 1 Abs. 2 EnergieStG eine Aufzählung bestimmter Kraft- und Heizstoffe mit Verweis auf die Kombinierte Nomenklatur (KN). Für einige Energieerzeugnisse muss ferner hinzutreten, dass sie dazu bestimmt sind, als Kraft- oder Heizstoff oder als Zusatz oder Verlängerungsmittel verwendet zu werden. Im Übrigen gilt nach § 1 Abs. 3 Energiesteuergesetz ein sog. Auffangtatbestand: Als Energieerzeugnisse im Sinne dieses Gesetzes gelten auch „andere" Waren, die zur Verwendung als Kraftstoff oder als Zusatz oder Verlängerungsmittel von Kraftstoffen bestimmt sind oder als solche zum Verkauf angeboten oder verwendet werden, sowie andere Waren, ganz oder teilweise aus Kohlenwasserstoffen, die zur Verwendung als Heizstoff bestimmt sind oder als solche zum Verkauf angeboten oder verwendet werden. 1

1 Abs. 2 EnergieStG listet bestimmte Waren auf, die Energieerzeugnisse im Sinne dieses Gesetzes sind. Dabei handelt es sich um die „klassischen" Kraft- und Heizstoffe wie Benzin, Diesel, Heizöl und Erdgas. Im Einzelnen werden diese Waren ausdrücklich mit Verweis auf die KN genannt. Diese Waren sind im Steuergebiet ohne weiteres Energieerzeugnisse. Weitere Voraussetzungen, wie z.B. eine energetische Bestimmung, müssen nicht erfüllt werden. 2

Daneben gibt es aber auch Waren, die zusätzlich zur Verwendung als Heiz- oder Kraftstoff bestimmt sein müssen, z.B. § 1 Abs. 2 Nr. 1, 4 und 6 EnergieStG. Diese Waren sind folglich nur bei einer energetischen Bestimmung Energieerzeugnisse. Dazu zählen u.a. pflanzliche und tierische Öle und Fette (Waren der KN-Positionen 1507 bis 1518), 3

Schließlich sieht das Gesetz eine zweite Gruppe von Steuergegenständen vor, die nicht ausdrücklich aufgelistet werden und von dem Auffangtatbestand des § 1 Abs. 3 EnergieStG erfasst werden. Damit soll eine umfassende Besteuerung aller energetisch verwendeten Stoffe erreicht werden. Die Norm unterscheidet zwischen Kraft- und Heizstoffen. 4

Als Kraftstoff sollen alle Waren besteuert werden, wenn sie zur Verwendung als Kraftstoff oder als Zusatz oder Verlängerungsmittel von Kraftstoffen bestimmt sind oder als solche zum Verkauf angeboten oder verwendet werden (§ 1 Abs. 3 Nr. 1 EnergieStG). Ferner sollen Heizstoff erfasst werden, die ganz oder teilweise aus Kohlenwasserstoffen bestehen und die zur Verwendung als Heizstoff bestimmt sind oder als solche zum Verkauf angeboten oder verwendet werden (§ 1 Abs. 3 Nr. 2 EnergieStG). 5

I. Die Bestimmung

Bei einigen Energieerzeugnissen ist eine energetische Zweckbestimmung als Heiz- oder Kraftstoff erforderlich. Die Frage, wann Waren dazu bestimmt sind, als Heiz- oder Kraftstoff verwendet zu werden, ist nicht immer einfach zu klären. Es soll darauf ankommen, ob die Ware nach objektiven Kriterien geeignet ist, als Heiz- oder Kraftstoff verwendet zu werden und auch so verwendet werden soll. Das heißt, neben die objektive Geeignetheit muss ein subjektiver Wille treten, die Ware als Heiz- oder Kraftstoff zu verwenden. 6

7   Die objektive Eignung der Ware als Heiz- oder Kraftstoff ist regelmäßig leicht festzustellen, wenn die Ware nach ihrer stofflichen Beschaffenheit für den Antrieb von Verbrennungsmotoren einsetzbar ist. Als Heizstoff muss die Ware durch Verbrennen Wärme erzeugen können.

8   Ist die objektive Eignung gegeben, ist in einem zweiten Schritt zu klären, ob ein subjektiver Wille vorliegt, die Ware als Heiz- oder Kraftstoff zu verwenden. Die innere Einstellung der Beteiligten allein wird aber regelmäßig nicht ausreichen, um das Vorliegen des subjektiven Elements zu bejahen. Hinzutreten müssen daher objektive äußere Umstände, die einen Rückschluss auf den Willen ermöglichen.

9   Einen Sonderfall bilden Entsorgungstatbestände. Häufig kommt es vor, dass energetisch wirksame Stoffe entsorgt werden müssen. In solchen Konstellationen ist im Einzelfall streng zu prüfen, ob hinsichtlich dieser Waren eine energetische Bestimmung vorliegt.

II.   Energiesteuerliche Behandlung von Torf und Holz

10 In der Vergangenheit tauchte teilweise die Frage auf, ob Torf und Holz als Steuergegenstände im Sinne des Energiesteuerrechts zu betrachten sind. Zum 01.01.2011 hat der Gesetzgeber hier eine Klarstellung vorgenommen. Danach sind Torf, Brennholz (in Form von Rundlingen, Scheiten, Zweigen, Reisigbündeln oder ähnlichen Formen), Holz in Form von Plättchen oder Schnitzeln, Sägespäne, Holzabfälle und Holzausschuss, auch zu Pellets, Briketts, Scheiten oder ähnlichen Formen zusammengepresst und Holzkohle, von der Energiesteuer ausgenommen.

B.   Steuertarif

11 Der Steuertarif ist für alle Energieerzeugnisse abschließend in § 2 EnergieStG geregelt. § 2 Absatz 1 bis 3 EnergieStG enthalten eine Auflistung von ausdrücklich benannten Energieerzeugnissen und die dazu gehörigen Steuersätze.

I.   Allgemeines

12 Der Steuertarif unterscheidet in § 2 Absatz 1 bis 3 EnergieStG zwischen dem **Heizstoff-**, **Gas-** und **Regeltarif**.

- **Heizstofftarif:** Für Energieerzeugnisse, die zum **Verheizen** oder zum **Antrieb** von Gasturbinen und Verbrennungsmotoren in begünstigten Anlagen nach den §§ 3 und 3a EnergieStG verwendet oder abgegeben werden, gilt gemäß § 2 Absatz 3 Satz 1 EnergieStG der Heizstofftarif (z.B. Euro 5,50 MWh Erdgas).

- **Gastarif:** Der Steuertarif für Erdgas, gasförmige Kohlenwasserstoffe und Flüssiggase, die als Kraftstoff verwendet werden gilt der Steuertarif des § 2 Absatz 2 EnergieStG befristet bis zum 31. Dezember 2018.

- **Regeltarif:** Greifen weder der Heizstofftarif noch der Gastarif kommt der Regeltarif des § 2 Absatz 1 EnergieStG zur Anwendung.

Der reduzierte Steuersatz des § 2 Abs. 3 EnergieStG (Heizstofftarif) gilt für Schweröle und für Gase der KN-Position 2711 (u. a. Erdgas), die zum Verheizen oder zum Antrieb von Gasturbinen und Verbrennungsmotoren in begünstigten Anlagen nach den §§ 3 und 3a EnergieStG verwendet oder zu diesen Zwecken abgegeben werden. Darüber hinaus sind auch den aufgelisteten Energieerzeugnissen gleichgestellte Produkte nach dem Heizstofftarif zu versteuern. 13

Die Steuerbelastung ist hier wesentlich niedriger als im Falle des Regeltarifs (§ 2 Abs. 7 EnergieStG). Andererseits eröffnet § 2 Abs. 3 EnergieStG den Anwendungsbereich verschiedener Entlastungsnormen. So sehen u.a. die §§ 51, 53, 54, 55 EnergieStG vor, dass nur nach dem Heizstofftarif versteuerte Energieerzeugnisse in den Genuss einer Steuerentlastung kommen können. Die Entlastungen können zu einer erheblichen Senkung der Steuerbelastung für die begünstigten Energieerzeugnisse führen. 14

Die Beschränkung der genannten Entlastungsnormen auf nach dem Heizstofftarif versteuerte Energieerzeugnisse führt für alle anderen Erzeugnisse grundsätzlich zu einem Ausschluss der genannten Steuerentlastungen (Ausnahme vgl. § 49 EnergieStG ab 01.01.2011) 15

Wird das Energieerzeugnis zum Antrieb von Gasturbinen oder Verbrennungsmotoren verwendet, so kommt es nur dann in den Genuss des günstigen Heizstofftarifs, wenn es in einer begünstigten Anlage Verwendung findet. 16

Begünstigte Anlagen nach § 3 EnergieStG sind ausschließlich solche, die mittels Verbrennungsmotoren oder Gasturbinen angetrieben werden. Andere Energieerzeugungsanlagen, wie zum Beispiel Heizkessel oder Stirlingmotoren sind von dieser Vorschrift nicht erfasst. Begünstigte Anlagen nach § 3 Abs. 1 Nr. 1 EnergieStG sind solche, deren mechanische Energie – unabhängig von ihrer elektrischen Nennleistung – ausschließlich der Stromerzeugung dient. Hierzu gehören neben den reinen Stromerzeugungsanlagen auch Anlagen zur gekoppelten Erzeugung von Strom und Wärme. Es ist unerheblich, ob die beim Betrieb dieser Anlagen zwangsläufig anfallende Wärme genutzt wird. Begünstigte Anlagen nach § 3 Abs. 1 Nr. 2 EnergieStG sind nur solche KWK-Anlagen, deren mechanische Energie nicht oder nicht ausschließlich der Stromerzeugung dient und deren Jahresnutzungsgrad mindestens 60 Prozent beträgt. Sofern der Jahresnutzungsgrad von 60 Prozent nicht erreicht wird, unterliegen die in der KWK-Anlage verwendeten Energieerzeugnisse dem Steuertarif nach § 2 Abs. 1 und 2 EnergieStG. Eine Steuerentlastung nach den §§ 53, 54 und 55 EnergieStG ist in diesen Fällen ausgeschlossen. Eine Nutzungsgradberechnung nach § 3 Abs. 1 Satz 2 EnergieStG ist nur für Anlagen nach § 3 Abs. 1 Nr. 2 EnergieStG erforderlich. 17

Für das Vorliegen einer begünstigten Anlage setzt § 3 EnergieStG zunächst eine ortsfeste Anlage voraus. Ortsfest ist die Anlage, wenn sie während des Betriebes ausschließlich an ihrem Standort verbleibt und nicht dem Antrieb von Fahrzeugen dient. 18

Zum 01.01.2011 wurde ein geografischer Bezugspunktes in die Definition der Ortsfestigkeit in das Gesetz eingefügt; dadurch wird klargestellt, dass eine begünstigte Anlage während ihres steuerlich begünstigten Betriebes (z. B. Stromerzeugung) ausschließlich an ihrem geografischen Standort verbleiben muss. Dieser geografische Standort ist ein durch geografische Koordinaten bestimmter Punkt. Mit der Klarstellung werden Zweifel bei der Auslegung des Begriffs der Ortsfestigkeit einer begünstigten Anlage ausgeräumt, wonach bereits durch die bloße Montage einer Anlage auf einem Fahrzeug deren Ortsfestigkeit gegeben sein soll. 19

Darüber hinaus muss die Anlage nach einer der beiden Alternativen des § 3 EnergieStG der Stromerzeugung oder der gekoppelten Erzeugung von Kraft und Wärme dienen: Eine begünstigte Anlage liegt nach der ersten Alternative vor, wenn ihre mechanische Energie ausschließlich der Stromerzeugung dient (§ 3 Abs. 1 Satz 1 Nr. 1 EnergieStG). 20

3

21 Begünstigte Anlagen sind auch solche, die ausschließlich der gekoppelten Erzeugung von Kraft und Wärme dienen und nicht unter die erste Kategorie fallen (§ 3 Abs. 1 Satz 1 Nr. 2 EnergieStG). Die zweite Alternative setzt voraus, dass in der Anlage sowohl die mechanische Energie als auch die dabei zwangsläufig anfallende Wärme genutzt werden. Ferner fallen nur Anlagen mit einem Jahresnutzungsgrad von mindestens 60 % unter diesen Anlagentyp (§ 3 Abs. 1 Satz 2 EnergieStG).

22 Der Jahresnutzungsgrad wird legal definiert und ist der Quotient aus der Summe der genutzten erzeugten mechanischen und thermischen Energie in einem Kalenderjahr und der Summe der zugeführten Energie aus Energieerzeugnissen in derselben Berichtszeitspanne. Der Betrieb von Anlagen dieser Art ist vor der erstmaligen Inbetriebnahme beim zuständigen Hauptzollamt anzumelden (§ 3 Abs. 4 EnergieStG).

23 Der Steuertarif erfasst in § 2 Absatz 4 Satz 1 EnergieStG auch andere als die in den Absätzen 1 bis 3 genannten Energieerzeugnissen und ordnet für diese Energieerzeugnisse an, dass sie der gleichen Steuer wie die Energieerzeugnisse unterliegen, denen sie nach ihrer **Beschaffenheit** und ihrem **Verwendungszweck** am nächsten stehen. In der Praxis wurde bisher wesentlich auf das Kriterium „Verwendungszweck" abgestellt (so auch Friedrich in DB v. 05.12.2008, Heft 49, Seite 2678). Dabei sollte aber immer beachtet werden: Die Unterscheidung nach dem Merkmal Verwendungszweck kommt überhaupt nur für eine begrenzte Anzahl von Energieerzeugnissen in Betracht. In Frage kommen nur Energieerzeugnisse, für die das Energiesteuergesetz je nach Art der Verwendung überhaupt einen unterschiedlichen Steuersatz vorsieht. Dazu zählen: Gekennzeichnete **Gasöle** der Unterposition 2710 1941 – 49, **Heizöle** der Unterposition 2710 1961 – 69, **Schmieröle** und **andere Öle** der Unterposition 2710 1981 – 99, **Erdgas** und **gasförmige Kohlenwasserstoffe** und **Flüssiggase**.

24 In einem ersten Schritt muss daher immer festgestellt werden, welchem Energieerzeugnis nach § 1 Absatz 1 bis 3 Energiesteuergesetz die betreffende Ware nach ihrer Beschaffenheit am nächsten steht. Steht danach fest, dass die betreffende Ware ihrer **Beschaffenheit** nach dem Gasöl am nächsten steht, kommt es in einem zweiten Schritt auf die konkrete Verwendung der Ware an.

25 Steht ein Energieerzeugnis nach seiner Beschaffenheit dagegen Benzinen der Unterpositionen 2710 1141 bis 2710 1149 am nächsten, kommt es für die Bestimmung des Steuersatzes auf die konkrete Art der Verwendung nicht mehr an. Der Steuertarif sieht für Benzine der Unterpositionen 2710 1141 bis 2719 1149 verwendungsunabhängig nur einen Steuersatz vor.

26 Besonderheiten sind bei Ölabfällen gemäß § 2 Absatz 4 Satz 2 EnergieStG zu beachten. Bei der Zuordnung von Ölabfällen (Waren der Unterposition 2710 91 und 2710 99) und anderen vergleichbaren Abfällen sind die in § 2 Absatz 1 EnergieStG genannten Leichtöle und mittelschweren Öle nicht in die Beurteilung der Beschaffenheit einzubeziehen. Maßgeblich sind allein die in § 2 Absatz 1 Nr. 9 und 10 und Absatz 3 Satz 1 EnergieStG genannten Energieerzeugnisse.

II.   Benannte Energieerzeugnisse

27 Die vom Steuertarif des § 2 EnergieStG erfassten Energieerzeugnisse werden allgemein in benannte und unbenannte Energieerzeugnisse unterschieden. Unter den benannten Energieerzeugnissen werden die Energieerzeugnisse verstanden, die im EnergieStG **ausdrücklich** namentlich erwähnt werden. Hierbei handelt es sich um Energieerzeugnisse wie zum Beispiel Benzin und Heizöl. Es werden unter diesem Begriff alle Energieerzeugnisse zusammengefasst, die in § 1 Absatz 2 EnergieStG einer Position der KN zugeordnet sind.

III.   Unbenannte Energieerzeugnisse

Unter den unbenannten Energieerzeugnissen werden die von § 1 Absatz 3 EnergieStG beschriebe‐   28
nen Waren unter den dort genannten Voraussetzungen erfasst. Unter dieser Bezeichnung werden
alle **nicht** in § 1 Absatz 2 EnergieStG genannten Waren erfasst,

▪ die zur Verwendung als **Kraftstoff** oder als **Zusatz** oder **Verlängerungsmittel** von Kraftstoffen
  bestimmt sind oder als solche zum Verkauf angeboten oder verwendet werden

oder   29

▪ die ganz oder teilweise aus Kohlenwasserstoffen bestehen und die zur Verwendung als Heiz‐
  stoff bestimmt sind oder als Heizstoffe zum Verkauf angeboten oder verwendet werden.

Um feststellen zu können, ob im Betrieb eine kohlenwasserstoffhaltige Ware der Besteuerung   30
nach dem Energiesteuergesetz unterliegt und wenn ja, welcher Steuersatz für diese Ware richti‐
gerweise in Frage kommt, sind die folgenden Überlegungen anzustellen:

▪ Feststellung welche Waren im Betrieb eingekauft, verwendet, hergestellt und abgegeben wer‐
  den

▪ Bestehen die Waren ganz oder teilweise aus Kohlenwasserstoffen.

▪ Sind die Waren zur Verwendung als Heizstoff bestimmt oder werden sie als Heizstoff angebo‐
  ten oder verwendet

▪ Welchem benannten Energieerzeugnis steht die Ware nach ihrer Beschaffenheit und ihrem
  Verwendungszweck am nächsten.

Die Einordnung von nicht benannten Energieerzeugnissen nach § 1 Absatz 3 EnergieStG stößt   31
in der energiesteuerrechtlichen Praxis vielfach auf Probleme. Wie hoch ist nach dem Ener‐
gieStG zum Beispiel der Steuersatz für Kunststoffabfälle aus polymeren Kohlenwasserstoffen? Die
Schwierigkeiten im Umgang mit den bestehenden Regelungen sollen am Beispiel der Besteuerung
von Tierfett aufgezeigt werden:

❯ Praxisbeispiel

> Tierfett der Position 1518 der KN wird in einem Tierkörperbeseitigungsbetrieb durch Verarbeitung von beseitigungspflich‐
> tigen Schlachtabfällen und Tierkörpern erzeugt. Das Tierfett wird im Anschluss an die Erzeugung an verschiedene Kunden
> verkauft, die das Tierfett verbrennen und die entstehende Wärme nutzen.

Tierfett der Position 1518 der KN ist gemäß § 1 Absatz 2 Nr. 1 EnergieStG ein benanntes Ener‐   32
gieerzeugnis, wenn es dazu **bestimmt** ist, als Kraft‐ oder Heizstoff verwendet zu werden. Der
Steuertarif des § 2 Absatz 1 bis 3 EnergieStG enthält keinen Steuersatz ausdrücklich für Tierfett
der Position 1518 der KN. Der für Tierfett der Position 1518 der KN anzuwendende Steuersatz ist
daher unter Anwendung von § 2 Absatz 4 EnergieStG zu ermitteln. Dabei kommt es entscheidend
darauf an festzustellen, welchem der in § 2 Absatz 1 bis 3 genannten Energieerzeugnissen das
Tierfett der Position 1518 der KN nach **Beschaffenheit** und **Verwendungszweck** am nächsten
steht. Die Ergebnisse fielen dabei in der Praxis bisher sehr unterschiedlich aus. Das Tierfett wurde
zum Beispiel von Beschaffenheit und Verwendungszweck her dem schweren Heizöl oder dem
Schmieröl als am nächsten stehend zugeordnet.

Für Tierfett der Position 1518 der KN wurde der Steuersatz für schweres Heizöl (Euro 25,00 /   33
1.000 kg) oder aber der Steuersatz für Schmieröl (Euro 61,35 / 1.000 Liter) angewendet.

34 Die Anwendung des unterschiedlichen Steuertarifs führte in vielen Fällen dank der späteren Verwendung zu keiner tatsächlichen Belastung. Aufgrund der bestehenden Entlastungsvorschriften konnte seitens der Verwender des Tierfetts eine Steuerentlastung in Höhe der Steuerbelastung beansprucht werden und die unterschiedliche Anwendung des Steuertarifs führte zu keinen wettbewerbsverzerrenden steuerlichen Belastungen. Kommt eine Entlastung dagegen nicht in Frage, kann sich die unterschiedliche steuerliche Behandlung unter Umständen wettbewerbsverzerrend auswirken.

35 ❗ **Hinweis:**

In vielen Fällen ist die Höhe des Steuersatzes letztlich nicht wirklich das Problem. Dem Verwender der Energieerzeugnisse können als Unternehmen des Produzierenden Gewerbes oder wegen der Verwendung der Energieerzeugnissen in bestimmten Anlagen Entlastungsansprüche zustehen. Es ist daher von ganz besonderer Bedeutung, die beabsichtigte Verwendung von Energieerzeugnissen mit dem Vertragspartner ausdrücklich schriftlich festzuhalten und auch Fragen der steuerlichen Entlastung zu erörtern.

Änderung des Steuertarifs

36 Mit dem Gesetz zur Änderung des Energie- und Stromsteuergesetzes vom 16. Dezember 2010 erfolgte auch eine Änderung beziehungsweise Ergänzung des Steuertarifs. Die Änderungen sind gemäß Artikel 5 Absatz 1 des Gesetzes zur Änderung des Energiesteuer- und Stromsteuergesetzes mit Wirkung vom 1. April 2011 in Kraft. § 2 EnergieStG wurde wie folgt geändert beziehungsweise ergänzt: nach dem bisherigen Absatz 4 ist folgender **Absatz 4a** eingefügt worden:

(4a) Abweichend von Absatz 4 Satz 1 und 2 beträgt die Steuer für 1 Gigajoule feste Energieerzeugnisse 0,33 Euro, soweit diese aufgrund ihrer Beschaffenheit keinem der in Absatz 1 genannten Energieerzeugnisse sinnvoll zugeordnet werden können.

37 In der Gesetzesbegründung zur Änderung des § 2 EnergieStG heißt es:

„In der Praxis sind insbesondere Sekundärbrennstoffe wie z.B. Altreifen oder Kunststoffverpackungen, die in heterogenen Mischungen gehandelt werden, schwer ein zu tarifieren. In diesen Fällen vereinfacht ein am Energiegehalt orientierter Steuersatz das Besteuerungsverfahren. Mit dieser Regelung wird keine neue Steuerpflicht eingeführt, sondern das Besteuerungsverfahren durch die Einführung einer zusätzlichen Bemessungsgröße vereinfacht. Das Entstehen der Energiesteuer ergibt sich wie bisher aus der konkreten Verwendung der Energieerzeugnisse."

38 **Mit welchen Auswirkungen muss in der Praxis gerechnet werden?**

39 Es ist von vornherein sehr fraglich, ob die beabsichtigte Vereinfachung des Besteuerungsverfahrens auch tatsächlich greift. Erfahrungsgemäß führen Vereinfachungsregeln regelmäßig zu Verkomplizierungen. Nicht selten wünscht man sich dann den alten Rechtszustand zurück. Über diese allgemeine Überlegung hinaus bestehen aber ganz konkrete Anhaltspunkte für die Annahme, dass die beabsichtigte Vereinfachung fraglich ist:

- Wie soll bei Müll der biogene Anteil von Sekundär- und Ersatzbrennstoffen (der als erneuerbare Energie grundsätzlich nicht besteuert werden soll) errechnet werden?,

- Wie soll bei mehrstufigen Entsorgungsverfahren und gemeinsamer Behandlung von Abfällen mit unterschiedlichem Heizwert die Höhe der Steuer ermittelt werden?

40 Wird Müll zum Zweck der Entsorgung abgegeben, kann dieser Müll der Besteuerung nach dem Energiesteuerrecht unterliegen, wenn die Abgabe mit der Bestimmung zur Verwendung als Heizstoff erfolgt. Vertragliche Bestimmungen über die Abwälzung der Energiesteuer auf die Entsor-

gungsunternehmen sind erforderlich. Für Unternehmen, die den Müll verwerten bzw. entsorgen gilt unter Umständen, dass Entlastungen nach dem Energiesteuergesetz geltend gemacht werden können. Ein erheblicher administrativer Mehraufwand ist daher absehbar.

IV.   Exkurs: Altöle

Die ursprüngliche Steuerfreiheit von Altölen (gebrauchte aber nicht verbrauchte **Energieerzeug-** **nisse**) wurde bereits mit Wirkung zum **22. Juli 2009** abgeschafft. § 29 Satz 2 Nr. 1 EnergieStG erlaubte die steuerfreie Verwendung und Abgabe von Energieerzeugnissen zum Zweck des **Verheizens** oder zum Antrieb von Gasturbinen und Verbrennungsmotoren in begünstigten Anlagen nach den § 3 und 3a EnergieStG.   41

Mit Wirkung zum **22. Juli 2009** gilt: Altöle unterliegen grundsätzlich der Besteuerung, wenn sie zum Beispiel als Heizstoff Verwendung finden. Die Gefahr einer Doppelbesteuerung besteht nicht. Die Altöle „entstehen" regelmäßig im Rahmen einer allgemein erlaubten steuerfreien Verwendung.   42

Werden die gebrauchten Energieerzeugnisse zu **Heizzwecken** verwendet, sind mit Wirkung zum 22. Juli 2009 grundsätzlich die Regeln über die Besteuerung von Energieerzeugnissen einzuhalten.   43

> **Verheizen nach dem Energiesteuergesetz**
>
> Mit Gesetz vom 15. Juli 2009 (BGBL. I Seite 1870) wurde mit Wirkung zum 01. April 2010 der § 1a in das Energiesteuergesetz eingeführt. Gemäß § 1 a Nr. 12 EnergieStG ist Verheizen: das Verbrennen von Energieerzeugnissen zur Erzeugung von Wärme. Ein Energieerzeugnis wird verheizt, wenn eine Verbrennung mit dem Ziel erfolgt, die entstehende Wärme zu nutzen. Der Begriff des Verheizens war bis zum 31. Juli 2006 nicht gesetzlich definiert. Erst mit dem Inkrafttreten des Energiesteuergesetzes mit Wirkung zum 01. August 2006 trat eine Änderung ein.
>
> Anmerkung: Durch die Einfügung des § 1a ist keine inhaltliche Änderung bezüglich des Verheizens eingetreten. Die Vorgängervorschrift § 2 Absatz 6 EnergieStG hatte den gleichen Wortlaut. Die Definition des Begriffs ist im Übrigen durch die EU- Richtlinie vorgegeben worden und mit Wirkung zum 01. August 2006 durch das Energiesteuergesetz in Deutschland umgesetzt worden. § 2 Absatz 6 EnergieStG beendete eine Jahrzehnte lange wesentlich durch die Rechtsprechung geprägte Definition des Verheizens:
>
> Verheizt wurde demnach bis zum 31. Juli 2006 eine Ware immer dann, wenn die durch die Verbrennung erzeugte Wärme auf einen bestimmten Wärmeträger übertragen wurde (BFH Urteil v. 20.9.1994 VII R 57/93). Diese Definition führte in der Praxis zur Steuerbefreiung in den Fällen, in denen ein direkter Kontakt z.B. einer Gasflamme zu einem Metallstück bestand.

Unternehmen, die Energieerzeugnisse verwenden und die gebrauchsbedingt **verunreinigten** Energieerzeugnisse im Unternehmen weiteren Verwendungszwecken zuführen oder an Dritte zu bestimmten Verwendungszwecken abgeben wollen, sollten die folgenden Überlegungen anstellen: 44

- Werden im Unternehmen Stoffe, die ganz oder teilweise **Kohlenwasserstoffe** enthalten, verwendet.
- Zu welchem Zwecken erfolgt die Verwendung.
- Ist die Verwendung steuerfrei.
- Ist die Verwendung allgemein erlaubt oder ist eine förmliche Einzelerlaubnis erforderlich.
- Werden die Energieerzeugnisse während der Verwendung stofflich verbraucht oder „lediglich" verschmutzt.

- Erfolgt eine thermische Verwendung der verschmutzten Energieerzeugnisse (Altöle) im Unternehmen selbst.

- Werden die Altöle an Dritte zum Zweck der thermischen Verwertung abgegeben.

- Werden die Altöle zum Zweck der **Vernichtung** abgegeben.

45 Werden die Altöle im Unternehmen zum Beispiel zu thermischen Zwecken verwendet oder an Dritte zu solchen Zwecken abgegeben, sind die Altöle zu Besteuerung anzumelden.

46 Anders in den Fällen der **Vernichtung**. Das Energiesteuerrecht enthält zwar keine Definition des Begriffs des Vernichtens. Unter Vernichtung ist das **absichtliche Herbeiführen** eines **Substanzverlustes** zu verstehen[1]. Ein vollständiger Substanzverlust ist allerdings auch gegeben, wenn Heizöl verbrannt und die entstehende Wärme genutzt wird. In Abgrenzung zum Verheizen kann unter Vernichten nur der absichtlich herbeigeführte Substanzverlust von Energieerzeugnissen ohne Nutzung der entstehenden Wärme verstanden werden; Erzeugung und Nutzung entstehender Wärme dürfen daher nicht beabsichtigt sein. Andernfalls müsste wohl von einem Verheizen ausgegangen werden.

47 Einen Beitrag zum Verständnis des Begriffs des Vernichtens leistet Nr. 11 der Anlage 1 zu §§ 55 und 74 EnergieSt-DV; danach **gilt** als Vernichtung auch das **Verbrennen** von Energieerzeugnissen in gesondert dafür behördlich zugelassenen Anlagen.

> **Nr. 11 der Anlage 1 zu §§ 55 und 74 EnergieSt-DV:**
>
> Begünstigte Verwendung für alle Energieerzeugnisse nach § 1 Absatz 2 und 3 EnergieStG:
>
> Vernichtung; als Vernichtung gilt auch das Verbrennen von Energieerzeugnissen in Anlagen, die zur schadlosen Beseitigung von Abfällen, Müll oder ähnlichen Rückständen durch Bundes-, Landes- oder Gemeindebehörden zugelassen sind.
>
> Die Vernichtung ist vorher dem Hauptzollamt anzuzeigen. Die Anzeige ist für Mengen bis 50 kg im einzelnen Fall nicht erforderlich.

48 Das Verbrennen kann Vernichtung sein, obwohl mit dem Verbrennen regelmäßig die Erzeugung von Wärme verbunden ist und daher eigentlich ein steuerpflichtiges Verheizen gegeben wäre. Zu berücksichtigen ist aber auch, dass das unternehmerische Interesse häufig einzig darauf zielt, sich der Altöle in Übereinstimmung mit den geltenden Entsorgungsregeln zu entledigen und die eventuelle Nutzung der durch die Verbrennung entstehenden Wärme für die beteiligten Unternehmen keine Rolle spielt. In diesem Zusammenhang stellt sich die Frage, ob ein Vernichten immer dann ausgeschlossen sein soll, wenn die durch Verbrennung entstehende **Wärme tatsächlich genutzt** wird; jegliche Nutzung der durch Verbrennung entstehenden Wärme würde dann ein Vernichten ausschließen und für ein steuerpflichtiges Verheizen sprechen.

49 Eine abschließende Lösung ist derzeit wohl noch nicht gefunden. Die Praxis der Hauptzollämter geht in die folgende Richtung: Wird für die „Vernichtung" ein Entgelt an die Lieferanten gezahlt, dann liegt eine Entgegennahme werthaltiger Stoffe vor; in einem solchen Fall ist davon auszugehen, dass sich die Nutzung der Abfälle (z.B. auch Altöle) nicht auf eine reine Vernichtung (absichtlicher vollständiger Substanzverlust) beschränken soll. Aufgrund der Zahlung für die entgegen genommenen Waren wird den Waren eine gewisse Werthaltigkeit unterstellt, die durch Verheizen genutzt werden soll.

---

1   Peters/Bongartz/Schröer-Schallenberg, Verbrauchsteuerrecht, S. 96

Die dargestellten Abgrenzungen zwischen steuerpflichtigem Verheizen und nicht steuerpflichtigem Vernichten sind für den Praktiker eigentlich eine Zumutung. Schnelle und vor allem richtige Entscheidungen fallen auf der Grundlage derart feinsinniger Abgrenzungen regelmäßig schwer. Unternehmen sollten daher in Zweifelsfällen die Altöle zur Versteuerung anmelden und unter Umständen im Wege eines Einspruchverfahrens die Frage der Besteuerung klären.   50

V. Exkurs: Bestimmen zur Verwendung als Kraft- oder Heizstoff

Der Begriff des „Bestimmens" von Waren zum Beispiel zur Verwendung als Heizstoff ist in der Praxis von vielfältiger Bedeutung. Obwohl sich an den Begriff des **Bestimmens** zur Verwendung als Heiz- oder Kraftstoff weitreichende energiesteuerrechtliche Folgen knüpfen, ist eine gesetzliche Definition bisher jedenfalls nicht gegeben. Auch die ab dem 01. Januar 2011 geltende Neuregelung (Gesetz zur Änderung des Energie- und Stromsteuerrechts) wird keine Definition enthalten; trotz vielfacher sonstiger Änderungen im Definitionskatalog des § 1a EnergieStG.   51

Praktische Folge: die Situation für den Praktiker bleibt nach wie vor schwierig. Man muss unter Anwendung **unklarer Rechtsbegriffe** zu möglichst **klaren Ergebnissen** kommen.   52

Besonders brisant ist in diesem Zusammenhang, dass das Energiesteuerrecht für den Fall der Entstehung einer Energiesteuer die Verpflichtung zur Abgabe einer Steueranmeldung für Energieerzeugnisse enthält. Dabei kommt es darauf an, dass überhaupt ein Energieerzeugnis gegeben ist für das eine Energiesteuer entstehen kann; im Fall von Pflanzen- oder Tierfett ist dafür die **Bestimmung** zur Verwendung als Kraft- oder Heizstoff erforderlich. Es besteht daher eine enge Verknüpfung zwischen dem Bestimmen zur Verwendung als Kraft- oder Heizstoff und der Verpflichtung, die Energieerzeugnisse zur Versteuerung anzumelden.   53

Das Bestimmen setzt sich aus zwei Elementen zusammen: Objektiv ist die **Eignung** des Energieerzeugnisses für die beabsichtigte Verwendung erforderlich[2]. **Subjektiv** ist erforderlich, dass eine Bestimmung zur Verwendung als Kraft- oder Heizstoff gewollt ist. Ein Bestimmen zum Verheizen erfordert neben einer entsprechenden **objektiven** Eignung [3] immer auch den Willen, dass die entsprechende Ware ein Kraft- bzw. Heizstoff sein soll. Teilweise wird vernünftigerweise auch eine nach außen erkennbare Betätigung dieses **Willens zur Verwendung als Kraft- oder Heizstoff** gefordert[4]. Der Wille zur Verwendung einer kohlenwasserstoffhaltigen Ware als Kraft- oder Heizstoff muss durch objektive äußere Umstände indiziert werden.   54

Folgen für die Unternehmen: Im Unternehmen muss festgestellt werden, ob kohlenwasserstoffhaltige Waren zur Verwendung als Heiz- oder Kraftstoff **bestimmt** werden und somit bestimmte Waren zur Versteuerung nach dem Energiesteuerrecht angemeldet werden müssen, ob ein Antrag auf Zulassung als Herstellungsbetrieb gestellt werden muss oder ob die Regeln des Steueraussetzungsverfahrens im Umgang mit bestimmten Waren einzuhalten sind.   55

Auf eine beabsichtigte Verwendung als Kraft- oder Heizstoff lassen eine ganze Reihe von **Indizien** schließen: zum Beispiel das Einfüllen von Energieerzeugnissen in einen Treibstoffkanister oder auch die Lagerung von Energieerzeugnissen vor einer Verbrennungsanlage.   56

2   BFH, Urt. V.5.5.1982 , VII R 96/78 für den Fall der Verwendung von Kraftstoff.
3   Soyk in: Friedrich/Meißner, Kommentar EnergieStG, 20. Lfg., § 1 Rn. 94.
4   (Bongartz/Schröer-Schallenberg, Das neue Energiesteuergesetz, 2006, Seite 16, 17, fordern ein objektiv nach außen erkennbares Element; Soyk in: Friedrich/Meißner, Kommentar EnergieStG, 20. Lfg. § 1 Rn. 95.

57   Aus Sicht der Bundesfinanzverwaltung gilt, dass bereits mit der **körperlichen Aufnahme** von kohlenwasserstoffhaltigen Waren in ein Lager für Energieerzeugnisse (§ 7 EnergieStG) eine Bestimmung zur Verwendung als Kraft- oder Heizstoff gegeben ist, vorausgesetzt, die Aufnahme in das Lager erfolgte **ohne** eine vereinbarte Zweckbestimmung[5]. Nach Auffassung der Bundesfinanzverwaltung kann diese Bestimmung nicht mehr rückgängig gemacht werden. Dagegen kann eingewendet werden, dass selbst bei einer ausdrücklich vereinbarten Bestimmung eines Verwendungszwecks in tatsächlicher Hinsicht noch bis zum **Zeitpunkt** der Verwendung eine Änderung der Bestimmung praktisch immer erfolgen kann.

> ### ❯ Bedeutung des Bestimmens im Energiesteuerrecht
>
> Der Begriff des Bestimmens findet im Energiesteuergesetz an verschiedenen Stellen Erwähnung. An das Bestimmen von kohlenwasserstoffhaltigen Waren zur Verwendung als Kraft- oder Heizstoff knüpfen ganz unterschiedliche Rechtsfolgen an; der Begriff ist für das Energiesteuerrecht daher von zentraler Bedeutung. Dabei ist das Bestimmen zur Verwendung als Kraft- oder Heizstoff nicht auf bestimmte kohlenwasserstoffhaltige Waren beschränkt: von Bedeutung ist das Bestimmen zur Verwendung als Kraft- oder Heizstoff sowohl für benannte als auch unbenannte Energieerzeugnisse.

58   Die **Bestimmung** von kohlenwasserstoffhaltigen Waren zur Verwendung als Heiz- oder Kraftstoff kann zu folgenden energiesteuerrechtlichen Folgen führen:

- Die **Bestimmung** von kohlenwasserstoffhaltigen Waren zur Verwendung als Heiz- oder Kraftstoff kann dazu führen, dass es sich bei den Waren um Energieerzeugnisse handelt, § 1 Absatz 3 EnergieStG.

- Die **Bestimmung** von Energieerzeugnissen zur Verwendung als Kraft- oder Heizstoff kann Herstellung im Sinne von § 6 Absatz 1 Satz 2 EnergieStG sein.

- Durch die **Bestimmung** von Energieerzeugnissen zur Verwendung als Kraft- oder Heizstoff kann die Lagerung und Beförderung von kohlenwasserstoffhaltigen Waren dem Steueraussetzungsverfahren unterliegen, § 4 EnergieStG.

- Die **Bestimmung** von Energieerzeugnissen zur Verwendung als Heiz- oder Kraftstoff kann zur Steuerentstehung führen, § 9 Absatz 1 EnergieStG.

59   Es ist daher von besonderer Bedeutung, die jeweilige **Zweckbestimmung** kohlenwasserstoffhaltiger Waren im Unternehmen zu klären. Nicht jede Ware wird durch eine Bestimmung zur Verwendung als Heizstoff zu einem Energieerzeugnis. Es muss sich gemäß § 1 Absatz 3 Nr. 2 EnStG um Waren handeln, die **ganz** oder **teilweise** aus Kohlenwasserstoffen bestehen. Die in Frage kommenden Waren sind in der Praxis sehr vielfältig, eine Besteuerung erfolgt bisher aber nur ausnahmsweise. Zu dem Warenkreis können zum Beispiel die folgenden Waren gehören: **Altgummireifen, Klärschlamm, Plastik, Reifenschnitzel, Müll** sowie **Altöle.**

60   Die Diskussion um die Besteuerung von Ersatzbrennstoffen hat durch das Gesetz zur Änderung des Energie- und Stromsteuerrechts neue Impulse erhalten[6]. Die mit Wirkung zum 01. Januar 2011 beschlossenen Änderungen im Bereich des Steuertarifes deuten in Richtung einer verstärkten Besteuerung sogenannter Sekundär- beziehungsweise Ersatzbrennstoffen. Der Gesetzgeber geht dabei davon aus, dass Sekundärrohstoffe beziehungsweise Ersatzbrennstoffe bereits nach dem bisher geltenden Vorschriften des Energiesteuerrechts der Besteuerung unterliegen. Dennoch ist die Besteuerung von Ersatzbrennstoffen bisher in der Praxis eher die Ausnahme als die Regel. In der jüngsten Vergangenheit mehren sich allerdings die Fälle, in denen Unternehmen

---

5   BMF-Erlass vom 02. Oktober 2006, III A 1 – V 0205/05/0001.
6   Vgl. zu den Einzelheiten Reuter, Die Besteuerung von Ersatzbrennstoffen, dow jones energy weekly, 2010 l Nr. 30. S.9.

zum Beispiel den Verkauf von Müll mit Energiesteuer belasten. Die Zurückhaltung bezüglich der Besteuerung von Ersatzbrennstoffen liegt wohl insbesondere auch an der regelmäßig schwierigen Einordnung in den Steuertarif des Energiesteuergesetzes. Es ist daher kein Zufall, dass die gesetzliche Neuregelung (§ 2 Absatz 4a) gerade den **Steuertarif** betrifft.

1. Definition

Unter Sekundärbrennstoffen bzw. Ersatzbrennstoffen wird allgemein ein Brennstoff verstanden, der aus **heizwertreichen** Abfällen besteht. Der Umfang der in Frage kommenden Produkte ist beachtlich; von der Besteuerung nach dem Energiesteuerrecht können zum Beispiel die folgenden Waren betroffen sein:

61

- Altreifen, Kunststoffverpackungen, Tierfett, Reifenschnitzel, Dachpappe und sonstige kohlenwasserstoffhaltige Bestandteile von Haus – und Gewerbemüll.

2. Verwertung von Sekundärbrennstoffen bzw. Ersatzbrennstoffen

Sekundärbrennstoffe bzw. Ersatzbrennstoffe werden in der Praxis regelmäßig zusammen mit sogenannten konventionellen Brennstoffen (Heizöl, Schweröl) im Wege der Mitverbrennung verwendet. Die Verwendung kann darin bestehen, dass die Sekundärbrennstoffe bzw. Ersatzbrennstoffe verheizt werden. Damit unterliegen sie dann grundsätzlich der Besteuerung nach dem Energiesteuerrecht.

62

> **Praxisbeispiel:**
>
> Händler A verkauft seit Jahren Altreifen an verschiedene Hersteller von Zement im Steuergebiet. Die Auslieferung der Reifen erfolgt über mehrere Jahre vertragsgemäß. A meldet die Altreifen nicht zur Versteuerung nach dem Energiesteuergesetz an. Eine Abwälzung von entstandener Energiesteuer auf die Kunden wurde nicht vereinbart. Im Rahmen einer Außenprüfung teilt das für A zuständige Hauptzollamt mit, dass es davon ausgeht, dass es sich bei den Altreifen um **Energieerzeugnisse** handelt. Das zuständige Hauptzollamt fordert Euro 10.000,00 per Steuerbescheid nach und hat den Steuersatz für Kohle in Höhe von Euro 0,33 für 1 Gigajoule festgesetzt. Zur Begründung wurde u.a. ausgeführt:
>
> Die Altreifen wurden durch den Verkauf zur Verwendung als Heizstoff **bestimmt** im Sinne von § 1 Absatz 3 Nr. 2 EnergieStG. Die Energiesteuer ist gemäß § 23 Absatz 1 Nr. 1 EnergieStG durch die erstmalige Abgabe an die Zementhersteller als Heizstoff im Steuergebiet entstanden. Die Zementhersteller lehnen eine Überwälzung der Energiesteuer durch A ab. A legt gegen den Steuerbescheid Einspruch ein. Er ist unter anderem der Auffassung, dass eine Nachforderung schon deshalb nicht richtig sein könne, weil er nie zur Abgabe einer Steueranmeldung aufgefordert wurde.

Bei den Altreifen handelt es sich um kohlenwasserstoffhaltige Waren. Sie wurden spätestens durch die Abgabe an die Zementhersteller zur Verwendung als Heizstoff bestimmt. Die Bestimmung erfolgte bereits im Unternehmen des U. U hatte keine Erlaubnis zur Herstellung von Energieerzeugnissen; es muss von einer Herstellung außerhalb eines Herstellungsbetriebs und einer Steuerentstehung nach § 9 Absatz 1 EnergieStG ausgegangen werden. Ein Anspruch auf Abwälzung der Energiesteuer hat U gegenüber seinen Kunden nicht; ein solcher Anspruch besteht nicht kraft Gesetzes, er hätte einzelvertraglich vereinbart werden müssen. U wird die nachgeforderte Energiesteuer daher tragen müssen. Einziger Lichtblick: Den Zementherstellern steht nach § 51 Absatz

63

3

1 Nummer 1 a) EnergieStG ein Anspruch auf vollständige Entlastung von der Energiesteuer zu. Für den noch nicht verjährten Zeitraum könnte eine auf die Hersteller abgewälzte Energiesteuer noch im Wege der Steuerentlastung „neutralisiert" werden.

64 Im Zusammenhang mit der Besteuerung von Sekundärrohstoffen werden zukünftig die Tatbestände der Steuerentlastung nach dem EnergieStG verstärkt an Bedeutung gewinnen. Die detaillierte Kenntnis der Entlastungstatbestände wird für Unternehmen, die Entsorgungen vornehmen, immer wichtiger.

> **Praxisbeispiel:**
>
> Tierfett der Unterpositionen 1518 wird in einer dafür behördlich zugelassenen Anlage verbrannt. Die Verbrennung ist nach der VO (EWG) 1774/2002 ausdrücklich vorgeschrieben. Der Anlagenbetreiber hat keinen Entscheidungsspielraum; er ist gezwungen, das Tierfett zu verbrennen. Die durch die Verbrennung entstehende Wärme wird zum Teil ungenutzt an die Außenluft abgeben, zum Teil erfolgt eine Nutzung der Wärme aber auch im Rahmen der Produktion.

65 In vielen Fällen ist die Verbrennung von Materialien gesetzlich ausdrücklich vorgeschrieben. Der Betreiber einer Verbrennungsanlage hat in einem solchen Fall keinerlei Handlungsoptionen: Er muss das in seinem Betrieb erzeugte Tierfett verbrennen. Entsprechendes gilt für **Müllverbrennungsanlagen.** Betroffen sind im Grunde alle Bereiche, in denen aufgrund gesetzlicher Vorschriften Waren durch Verbrennung zu entsorgen sind und eine Nutzung der entstehenden Wärme erfolgt, was letztlich einem Gebot wirtschaftlicher Vernunft entspricht.

66 Hier stellt sich bereits die Frage, ob überhaupt von einer Bestimmung zur Verwendung als Heizstoff ausgegangen werden kann, wenn die Verwendung aufgrund gesetzlichen Zwangs erfolgt und für die Verbrennung der Waren überhaupt kein Entscheidungsspielraum des Anlagenbetreibers besteht. Wenn schon gesetzlich die Entsorgung vorgeschrieben ist, muss davon ausgegangen werden, dass eine **Vernichtung** der Waren und nicht ein Verheizen vorliegt. Sollte mit der Einführung des § 2 Absatz 4a EnergieStG eine verstärkte Besteuerung von Sekundär- bzw. Ersatzbrennstoffen erfolgen, wird sich zukünftig vermehrt die Frage nach der steuerlichen Entlastung gemäß § 51 Energiesteuergesetz stellen.

C. Besteuerung von Energieerzeugnissen außer Kohle und Erdgas

67 Kapitel 2 des Energiesteuergesetzes regelt die Besteuerung von **Energieerzeugnissen** wie zum Beispiel Heizöl oder Flüssiggas. Die Besteuerung von **Kohle** und **Erdgas** erfolgt dagegen gesondert in den Kapiteln 3 und 4 geregelt. Kapitel 2 EnergieStG enthält Bestimmungen über die Besteuerung von Erzeugnissen nach § 4 EnergieStG und der sonstigen nicht in § 4 EnergieStG aufgezählten Energieerzeugnisse (ausgenommen Kohle und Erdgas).

68 Der Abschnitt Besteuerung von Energieerzeugnissen außer Kohle und Erdgas befasst sich im Wesentlichen mit dem Verfahren der **Steueraussetzung**, den einschlägigen **Steuerentstehungstatbeständen**, dem Verfahren der **Steuerbefreiung** unter Berücksichtigung der geplanten Änderungen, der geplanten Änderung des **Steuertarifs**, dem Merkmal des „**Bestimmen**" im Energiesteuerrecht sowie der Besteuerung von **Altölen** und von **Sekundärrohstoffen.**

I.   Energieerzeugnisse des Kapitels 2 des EnergieStG

Zu den Energieerzeugnissen, deren Besteuerung nach den in Kapitel 2 enthaltenen Regelungen zu   69
erfolgen hat, zählen die folgenden Energieerzeugnisse:

- Energieerzeugnisse nach § 4 EnergieStG (ausgenommen Kohle und Erdgas): § 4 Energiesteuergesetz enthält eine Auflistung der erfassten Energieerzeugnisse. Das Energiegesetz bezieht sich bei der Bestimmung der Energieerzeugnisse nach § 4 auf die Kombinierte Nomenklatur (KN). Auf die Kombinierte Nomenklatur in der am 1. Januar 2002 geltenden Fassung wird ausdrücklich in § 1a Nr. 2 EnergieStG hingewiesen.

Bei der Kombinierten Nomenklatur handelt es sich um ein sämtliche Waren umfassendes Verzeichnis[7]. Die Kombinierte Nomenklatur unterliegt jährlichen Änderungen, die für das Energiesteuergesetz allerdings unbeachtlich sind. Gemäß § 1 Absatz 4 EnergieStG gilt für das Energiesteuerrecht die Kombinierte Nomenklatur in der am 1. Januar 2002 geltenden Fassung. Es handelt sich um eine **statische** Verweisung [8]mit der Folge, dass nur eine bestimmte Fassung der Norm, auf die verwiesen wird, Gegenstand des verweisenden Gesetzes wird.[9]   70

Einige der aufgezählten Waren der Kombinierten Nomenklatur werden aber erst dann zu einem   71
Energieerzeugnis nach § 4 EnergieStG, wenn eine Bestimmung gegeben ist, die Waren als Kraft-
oder Heizstoff zu verwenden. Zum Beispiel sind Waren der Positionen 1507 bis 1518 (KN) nur
dann Energieerzeugnis nach § 4 Nr. 1 EnergieStG, wenn sie dazu bestimmt sind, als Kraft- oder
Heizstoff verwendet zu werden. Eine entsprechende Bestimmung ist darüber hinaus auch gemäß
§ 4 Nr. 7. und 8. erforderlich.

- Andere als in § 4 EnergieStG genannte Energieerzeugnisse (ausgenommen Kohle und Erdgas): Das Kapitel 2 des Energiesteuergesetzes enthält ganz überwiegend Bestimmungen, die sich auf Energieerzeugnisse nach § 4 EnergieStG beziehen. Mit § 23 EnergieStG ist eine der wenigen Bestimmung gegeben, die sich ausdrücklich auf andere als die in § 4 genannten Energieerzeugnisse bezieht. Kapitel 2 erfasst daher über die in § 4 EnergieStG genannten Energieerzeugnisse hinaus alle im EnergieStG genannten Energieerzeugnisse (Ausnahme: Kohle und Erdgas). Darunter fallen auch Energieerzeugnisse nach § 1 Absatz 3 Satz 1 Nummer 1 und 2 EnergieStG (Nummer 2 erfasst alle kohlenwasserstoffhaltigen Waren, die zur Verwendung als Heizstoff bestimmt sind oder als solche zum Verkauf angeboten oder verwendet werden; in Betracht kommen z.B. auch Altgummireifen). Andere als in § 1 Absatz 2 genannte Waren gelten als Energieerzeugnisse, wenn sie zur Verwendung als Kraftstoff oder als Zusatz oder Verlängerungsmittel von Kraftstoffen bestimmt sind oder als solche zum Verkauf angeboten oder verwendet werden. Zu den anderen Energieerzeugnissen im Sinne des Kapitels 2 zählen weiter die in § 1 Absatz 2 EnergieStG aufgelisteten Energieerzeugnisse, soweit sie nicht bereits von § 4 EnergieStG erfasst werden. Hierzu zählen Waren der Positionen 3403, 3811 und 3817 der KN (zubereitete Schmiermittel, Antiklopfmittel/Additive, Alkylbenzole)

Neuerung: Mit dem Gesetz zur Änderung des Energiesteuer- und des Stromsteuergesetzes vom   72
16. Dezember 2010 ist der Wortlaut des § 1 Absatz 3 Satz 1 EnergieStG wie folgt geändert worden:

---

7   Witte/Alexander, Zollkodex Art. 20 Rz. 2.
8   Soyk in: Friedrich/Meißner, Kommentar EnergieStG, Lfg. 20 § 1a Rn. 9.
9   Witte/Alexander, Zollkodex Art. 20 Rz. 8.

> **Gesetzesformulierung des § 1 Absatz 3 Satz 1 EnergieStG:**
>
> „Als Energieerzeugnisse im Sinne dieses Gesetzes gelten mit Ausnahme von Torf und Waren der Positionen 4401 und 4402 der Kombinierten Nomenklatur auch:"

73   Gemäß Artikel 5 Absatz 1 Gesetz zur Änderung des Energie- und des Stromsteuergesetzes ist die Neuregelung mit Wirkung vom 01. April 2011 in Kraft.

74   § 1 Absatz 3 Satz 1 Nummer 1 und 2 Energiesteuergesetz bleiben unverändert. Die Positionen 4401 und 4402 erfassen Torf und Holz. Für diese Ware kommt zwar grundsätzlich eine Besteuerung als Heizstoff in Betracht. Dennoch erfolgte bisher eine Besteuerung in der Praxis nicht. Holz und Torf unterliegen auch nicht dem Anwendungsbereich der Energiesteuer-Richtlinie; insofern besteht für den nationalen Gesetzgeber Gestaltungsfreiheit und der Besteuerungsverzicht ist richtlinienkonform.

II.   Verfahren der Steueraussetzung nach § 5 EnergieStG

75   Für Energieerzeugnisse nach § 4 EnergieStG gelten eine ganze Reihe besonderer Regelungen. Die Differenzierung zwischen Energieerzeugnissen nach § 4 EnergieStG und solchen, die nicht von § 4 EnergieStG erfasst werden, ist in vielfältiger Hinsicht von Bedeutung. Für Energieerzeugnisse nach § 4 EnergieStG gelten die folgenden Besonderheiten:

▪ Verfahren der Steueraussetzung,

▪ Steuerentstehungstatbestände für § 4 Energieerzeugnisse,

▪ Steuerfreie Verwendung von Energieerzeugnissen in Betrieben, die Energieerzeugnisse nach § 4 EnergieStG herstellen.

76   § 4 EnergieStG ordnet an, dass die dort aufgezählten Energieerzeugnisse dem **Steueraussetzungsverfahren** (§ 5) unterliegen". Nur die in § 4 EnergieStG aufgezählten Waren können im Verfahren der Steueraussetzung hergestellt, gelagert und befördert werden[10]. Sinn und Zweck des Verfahrens der Steueraussetzung ist es unter anderem, die Steuerschuldner wie zum Beispiel den Inhaber eines Herstellungsbetriebs bzw. Inhaber eines Steuerlagers auf einen überschaubaren Personenkreis zu beschränken und so den zuständigen Hauptzollämtern eine effektive Steuererhebung zu ermöglichen.[11]

1.   Steueraussetzung und Bestimmen zur Verwendung als Kraft- oder Heizstoff

77   Das Verfahren der Steueraussetzung ist nur für Energieerzeugnisse nach § 4 EnergieStG vorgesehen. Zum Beispiel sind im Fall von Tier- und Pflanzenfett der Positionen 1507 bis 1518 der KN die Bestimmungen des Verfahrens der Steueraussetzung zu beachten, wenn eine **Bestimmung** der Waren zur Verwendung als Kraft- oder Heizstoff gegeben ist. Folgendes ist zu beachten: Die Bestimmung zum Beispiel von Tier- oder Pflanzenfett zur Verwendung als Heiz- oder Kraftstoff muss **vor** der Eröffnung des Steueraussetzungsverfahren gegeben ein[12].

---

10 Bongartz/Schröer-Schallenberg, Das neue EnergieStG, 2006, S. 36.
11 Friedrich, in Friedrich/Meißner, Kommentar zum EnergieStG AL 17 Juli 2008 Rn. 5.
12 Friedrich, in: Friedrich/Meißner, Kommentar EnergieStG AL 17, § 4 Rn. 13.

Ist dies der Fall, müssen bei Beförderungen der Energieerzeugnisse die jeweiligen Bestimmungen über das Beförderungsverfahren (§§ 10 bis 13) eingehalten werden; ansonsten kann es zur Steuerentstehung für die beförderten Energieerzeugnisse kommen. Unternehmen müssen sich daher betriebsintern Klarheit über die **Beschaffenheit** und die beabsichtigte **Verwendung** von Waren verschaffen, die eingekauft, im Unternehmen verwendet oder an Dritte abgegeben werden sollen.

78

2.   Wirkung der Steueraussetzung

Für die Dauer des Verfahrens der Steueraussetzung ist gemäß § 5 Absatz 1 EnergieStG die Steuer **ausgesetzt**, d.h. eine Energiesteuer entsteht für die Dauer der **ordnungsgemäßen** Inanspruchnahme des jeweiligen Verfahrens der Steueraussetzung nicht. Steueraussetzung bedeutet: Nichtentstehen des Verbrauchsteueranspruchs (Bongartz/Reiche, Kommentar zum EnergieStG und StromStG, EL 2 2008, § 5 Rn 15). Befinden sich Energieerzeugnisse dagegen weder in einem Verfahren der Steueraussetzung noch in einem zollrechtlichen Nichterhebungsverfahren, so befinden sich die Waren automatisch im **steuerrechtlich freien Verkehr** (§ 1 a Nr. 10 EnergieStG); damit einher geht grundsätzlich eine Besteuerung der Energieerzeugnisse.

79

3.   Arten der Steueraussetzung

Das Energiesteuergesetz schreibt für Energieerzeugnisse nach § 4 EnergieStG die Aussetzung der Energiesteuer in folgenden Fällen vor:

80

- Herstellung von Energieerzeugnissen, § 6 EnergieStG
- Lagerung von Energieerzeugnissen, § 7 EnergieStG
- Beförderung von Energieerzeugnissen, §§ 10, 11 EnergieStG.

Herstellung und Lagerung von Energieerzeugnissen nach § 4 EnergieStG setzen eine entsprechende Erlaubnis vor (§§ 6 Absatz 3 und 7 Absatz 2). Einzelheiten des Antragsverfahrens enthält die EnergieStV. Die Beförderung unter Steueraussetzung selbst ist dagegen nicht erlaubnispflichtig. Bestimmte Personen, die Beförderungen durchführen, bedürfen für die Durchführung dieser Beförderungen unter Steueraussetzung aber einer **Erlaubnis**; es handelt sich dabei neben den Inhabern von Steuerlagern um die Person des **registrierten Versenders**.

81

4.   Das Verfahren der Beförderung von Energieerzeugnissen nach § 4 EnergieStG

Mit dem 4. VerbrauchStÄG sind zahlreiche Änderungen bezüglich des Verfahrens der Beförderung von Energieerzeugnissen nach § 4 EnergieStG mit Wirkung zum 1. April 2010 in Kraft getreten. Der Kreis der Personen, die zur Teilnahme an dem Beförderungsverfahren berechtigt sind, wurde erweitert. Anfang und Ende des Verfahrens sind jeweils klar festgelegt worden. Darüber hinaus wurde das begleitende elektronische Verwaltungsdokument eingeführt. Beförderungen gelten gemäß § 9d Absatz 1 EnergieStG **nur** dann als unter Steueraussetzung durchgeführt, wenn die Beförderung mit einem **elektronischen Verwaltungsdokument** nach Artikel 21 der System-

82

richtlinie erfolgt. Die Einzelheiten des Verfahrens sind in einer **Verfahrensanweisung** des Bundesministeriums der Finanzen festgelegt (§ 28a EnergieStV). In bestimmten Fällen ist die Vorlage einer Freistellungsbescheinigung erforderlich (§ 9d Absatz 2 EnergieStG).

5.   Personen, die zur Beförderung unter Steueraussetzung berechtigt sind

83   Zur Beförderung unter Steueraussetzung berechtigt sind der **Inhaber des Steuerlagers** und der **registrierte Versender** gemäß § 10 Absatz 1 EnergieStG. Der registrierte Versender bedarf einer Erlaubnis nach § 9b Absatz 2 Satz 1 EnergieStG. In bestimmten Fällen ist die Erteilung der Erlaubnis auch von der Leistung einer Sicherheit abhängig, § 9b Absatz 2 Satz 2 EnergieStG. Registrierte Versender dürfen Energieerzeugnisse nach § 4 EnergieStG vom **Ort der Einfuhr** unter Steueraussetzung versenden. Beförderungen unter Steueraussetzung darf auch der Inhaber eines Steuerlagers als Versender durchführen; eine gesonderte Erlaubnis hat der Steuerlagerinhaber nicht zu beantragen. Die Berechtigung als Steuerlagerinhaber umfasst das Recht, Energieerzeugnisse nach § 4 unter Steueraussetzung zu befördern.

84   **Berechtigungen** des registrierten Versenders: der registrierte Versender ist berechtigt, Energieerzeugnisse im Anschluss an die Einfuhr unter Steueraussetzung auch an Steuerlagerinhaber, berechtigte Empfänger und Begünstigte in andere Mitgliedstaaten **ohne** Zwischenschaltung eines Steuerlagers zu versenden.[13] Registrierte Versender dürfen Energieerzeugnisse zudem gemäß § 13 Absatz 1 EnergieStG vom **Ort der Einfuhr** aus dem Verbrauchsteuergebiet (§ 1a Nr. 4) ausführen.

> **Registrierter Versender (§ 9a EnergieStG, §26 EnergieStV):**
> - bedarf einer schriftlichen Erlaubnis,
> - muss steuerlich zuverlässig sein, kaufmännische Bücher führen etc.,
> - ist verpflichtet zur Führung eines Belegheftes und diverser Aufzeichnungen,
> - hat die Bestimmungen des Beförderungsverfahrens einzuhalten,
> - hat bei Verstößen eine Steueranmeldung abzugeben,
> - hat für die Erlaubnis relevante Änderungen unverzüglich schriftlich anzuzeigen,
> - hat unter Umständen eine Sicherheit zu leisten.

85   Steuerlagerinhaber und registrierte Versender dürfen Beförderungen von Energieerzeugnissen nach § 4 EnergieStG durchführen; dabei wird unterschieden in Beförderungen, die ausschließlich im Steuergebiet erfolgen oder im Steuergebiet beginnen bzw. enden. Steuergebiet ist gemäß § 1 Absatz 1 Satz 2 EnergieStG das Gebiet der Bundesrepublik Deutschland **ohne** das Gebiet von Büsingen und ohne die Insel Helgoland.

6.   Beförderung im Steuergebiet, aus und in andere Mitgliedstaaten

86   Beförderungen unter Steueraussetzung sind nur in den folgenden Konstellationen zulässig:

---

13   Soyk, in: Friedrich/Meißner, Kommentar zum EnergieStG, 21. Lfg. zu § 9b Rz. 2.

Beförderungen, die ausschließlich im Steuergebiet erfolgen, § 10 EnergieStG   87

- Beförderung aus einem Steuerlager an ein Steuerlager oder zu Begünstigten im Steuergebiet.

- Beförderung durch einen registrierten Versender vom **Ort der Einfuhr** (§ 1a Nr. 9 EnergieStG) im Steuergebiet an Steuerlager oder zu Begünstigten im Steuergebiet. Gemeint ist der Ort, an dem sich die Energieerzeugnisse zum Zeitpunkt der Überführung in den zollrechtlich freien Verkehr gemäß Art. 79 ZK befinden. Mit dem Ort der Einfuhr ist der Ort der **Gestellung** gemeint.[14]

Beförderungen, die im Steuergebiet beginnen und in einem anderen Mitgliedstaat enden, § 11 Absatz 1 Nr. 1 EnergieStG   88

- Beförderung aus einem Steuerlager in Steuerlager, in Betriebe eines registrierten Empfängers oder zu Begünstigten.

- Beförderung von einem registrierten Versender vom Ort der Einfuhr in Steuerlager, in Betriebe von registrierten Empfängern oder zu Begünstigten.

Beförderungen, die in einem anderen Mitgliedstaat beginnen und im Steuergebiet enden, § 11 Absatz 1 Nr. 2 EnergieStG   89

- Beförderung aus Steuerlagern in Steuerlager, in Betriebe registrierter Empfänger oder zu Begünstigten.

- Beförderung von registrierten Versendern vom Ort der Einfuhr in Steuerlager, in Betriebe von registrierten Empfängern oder zu Begünstigten.

❗ **Hinweis:**   90

*Vom **Ort der Einfuhr** aus dürfen seit dem 01. April 2010 nur **registrierte Versender** Beförderungen unter Steueraussetzung durchführen. Unbedingt beachtet werden sollte, dass die Bewilligung/Erlaubnis als registrierter Versender unter Steueraussetzung zu befördern gewissen örtlichen Beschränkungen unterliegt; bestimmte Orte der Einfuhr sind von der Erlaubnis ausgenommen (§ 27 Absatz 4 EnergieStV). Für andere Personen als **registrierte Versender** sieht das Energiesteuergesetz eine Möglichkeit der Inanspruchnahme der Beförderung unter Steueraussetzung vom Ort der Einfuhr aus nicht vor.*

Im Zusammenhang mit der Einfuhr von Energieerzeugnissen muss am **Ort der Einfuhr** eine   91
Entscheidung auch über das verbrauchsteuerrechtliche Schicksal getroffen werden. Neben der Art der zollrechtlichen Behandlung der Energieerzeugnisse ist zu entscheiden, ob die Energieerzeugnisse zum Beispiel in den steuerrechtlich freien Verkehr überführt oder weiter im Steuergebiet befördert werden sollen. Das Energiesteuergesetz erwähnt zwar keine ausdrückliche Berechtigung von Inhabern eines Steuerlagers, vom Ort der Einfuhr (§ 1a Nr. 9) aus zu versenden. Unter Umständen kann aber eine entsprechende Anwendung der Bestimmungen auch auf den Inhaber eines Steuerlagers in Abstimmung mit dem zuständigen Zollamt erfolgen. Immerhin unterliegen Steuerlagerinhaber bereits der Steueraufsicht und sind als steuerlich zuverlässig eingestuft.

Auf eine Besonderheit bzw. Erleichterung sei an dieser Stelle hingewiesen: Energieerzeugnisse   92
nach § 4 EnergieStG, die sich bereits im zoll- und einfuhrumsatzsteuerlich freien Verkehr befinden, dürfen **unmittelbar** am **Ort der Einfuhr** ohne Beförderung unter Steueraussetzung in ein Steuerlager verbracht werden. [15]Liegen die Voraussetzungen für eine Beförderung von Energieerzeugnissen vom Ort der Einfuhr unter Steueraussetzung (§ 5) nicht vor und scheidet auch eine Überführung in ein Verfahren der Steuerbefreiung (§ 24) aus, so befinden sich die Ener-

---

14 Soyk, in: Friedrich/Meißner, Kommentar zum EnergieStG, Lfg. 20, zu § 1a Rn 30.
15 BMF-Erlass v. 22.3.1010, III B 6 – V8215/07/10003.

gieerzeugnisse durch die „energiesteuerrechtliche" Einfuhr gemäß § 19 Absatz 1 EnergieStG im steuerrechtlich freien Verkehr gemäß § 19b Absatz 1 Satz 1 EnergieStG. Für diesen Fall bestimmt § 19b Absatz 1 Satz 1 EnergieStG, dass für die eingeführten Energieerzeugnisse die Energiesteuer im Zeitpunkt der Einfuhr entsteht. Die Energieerzeugnisse sind dann gemäß § 19b Absatz 3 Satz 1 EnergieStG i.V.m. § 43 EnergieStV zur Versteuerung **anzumelden.** Die Steuererklärung ist in der Zollanmeldung oder nach amtlich vorgeschriebenem Vordruck abzugeben.

93 Gestellte Waren dürfen nicht vom zugelassenen Gestellungsort ohne Zustimmung der zuständigen Zollbehörden entfernt werden[16]. Die Zustimmung wird regelmäßig erst erteilt, wenn alle zoll- und verbrauchsteuerrechtliche Verpflichtungen erfüllt sind.

7.　Registrierte Empfänger und Begünstigte

94 Daneben kennt das EnergieStG noch die Person des **registrierten Empfängers** (§ 9a) und des **Begünstigten** (§ 9c). Eine Erlaubnispflicht besteht für die Person des registrierten Empfängers gemäß § 9a Absatz 2 Satz 1 EnergieStG. Registrierte Empfänger sind unter bestimmten Voraussetzungen berechtigt, Energieerzeugnisse nach § 4 EnergieStG in Empfang zu nehmen. Die Berechtigung umfasst aber lediglich den innergemeinschaftlichen Transport von Energieerzeugnissen unter Steueraussetzung; erfasst wird der gewerbliche Bezug von Energieerzeugnissen nach § 4 EnergieStG aus anderen Mitgliedstaaten.

95 Bei den zum Empfang von unversteuerten Energieerzeugnissen Begünstigten nach § 9c EnergieStG zählen zum Beispiel diplomatischen Missionen und konsularische Vertretungen. Begünstigte bedürfen keiner konstitutiven Erlaubnis[17].

8.　Beginn der Steueraussetzung

96 Der **Beginn** der Verfahren der Steueraussetzung richtet sich nach der jeweiligen Verfahrensart. Das EnergieStG enthält im Zusammenhang mit der Beförderung unter Steueraussetzung klare Definitionen. Die genaue Festlegung von Beginn und Ende des Verfahrens der Beförderung unter Steueraussetzung ist insbesondere für die Feststellung von Unregelmäßigkeiten (§ 14) und einer entsprechenden Steuerentstehung von Bedeutung.

a)　Beförderung unter Steueraussetzung – Änderungen (Viertes ÄnderG)

97 Für Beförderungen von Energieerzeugnissen nach § 4 EnergieStG **im Steuergebiet** bestimmt § 10 EnStG ausdrücklich, dass die Beförderung unter Steueraussetzung **beginnt**, wenn

- die Energieerzeugnisse das abgebende Steuerlager verlassen haben

98 oder

- die Energieerzeugnisse am Ort der Einfuhr (§ 1a Nr. 9) in den zollrechtlich freien Verkehr überführt worden sind.

16　Witte, Zollkodex Art. 203 Rz. 6.
17　Soyk, in: Friedrich/Meißner, Kommentar EnergieStG, Lfg. 22, § 10 Rn. 13.

Werden Energieerzeugnisse nach § 4 EnergieStG in den zollrechtlich freien Verkehr überführt, liegt gleichzeitig eine **Entnahme** von Energieerzeugnissen aus einem zollrechtlichen Nichterhebungsverfahren und damit energiesteuerrechtlich eine Einfuhr gemäß § 19 Absatz 1 Nr. 2 EnergieStG vor. Erfolgt unmittelbar am Ort der Einfuhr keine Überführung der Waren in ein Verfahren der Steueraussetzung, so entsteht gemäß § 19b Absatz 1 Satz 1 EnergieStG die Energiesteuer. Erfolgt dagegen eine Beförderung unter Steueraussetzung ab dem Ort der Einfuhr, so fällt der Beginn zeitlich immer mit dem Zeitpunkt der Überführung der Energieerzeugnisse nach § 4 EnergieStG in den zahlrechtlich freien Verkehr zusammen.

99

Werden Energieerzeugnisse nach § 4 EnergieStG aus dem Steuergebiet in andere Mitgliedstaaten (zum Beispiel Steuerlager in Frankreich) befördert, ergibt sich der Beginn der Beförderung aus § 11 Absatz 4 Satz 1 EnergieStG. Das Beförderungsverfahren beginnt jeweils zu dem oben genannten Zeitpunkt. **Anders** sieht es dagegen aus, wenn am Ort der Einfuhr eine Überführung der Energieerzeugnisse nach § 4 EnergieStG in den zollrechtlich freien Verkehr **nicht** erfolgt:

100

Am Ort der Einfuhr kann für die unter zollamtlicher Überwachung stehenden Energieerzeugnisse auch ein weiteres zollrechtliches Nichterhebungsverfahren eröffnet werden. Die Energieerzeugnisse nach § 4 EnergieStG stehen dann weiterhin unter zollamtlicher Überwachung und befinden sich nicht im steuerrechtlich freien Verkehr (Umkehrschluss aus § 1a Nr. 10). Eine zusätzliche Beförderung der entsprechenden Energieerzeugnisse unter Steueraussetzung sieht das Energiesteuergesetz für diesen Fall nicht vor und ist auch nicht erforderlich; die Überwachung des Warenverkehrs ist im Rahmen der zollamtlichen Überwachung gewährleistet.

101

b)   Beginn der Herstellung und Lagerung von Energieerzeugnissen nach § 4 EnergieStG

Frühestmöglicher Beginn ist der der Erteilung der Erlaubnis zur Herstellung oder Lagerung der Energieerzeugnisse. Steueraussetzungsverfahren sind daher erst nach Erteilung einer wirksamen Erlaubnis gegeben.[18]

102

9.   Ende der Steueraussetzung

Das Energiesteuerrecht sieht verschiedene Möglichkeiten der **Beendigung** des Verfahrens der Steueraussetzung vor.

103

a)   Beendigung des Steuerlagerverfahrens

Eine Form der Beendigung besteht in der Überführung von Waren in den steuerlich freien Verkehr. Werden Energieerzeugnisse nach § 4 EnergieStG aus dem Steuerlager (Herstellungsbetrieb/ Lager für Energieerzeugnisse) entfernt oder im Steuerlager zum Ge- oder Verbrauch entnommen, ist das Steuerlagerverfahren beendet. Die Energieerzeugnisse befinden sich dann im steuerlich freien Verkehr (§ 8 Absatz 1 Satz 1). Das Steuerlagerverfahren kann aber auch dadurch beendet werden, dass die Energieerzeugnisse nach § 4 EnergieStG im Anschluss an das Steuerlagerverfahren in ein weiteres Steueraussetzungsverfahren überführt werden.

104

---

18   Friedrich in: Friedrich/Meißner, Kommentar EnergieStG AL 17, § 5 Rn. 6.

b)   Beendigung der Beförderung unter Steueraussetzung

105   § 10 Absatz 4 Satz 2 EnergieStG bestimmt für Beförderungen im Steuergebiet, das die Beförderung unter Steueraussetzung mit der **Aufnahme** der Energieerzeugnisse in das empfangende Steuerlager oder mit der Übernahme der Energieerzeugnisse durch den Begünstigten endet. Aufgenommen werden Energieerzeugnisse in das Steuerlager mit der körperlichen Aufnahme, zum Beispiel durch das Befüllen eines Lagertanks.[19]

106   Für den Fall der Beförderung von Energieerzeugnissen nach § 4 EnergieStG von einem anderen Mitgliedstaat aus in Steuerlager, Betriebe von registrierten Empfängern oder zu Begünstigten im Steuergebiet bestimmt § 11 Absatz 4 Satz 2 EnergieStG das Ende der Beförderung mit der **Aufnahme** der Energieerzeugnisse in das empfangende Steuerlager oder mit der Übernahme durch den Begünstigten. Für den Fall der Beförderung in Betriebe von registrierten Empfängern ist das Verfahren mit der Aufnahme in den Betrieb beendet.

10.   Pflichten während des Verfahrens der Steueraussetzung

107   Die Inanspruchnahme des Verfahrens der Steueraussetzung ist mit vielfältigen Pflichten verbunden. Die Verpflichtungen ergeben sich unmittelbar aus dem Energiesteuergesetz und der Energiesteuer-Durchführungsverordnung. Die Zollverwaltung ist darüber auch in vielen Fällen kraft Gesetzes zu weiteren Anordnungen berechtigt (z.B. Verlangen der schriftlichen Anmeldung von für die Steueraufsicht wichtigen Betriebsvorgängen).

11.   Verpflichtete Personen

108   Personen, die im Rahmen des Verfahrens der Steueraussetzung zur Einhaltung der gesetzlichen Verpflichtungen gehalten sind, sind der

- **Inhaber** des Herstellungsbetriebs
- **Inhaber** des Lagers,
- **Einlagerer,**
- **Registrierte Empfänger,**
- **Registrierter Versender,**
- **Begünstigter.**

109   Personen, denen die Erlaubnis zur Herstellung oder Lagerung von Energieerzeugnissen unter Steueraussetzung erteilt wurde, werden seit dem 01. April 2010 als **Steuerlagerinhaber** bezeichnet, § 5 Absatz 3 EnergieStG. Die folgende Aufstellung soll einen kurzen Überblick über Verpflichtungen aus der Inanspruchnahme von Steueraussetzungsverfahren geben:

> **Beispiel: Pflichten, die den Inhaber einer Erlaubnis nach § 6 bzw. § 7 EnergieStG i.V.m. §§ 12 bis 22 EnergieStV treffen:**

  - Führung eines Beleghefts
  - Führung eines Herstellungsbuches nach amtlichen Vordruck
  - Aufbewahrung aller Antragsunterlagen für die Herstellererlaubnis

---

19   Stein/Thoms/Führer, Energiesteuern in der Praxis, Seite 86.

- Anzeige von Überschuldung, drohender Zahlungsunfähigkeit etc.

- Anmeldung wichtiger Betriebsvorgänge auf Verlangen des Hauptzollamts

- Anzeige beabsichtigter Änderungen z.B. bezüglich der Räumlichkeiten.

Die Aufzählung ist nicht vollständig. Das zuständige Hauptzollamt ist berechtigt, im Einzelfall weitere konkrete Anordnungen zu erlassen.

12.   Verstöße gegen Bestimmungen des Verfahrens der Steueraussetzung

Für Energieerzeugnisse nach § 4 EnergieStG entsteht eine Energiesteuer nicht, solange sich die   110
Energieerzeugnisse **ordnungsgemäß** im Verfahren der Steueraussetzung befinden. Die Energieerzeugnisse unterliegen im Steueraussetzungsverfahren gemäß § 61 Absatz 1 EnergieStG der Steueraufsicht. Verstöße gegen Bestimmungen über die Verfahren der Steueraussetzung können unterschiedliche Folgen haben:

■ **Steuerentstehung**

Ein Verstoß gegen die Verpflichtungen aus dem Verfahren der Steueraussetzung **kann** zum Bei-   111
spiel zur Steuerentstehung führen (§ 14 Absatz 2). Die Energiesteuer entsteht im Fall sogenannter **Unregelmäßigkeiten** nach § 14 Absatz 1 EnergieStG. Unter Unregelmäßigkeiten sind alle während der Beförderungen von Energieerzeugnissen nach § 4 EnergieStG ein tretenden Fälle zu verstehen, die zu einer **nicht** ordnungsgemäßen Beendigung des Beförderungsverfahrens führen, § 14 Absatz 1 EnergieStG. [20]

■ **Widerruf einer Erlaubnis**

Die Herstellung von Energieerzeugnissen unter Steueraussetzung steht unter einem sogenannten   112
Erlaubnisvorbehalt; erst nach Erteilung einer wirksamen Bewilligung können Energieerzeugnisse nach § 4 EnergieStG unter Steueraussetzung hergestellt werden. Die Erlaubniserteilung erfolgt immer gemäß § 6 Absatz 3 Satz 2 EnergieStG unter **Widerrufsvorbehalt.** Dabei ist folgendes zu beachten: der Widerruf kann grundsätzlich jederzeit erfolgen. Der Widerruf unterliegt aber bestimmten Grenzen; er steht grundsätzlich im pflichtgemäßen Ermessen des zuständigen Hauptzollamts[21]. Dieses Ermessen ist von den zuständigen Behörden **pflichtgemäß** bzw. **ermessensfehlerfrei** auszuüben. Unter Umständen kann auch ein **wiederholter Verstoß** gegen behördliche Anordnungen zu einem Widerruf führen. Unabhängig von rechtlichen Gesichtspunkten sollte aber immer das Folgende beachtet werden:

Auch wenn sich später die Rechtswidrigkeit des Widerrufs herausstellt, die Anfechtung einer   113
rechtswidrigen Verfügung ist regelmäßig mit erheblichem Arbeitsaufwand verbunden. Schließt sich an ein Einspruchsverfahren noch ein Verfahren vor den Finanzgerichten an, kann es unter Umständen Jahre dauern, bis für das Unternehmen die nötige Rechtssicherheit besteht. Unternehmen sollten daher unbedingt die Wahrnehmung aller Verpflichtungen, die sich aus der Inanspruchnahme eines erlaubnispflichtigen Verfahrens nach dem Energiesteuergesetz ergeben, sicherstellen.

■ **Verfahren wegen Ordnungswidrigkeiten**

---

20   Stein/Thoms/Führer, Energiesteuern in der Praxis, Seite 91.
21   Soyk in: Friedrich/Meißner, Kommentar EnergieStG, 21. Lfg. § 9a Rn. 29.

114 Verstöße gegen Bestimmungen des Verfahrens der Steueraussetzung können auch den Tatbestand einer Ordnungswidrigkeit erfüllen. Werden Unregelmäßigkeiten während der Beförderung von Energieerzeugnissen nach § 4 EnergieStG nicht mitgeteilt, kann der Tatbestand einer leichtfertigen Steuerverkürzung (§ 378 Abgabenordnung) gegeben sein. Inhaber von Unternehmen sollten im Bereich des Ordnungswidrigkeitenrechts immer die folgenden Grundsätze berücksichtigen:

115 Der Unternehmer als Erlaubnisinhaber muss nicht alle Verpflichtungen höchstpersönlich erfüllen; Aufgaben können delegiert werden. In solchen Fällen spielt die Auswahl, Fortbildung und Überwachung der mit den Aufgaben betrauten Mitarbeiter eine große Rolle. Dem Betriebsinhaber trifft die Verpflichtung, die erforderlichen Aufsichtsmaßnahmen zu treffen, damit alle maßgeblichen mit Strafe oder Geldbuße bewehrten Vorschriften eingehalten werden[22]. Fehler in diesem Verantwortungsbereich gelten als sogenanntes Organisationsverschulden und können bußgeldrechtlich geahndet werden.

116 Verpflichtungen aus den Verfahren der Steueraussetzung sind unbedingt einzuhalten. Im Fall von Verstößen sollten die zuständigen Zollbehörden vor Ort umgehend informiert werden.

117 **Checkliste** im Zusammenhang mit der Inanspruchnahme von Steueraussetzungsverfahren:

- Liegt ein ordnungsgemäß geführtes Belegheft im Unternehmen vor.
- Sind die Verantwortlichkeiten im Unternehmen klar geregelt; wer überwacht die Verfahren, wer verwaltet die Dokumente, wer verfügt im Unternehmen über die relevanten Informationen.
- Sind die Ansprechpartner bei dem zuständigen Hauptzollamt namentlich bekannt.
- Ist eine Information im Unternehmen über gesetzliche Änderungen im Bereich des Energiesteuerrechts jederzeit gewährleistet.
- Bestehen Vertretungsregelungen für den Fall von Urlaub, Krankheit und Tod der mit der Wahrnehmung von Verpflichtungen nach dem Energiesteuerrecht betrauten Mitarbeiter.
- Erfolgt eine regelmäßige Kontrolle und Weiterbildung der zuständigen Mitarbeiter.

13. Allgemeine Hinweise

118 Erlaubnisse sind rechtzeitig zu beantragen; dass heißt im Fall der Herstellung von Energieerzeugnissen nach § 4 EnergieStG: die Antragstellung hat vor der beabsichtigten Herstellung zu erfolgen. Die Wirkungen einer Erlaubnis im Energiesteuerrecht treten grundsätzlich immer nur für die Zukunft ein und zwar ab dem **Zeitpunkt der Antragstellung**; der Zeitpunkt der Antragstellung entspricht dem Zeitpunkt des **Antragszugangs** (Eingangsstempel der Behörde) bei dem für die Erteilung zuständigen Hauptzollamt.

119 Praktische Schwierigkeiten bereitet in diesem Zusammenhang häufig der Begriff des „Bestimmens" von Energieerzeugnissen zur Verwendung als Kraft- oder Heizstoff. In den Fällen von § 4 Nr. 1, 7 und 8 EnergieStG ist das **Bestimmen** zur Verwendung als Kraft- oder Heizstoff **Herstellungshandlung** (§ 6 Absatz 1 Satz 2). Wird für kohlenwasserstoffhaltige Waren im Betrieb eine solche Bestimmung getroffen, dann kann eine Herstellungshandlung im Sinne von § 6 Absatz Satz 2 EnergieStG gegeben sein. § 6 Absatz 3 Satz 1 EnergieStG enthält für die Herstellung von Energieerzeugnissen nach § 4 EnergieStG eine Erlaubnispflicht. In der Praxis scheitert eine erforderliche Antragstellung aber vielfach daran, dass energiesteuerrechtlich

---

22 Rebmann/Roth/Herrmann, Komm. OWiG, 3. Aufl, § 130 Rz. 2.

Kudla

relevante Handlungen im Betrieb nicht als Herstellungshandlung erkannt werden. „Folgerichtig" unterbleibt eine Antragstellung; die Herstellung der Energieerzeugnisse erfolgt ohne Erlaubnis zur Herstellung gemäß § 6 Absatz 3 EnergieStG. Folge u.a.: Verpflichtung zur **unverzüglichen** Abgabe einer Steuererklärung und **sofortige** Fälligkeit der Steuer.

Unternehmen sollten sich daher Klarheit darüber verschaffen, ob kohlenwasserstoffhaltige Waren im Unternehmen verwendet werden und wenn ja zu welchen Zwecken beziehungsweise ob eine **Bestimmung** der Waren zur Verwendung als Kraft- oder Heizstoff im Unternehmen getroffen wird.   120

Bei nicht **rechtzeitiger** Abgabe einer Steuererklärung besteht die Gefahr der Verwirklichung des Tatbestands der **leichtfertigen Steuerverkürzung**; bei vorsätzlichem Handeln kann sogar der Tatbestand der **Steuerhinterziehung** gegeben sein.   121

Die Mitteilung der für die Besteuerung erheblichen Tatsachen noch vor Beginn strafrechtlicher Ermittlungen beziehungsweise vor Zustellung des Bußgeldbescheids kann von den zuständigen Behörden als **Selbstanzeige** gewertet werden und ein Verfahrenshindernis darstellen, das zur Einstellung des Bußgeld- oder Strafverfahrens führen kann.   122

III.   Tatbestände der Steuerentstehung

Das Energiesteuergesetz unterscheidet auch bei der Steuerentstehung zwischen Energieerzeugnissen nach § 4 EnergieStG und anderen Energieerzeugnissen als solchen nach § 4 EnergieStG.   123

1.   Steuerentstehung für Energieerzeugnisse nach § 4 EnergieStG

Eine Energiesteuer für Energieerzeugnisse nach § 4 EnergieStG entsteht in der Praxis hauptsächlich in den folgenden Fällen: 124

- **Entfernung** von Energieerzeugnissen nach § 4 EnergieStG aus dem Steuerlager, ohne das sich ein weiteres Steueraussetzungsverfahren anschließt, § 8 Absatz 1 Satz 1 EnergieStG.

- **Entnahme** von Energieerzeugnissen nach § 4 EnergieStG innerhalb eines Steuerlagers zum Ge- oder Verbrauch, § 8 Absatz 1 Satz 1 EnergieStG.

Die Entfernung aus dem Steuerlager und die Entnahme zum Ge- oder Verbrauch im Steuerlager gelten als Entnahme in den steuerrechtlich freien Verkehr, § 8 Absatz 1 Satz 1 EnergieStG. Die Entnahme von Energieerzeugnissen im Lager kann daher zu einer Steuerentstehung führen; die Steuerentstehung ist aber ausgeschlossen, wenn sich an die Entnahme ein Verfahren der Steuerbefreiung anschließt (Bewilligung nach § 24 EnergieStG erforderlich).   125

- **Herstellung** von Energieerzeugnissen nach § 4 EnergieStG **außerhalb** eines Herstellungsbetriebs, § 9 Absatz 1 EnergieStG.

- **Aufnahme** von Energieerzeugnissen nach § 4 EnergieStG in den Betrieb eines registrierten Empfängers, § 9a Absatz 4 Satz 1 EnergieStG.

- **Unregelmäßigkeit** während der Beförderung von Energieerzeugnissen nach § 4 EnergieStG unter Steueraussetzung, § 14 Absatz 2 EnergieStG.

- **Einfuhr** von Energieerzeugnissen nach § 4 EnergieStG; § 19b Absatz 1 Satz 1 EnergieStG.

- **Abgabe** oder **Verwendung** von nach § 2 Absatz 3 Satz 1 versteuerten Energieerzeugnissen, ausgenommen Erdgas, zu anderen als den in § 2 Absatz 3 Satz 1 und 2 EnergieStG genannten Zwecken, § 20 Absatz 1 Satz 1 EnergieStG.

- **Abgabe oder Verwendung** von Energieerzeugnissen nach § 4 EnergieStG als Kraft- oder Heizstoff oder als Zusatz oder Verlängerungsmittel von Kraft- oder Heizstoffen, § 22 Absatz 1 Satz 1 EnergieStG.

- **Abgabe** oder **Verwendung** von Energieerzeugnissen entgegen der in der Erlaubnis genannten Zweckbestimmung, § 30 Absatz 1 EnergieStG.

126   **Weitere** Steuerentstehungstatbestände sind unter anderem in den §§ 15 bis 18a Energiesteuergesetz geregelt.

> ▶ **Beispiel: Entfernung von Energieerzeugnissen aus dem Steuerlager**
>
> Unternehmer U führt Rohöl der Position 2709 der Kombinierten Nomenklatur aus Nigeria nach Deutschland ein. Das Rohöl wird in Rotterdam in den zollrechtlich freien Verkehr überführt, in den Betrieb (Steuerlager) nach Deutschland verbracht und dort unter anderem zu Benzin verarbeitet. Das Benzin ist für den deutschen Markt bestimmt. U ist Inhaber einer Herstellererlaubnis nach § 6 Absatz 1 Energiesteuergesetz. Das Benzin wird von dem Betriebsgelände entfernt und regelmäßig an die Inhaber von Tankstellen geliefert.

127   Rohöl der Position 2709 ist kein Energieerzeugnis nach § 4 EnStG. Eine Überführung in ein Steueraussetzungsverfahren zwecks Beförderung von Rotterdam in das Steuerlager nach Deutschland ist daher nicht vorgesehen beziehungsweise unter dem Gesichtspunkt der energiesteuerrechtlichen Überwachung auch gar nicht erforderlich. Das Rohöl befindet sich zudem unter zollamtlicher Überwachung solange sich die Waren in einem Zollverfahren und nicht bereits im zollrechtlich freien Verkehr befinden.

128   Mit dem Benzin wird auf dem Betriebsgelände des U ein Energieerzeugnis nach § 1 Absatz 2 Nr. 2 EnergieStG hergestellt. Die im Energiesteuerrecht ausdrücklich benannten Energieerzeugnisse werden in § 1 Absatz 2 Energiesteuergesetz abschließend aufgezählt unter Bezugnahme auf die sogenannte Kombinierte Nomenklatur. Benzin ist in der Kombinierten Nomenklatur der Unterposition 2710 11 41 zugewiesen und Energieerzeugnis nach § 1 Absatz 2 Nr. 2 EnergieStG. Mit der Entfernung des Benzins von dem Betriebsgelände des U ist nach § 8 Absatz 1 Satz 1 EnergieStG eine Energiesteuer entstanden. Eine Beförderung des Benzins unter Steueraussetzung zwischen **Steuerlagern** scheidet gemäß § 10 Absatz 1 Nr. 1 EnergieStG aus. Die Inhaber der Tankstellen sind keine Steuerlagerinhaber. Die Voraussetzungen des § 7 Absatz 1 EnergieStG liegen regelmäßig nicht vor; Tankstellen beliefern hauptsächlich Privatkunden mit Kleinmengen.

2.   Entstehung der Energiesteuer für andere Energieerzeugnisse als solche nach § 4 Energiesteuergesetz

129   Die Entstehung der Energiesteuer für die sogenannten nicht harmonisierten Energieerzeugnisse ist in § 23 EnergieStG geregelt. Die Energiesteuer entsteht für andere Energieerzeugnisse als solche nach § 4 EnergieStG (z.B. Additive der Position 3811 KN) unter anderem mit der **Abgabe** oder **Verwendung** im Steuergebiet als Kraft- oder Heizstoff. Bei Additiven der Position 3811 KN muss zudem § 23 Absatz 2 Nr. 3 EnergieStG beachtet werden. Es bestehen für die nicht harmoni-

sierten Energieerzeugnisse keine energiesteuerrechtlichen Regelungen bezüglich der Einfuhr. Für die nicht harmonisierten Energieerzeugnisse kann daher eine Energiesteuer durch die Einfuhr nicht entstehen.

§ 23 Absatz 1 Satz 2 EnergieStG formuliert darüber hinaus eine Selbstverständlichkeit: Nachweisliche **Vorversteuerungen** sind anzurechnen. Schließlich beabsichtigt das Energiesteuergesetz nicht eine Doppelbesteuerung von Energieerzeugnissen.   130

IV. Die Steuerbefreiung nach § 26 EnergieStG

Die Regelungen zu den Voraussetzungen einer Steuerbefreiung für Energieerzeugnisse des Kapitels 2 sind in den §§ 24 ff. EnergieStG geregelt. Für die steuerfreie Verwendung von Kohle und Erdgas enthält das Energiesteuergesetz gesonderte Regelungen. Die Bestimmung des § 26 EnergieStG ist durch das Gesetz zur Änderung des Energie- und des Stromsteuergesetzes in wesentlichen Teilen geändert worden.   131

1. Allgemeines

Eine in der Praxis besonders wichtige Bestimmung ist § 26 EnergieStG; geregelt werden die Voraussetzungen für die Befreiung von der Energiesteuer für Energieerzeugnisse, die zur **Aufrechterhaltung** eines Betriebes verwendet werden. Eine Verwendung von Energieerzeugnissen dient immer dann der Aufrechterhaltung des Betriebs, wenn die Verwendung der Energieerzeugnisse zum Zweck der Herstellung **und** in den Betriebsräumen oder in den zum Betrieb gehörenden Anlagen erfolgt (Peters/Bongartz/Schröer-Schallenberg, Verbrauchsteuerrecht, Seite 297). Eine konkrete Beschreibung der relevanten Betriebsteile und Anlagen enthält § 59 EnergieStV.   132

Der Wortlaut des § 26 EnergieStG führte in der Praxis vielfach zu Anwendungsproblemen. Das Bundesministerium der Finanzen erläuterte daher den Anwendungsbereich der Vorschrift sehr differenziert in einem entsprechenden BMF-Schreiben.[23] Mit der künftigen Neufassung des § 26 Energiesteuergesetz wird die Notwendigkeit einer entsprechenden Differenzierung zwischen den unterschiedlichen Begünstigungstatbeständen entfallen; das BMF-Schreiben hat sich insofern erledigt.   133

Zum besseren Verständnis der Steuerbefreiung kann ein Rückblick auf Sinn und Zweck des Herstellerprivilegs beitragen: die Herstellung von Energieerzeugnissen soll nicht dadurch steuerlich doppelt belastet werden, das die zur ihrer Herstellung[24] verwendeten Energieerzeugnisse gleichfalls der Energiesteuer unterworfen werden Darüber hinaus gehört das Herstellerprivileg nach der BFH – Rechtsprechung zum historischen Grundtatbestand des Mineralölsteuerrechts (BFH aaO). Dieser Grundsatz gilt uneingeschränkt für das Energiesteuerrecht; schließlich wurde das Herstellerprivileg in § 26 EnergieStG ausdrücklich übernommen. Auch die Energiesteuer-Richtlinie bestimmt in Artikel 21 Absatz 3 ausdrücklich, dass „…der Verbrauch von Energieerzeugnissen innerhalb des Betriebsgeländes eines Betriebes, der Energieerzeugnisse herstellt, **nicht** als einen Steueranspruch begründender Steuerentstehungstatbestand gilt…".   134

---

23 BMF-Schreiben vom 14. Juli 2008, III A 1 – V 8230/07/0003.
24 BFH Urteil v. 27. August 1996 VII R 14/95, BFHE 181, 243.

2.   Steuerbefreiung nach § 26 EnergieStG nach dem Energiesteuergesetz vom 15. Juli 2006.

135   Das Energiesteuergesetz in der Fassung vom 15. Juli 2006 enthielt die folgenden Differenzierungen bezüglich einer Befreiung von der Energiesteuer für zur Aufrechterhaltung des Betriebs verwendete Energieerzeugnisse, die sich unmittelbar auf den **Umfang** der Steuerbefreiung auswirkten:

- Herstellungsbetriebe nach § 6 EnergieStG und Gasgewinnungsbetriebe (§ 44 Absatz 3) dürfen zur Aufrechterhaltung des Betriebs sowohl fremdbezogene als auch selbst erzeugte Energieerzeugnisse verwenden.

- Andere als Herstellungsbetriebe nach § 6 EnergieStG dürfen nur auf dem Betriebsgelände hergestellte Energieerzeugnisse zur Aufrechterhaltung des Betriebs verwenden.

- Andere als Herstellungsbetriebe nach § 6 EnergieStG dürfen auch **nicht** auf dem Betriebsgelände hergestellte Energieerzeugnisse steuerfrei verwenden, soweit die im Betrieb hergestellten Energieerzeugnisse als **Kraft**- oder **Heizstoff** oder als Zusatz oder Verlängerungsmittel von Kraft- oder Heizstoffen abgegeben oder verwendet werden.

136   Andere als Herstellungsbetriebe nach § 6 EnergieStG sind solche, die andere als Energieerzeugnisse nach § 4 EnergieStG herstellen (z.B. Herstellung von Bioethanol oder Additive). Für andere Betriebe als Herstellungsbetriebe nach § 6 EnergieStG galt darüber hinaus die Einschränkung, dass die Verwendung von Energieerzeugnissen zu steuerfreien Zwecken nicht die in § 6 Absatz 2 EnergieStG genannten Vorgänge umfasste. Die Verwendung von Energieerzeugnissen zum Trocknen oder bloßen mechanischen Reinigen von Energieerzeugnissen im Sinne von § 6 Absatz 2 Nr. 3 EnergieStG war daher nicht von der Energiesteuer befreit.

3.   Steuerbefreiung nach § 26 EnergieStG nach dem Gesetz zur Änderung des Energiesteuer- und Stromsteuergesetzes vom 16. Dezember 2010

137   § 26 Energiesteuergesetz hat durch das Gesetz zur Änderung des Energiesteuer- und des Stromsteuergesetzes vom 16. Dezember 2010 den folgenden Wortlaut erhalten:

(1) Auf dem Betriebsgelände eines Betriebs, der Energieerzeugnisse herstellt, dürfen zur Aufrechterhaltung des Betriebs andere Energieerzeugnisse als **Kohle** und **Erdgas** vom Inhaber des Betriebs steuerfrei verwendet werden, jedoch nicht für den Antrieb von Fahrzeugen. § 1 Absatz 3 Satz 2 gilt nicht.

(2) Absatz 1 gilt für Kohlebetriebe (§ 31 Absatz 1 Satz 1) nur unter der Voraussetzung, dass die verwendeten Energieerzeugnisse auf dem Betriebsgelände des Kohlebetriebs hergestellt wurden.

(3) Die Absätze 1 und 2 gelten nicht für die in § 6 Absatz 2 genannten Vorgänge, es sei denn, diese Vorgänge finden in einem Herstellungsbetrieb (§ 6) oder in einem Gasgewinnungsbetrieb (§ 44 Absatz 3) statt.

138   Die gesetzlichen Änderungen sing gemäß Artikel 5 Absatz 1 Gesetz zur Änderung des Energiesteuer- und des Stromsteuergesetzes grundsätzlich mit Wirkung zum 1. April 2011 in Kraft getreten. Ausgenommen von dieser Regelung sind die Vorschriften, die für den Bürger **begünstigende** Regelungen enthalten; diese Regelungen sind bereits mit Wirkung vom 1. Januar 2011 in Kraft.

Kudla

Zu den Vorschriften mit begünstigendem Inhalt zählt auch § 26 EnergieStG; § 26 EnergieStG tritt gemäß Artikel 2a Gesetz zur Änderung des Energiesteuer- und des Stromsteuergesetzes **vorbehaltlich** der hierzu erforderlichen **beihilferechtlichen Genehmigung** durch die Europäische Kommission mit Wirkung vom 1. Januar 2011 in Kraft.

Eingeführte Änderungen: 139

4.   Steuerbefreiung für Betriebe, die Energieerzeugnisse herstellen

Der Umfang der Steuerbefreiung ist zukünftig nicht mehr davon abhängig, ob ein Betrieb Energieerzeugnisse nach § 4 EnergieStG oder sonstige Energieerzeugnisse des Kapitels 2 herstellt. Eine Differenzierung im Betrieb hergestellter Energieerzeugnisse nach solchen, die in § 4 EnergieStG benannt sind und anderen von Kapitel 2 EnergieStG erfassten Energieerzeugnissen ist daher für den Umfang der Steuerbefreiung nicht mehr maßgeblich. Dadurch wird der Tatbestand der Steuerbefreiung nach § 26 EnergieStG insgesamt ausgedehnt. Es bleibt zu hoffen, dass durch den Wegfall der Differenzierung zwischen Betrieben, die Energieerzeugnisse nach § 4 EnergieStG herstellen und anderen Betrieben, zukünftig die Realisierung der Steuerbefreiung wesentlich vereinfacht wird.   140

5.   Steuerbefreiung für fremdbezogene und selbst erzeugte Energieerzeugnisse

Wer Energieerzeugnisse herstellt, kann zur Aufrechterhaltung seines Betriebs sowohl **fremdbezogene** als auch **selbst erzeugte** Energieerzeugnisse steuerfrei verwenden. Dabei spielt es keine, ob es sich bei den hergestellten Energieerzeugnissen um solche nach § 4 EnergieStG oder andere als in § 4 EnergieStG genannte Energieerzeugnisse handelt. Ausgenommen von dieser Regelung bleiben allerdings weiterhin **Kohle** und **Erdgas**. Dennoch ist eine Entlastung (und damit praktisch eine Steuerbefreiung) gemäß § 47 Absatz 1 Nr. 4 EnergieStG möglich für Erdgas, das zur Aufrechterhaltung eines Herstellungsbetriebs verwendet wird.   141

6.   Steuerbefreiung für Erdgas im Wege der Entlastung nach § 47 Absatz 1 Nr. 4 EnergieStG

Eine steuerfreie Verwendung von Erdgas sieht das Energiesteuergesetz nur vor, wenn das Erdgas im Anschluss an die Entnahme aus dem Erdgasnetz zur Aufrechterhaltung eines Gasgewinnungsbetriebs verwendet wird, § 44 EnergieStG. Von dieser Ausnahme abgesehen, entsteht die Energiesteuer für Erdgas immer mit der **Entnahme** aus dem Erdgasnetz gemäß § 38 Absatz 1 EnergieStG.   142

Die Energiesteuer auf Erdgas entsteht daher gemäß § 38 Absatz 1 EnergieStG auch, wenn das Erdgas zum Beispiel in einem Herstellungsbetrieb (§ 6 EnergieStG) entnommen wird. Bei Verwendung von Erdgas zu steuerfreien Zwecken nach § 26 EnergieStG kann aber ein Anspruch auf Entlastung von der Energiesteuer gemäß § 47 Absatz 1 Nr. 4 EnergieStG geltend gemacht werden. Der Anwendungsbereich der Entlastungsvorschrift war bisher im Wesentlichen beschränkt auf   143

Betriebe, die Energieerzeugnisse nach § 4 EnergieStG herstellen; denn nur solche Betriebe sind berechtigt, auch **nicht** auf dem Betriebsgelände hergestellte Energieerzeugnisse (i.d.R. bei Erdgas der Fall) steuerfrei zu verwenden.

144 Jeder Herstellungsbetrieb, der **Erdgas** verwendet, um Energieerzeugnisse herzustellen, hat einen Anspruch auf Entlastung nach § 47 Absatz 1 Nr. 4 EnergieStG. Die praktische Bedeutung des § 47 Absatz 1 Nr. 4 EnergieStG wird daher zunehmen. Zu den beabsichtigten Wirkungen der Neufassung des § 26 EnergieStG mag die im Folgenden abgedruckte Gesetzesbegründung ergänzend beitragen:

> **Gesetzesbegründung zu dem geänderten § 26 Energiesteuergesetz:**
>
> „Das sogenannte Herstellerprivileg wird insoweit ausgeweitet, als dass auch fremdbezogene Energieerzeugnisse mit Ausnahme von Kohle zur Herstellung von Energieerzeugnissen verwendet werden dürfen. Damit wird es insbesondere ermöglicht, dass auch Erdgas, das häufig von anderen Anbietern bezogen wird, zur Herstellung der nicht in § 4 genannten Energieerzeugnisse nach § 47 eine Steuerentlastung erfahren kann. Die bisherige Einschränkung kann dagegen Anreize setzen, aus steuerlichen Gründen in der Klimabilanz weniger günstige Energieerzeugnisse zu verwenden"

7. Steuerbefreiung für Kohlebetriebe

145 Für Kohlebetriebe besteht bereits gemäß § 37 Absatz 2 Nr. 2 EnergieStG für die Verwendung von Kohle eine Privilegierung, wenn die Verwendung zur Aufrechterhaltung des Kohlebetriebs erfolgt. Kohlebetriebe dürfen neben Kohle auch andere auf dem Betriebsgelände des Kohlebetriebs **hergestellte** Energieerzeugnisse steuerfrei verwenden, § 26 Absatz 2 EnergieStG.

8. Unveränderte Regeln zur Steuerbefreiung

146 Die Änderungen des § 26 EnergieStG beziehen sich auf den Umfang der zukünftigen Steuerbefreiung und bewirken in vielfacher Hinsicht eine Erweiterung der steuerfreien Verwendung von Energieerzeugnissen. Das Gesetz zur Änderung des Energie- und Stromsteuergesetzes lässt aber grundsätzliche Regelungen im Bereich der Steuerbefreiung des Energiesteuerrechts unberührt.

■ **Erlaubnis zur steuerfreien Verwendung**
Die Verwendung von Energieerzeugnissen zur Aufrechterhaltung des Betriebs erfordert weiterhin eine förmliche Einzelerlaubnis. Die **Verteilung** und **Verwendung** von Energieerzeugnissen zu steuerfreien Zwecken nach § 26 EnergieStG ist nicht von der Anlage 1 zu den §§ 55 und 74 EnergieStV erfasst und daher nicht allgemein erlaubt. Die Anlage 1 zu den §§ 55 und 74 EnergieStV bleibt unverändert. Auch zukünftig muss zwischen der steuerfreien Verwendung und dem steuerfreien Bezug von Energieerzeugnissen unterschieden werden.

■ **Steuerfreier Bezug von Energieerzeugnissen**
Der **steuerfreie Bezug** von Energieerzeugnissen ist für Inhaber einer Erlaubnis zur steuerfreien Verwendung weiterhin möglich
aus **Steuerlagern** (§ 5 Absatz 2)
oder
von **Verteilern** (§ 24 Absatz 2 Satz 2).
Der steuerfreie Bezug von Energieerzeugnissen setzt voraus, dass der Lieferant der Energieerzeugnisse selbst zur Abgabe steuerfreier Energieerzeugnisse berechtigt ist. Steuerlagerinhaber

sind gemäß § 24 Absatz 3 Satz 1 EnergieStG zur steuerfreien Abgabe (Verteilung) von Energieerzeugnissen berechtigt. Steuerlagerinhaber bedürfen für die Verteilung/Abgabe von Energieerzeugnissen keiner gesonderten Erlaubnis; die Berechtigung zur Verteilung ergibt sich für Steuerlagerinhaber unmittelbar aus § 24 Absatz 3 Satz 1 EnergieStG. Mit der Abgabe der Energieerzeugnisse bzw. der Entfernung der Energieerzeugnisse aus dem Steuerlager befinden sich die Energieerzeugnisse unmittelbar in dem Verfahren der Steuerbefreiung des Empfängers, § 24 Absatz 3 EnergieStG. Vorschriften bezüglich des Verfahrens ergeben sich aus § 57 EnergieSt-DV.

■ **Bezug versteuerter Energieerzeugnisse zur steuerfreien Verwendung**
Auch bei **Bezug bereits versteuerter Energieerzeugnisse** kann eine Steuerbefreiung im Wege einer Steuerentlastung realisiert werden. Bei Vorlage der Voraussetzungen einer steuerfreien Verwendung wird nach § 47 EnergieStG eine Entlastung von der Energiesteuer gewährt, vorausgesetzt, es wurden nachweislich versteuerte Energieerzeugnisse verwendet. Der Entlastungsanspruch beschränkte sich gemäß § 47 Absatz 1 Nr. 4 EnergieStG lediglich auf **Schweröl**, **Erdgas**, **Flüssiggas** und **gasförmige Kohlenwasserstoffe**. Mit dem Gesetz zur Änderung des Energiesteuer- und Stromsteuergesetztes wurden die Entlastungstatbestände des § 47 Absatz 1 Nr. 3 und Nr. 4 erweitert; in die Entlastung einbezogen wurden auch nach § 2 Absatz 4 und 4a gleichgestellte Energieerzeugnisse. In Betracht kommen kann unter Umständen auch eine unternehmens- und verwendungsabhängige Entlastung von der Energiesteuer nach den §§ 51, 53, 54 und 55 EnergieStG.

9. Hinweise für Erlaubnisinhaber

Im Zusammenhang mit einer bewilligten steuerfreien Verwendung sollten Erlaubnisinhaber insbesondere auf das Folgende achten: 147

■ Klare vertragliche Regelungen bezüglich der Belastung eingekaufter Energieerzeugnisse mit Energiesteuer; geklärt und vertraglich festgehalten werden sollte, dass die Lieferung der Energieerzeugnisse steuerfrei erfolgt und der Lieferant dazu auch berechtigt ist.

■ Grenzen der bewilligten Steuerbefreiung sind vom Erlaubnisinhaber unbedingt einzuhalten.

■ Bei versteuertem Bezug von Energieerzeugnissen sind mögliche Ansprüche auf Entlastung von der Energiesteuer nach den §§ 47, 51, 54 und 55 EnergieStG zu prüfen; unbedingt die Fristen zur Antragstellung beachten.

10. Auswirkungen der Rechtsänderungen auf Herstellungsbetriebe

Da die Neufassung des § 26 EnergieStG eine Erweiterung der steuerfreien Verwendung von Energieerzeugnissen im Herstellungsbetrieb bedeutet, wird es für solche Betriebe von besonderem Interesse sein, von den Neuregelungen zu profitieren. Inhaber einer Erlaubnis zur steuerfreien Verwendung nach § 26 EnergieStG sollten daher prüfen, ob sie von der Neuregelung profitieren können und eine entsprechende Änderung beziehungsweise Erweiterung ihrer Erlaubnis zur steuerfreien Verwendung von Energieerzeugnissen beantragen.   148

149   Im Zusammenhang mit Erlaubnissen nach dem Energiesteuerrecht gilt weiterhin: die Erlaubnis zur steuerfreien Verwendung von Energieerzeugnissen gilt frühestens ab dem Datum der Antragstellung.

150   Betriebe, die gegenwärtig andere als Energieerzeugnisse nach § 4 EnergieStG herstellen (z.B. Additive der Position 3811 KN), dürfen zukünftig zur Aufrechterhaltung des Betriebs auch andere als auf dem Betriebsgelände hergestellte Energieerzeugnisse steuerfrei verwenden, zum Beispiel **zugekauften** Dieselkraftstoff. Die steuerfreie Verwendung ist erlaubnispflichtig; Betriebsinhaber sollten daher rechtzeitig eine entsprechende Erlaubnis beantragen beziehungsweise die **Erweiterung** einer bereits bestehenden Bewilligung zur steuerfreien Verwendung von Energieerzeugnissen beantragen.

151   🛈 **Hinweis:**

Betriebe, die andere Energieerzeugnisse als solche nach § 4 EnergieStG herstellen, sollten prüfen, welche Energieerzeugnisse im Betrieb verwendet verwenden und zu welchen Zwecken die Verwendung erfolgt. Erfolgt eine Verwendung von Energieerzeugnissen zur Aufrechterhaltung des Betriebs, sollte unbedingt eine Erlaubnis zur steuerfreien Verwendung beantragt werden; für Bewilligungen nach dem Energiesteuerrecht gilt grundsätzlich:

Bewilligungen zur steuerfreien Verwendung werden im Verbrauchsteuerrecht grundsätzlich nur mit Wirkung ab dem Datum der Antragstellung erteilt. Entscheidung: BFH zu Rückwirkung von Bewilligungen. (Bundesfinanzhof, Beschluss vom 13.11.2007, VII-B-112/07).

152   Wird eine Erlaubnis beantragt, nachdem die Verwendung von Energieerzeugnissen im Betrieb bereits begonnen hat, werden die bis zum Zeitpunkt der Antragstellung (Eingangsstempel der Behörde) im Betrieb verwendeten Energieerzeugnisse von der Erlaubnis nicht erfasst.

153   Alternativ ist immer zu prüfen, ob nicht ein Anspruch auf Entlastung von der Energiesteuer geltend gemacht werden kann. Eine „Befreiung" von der Energiesteuer ist unter Umständen gemäß § 47 Absatz 1 Nr. 4 EnergieStG möglich. Daneben können unternehmens- und verwendungsabhängige Ansprüche auf Entlastung von der Energiesteuer (§§ 51, 53, 54 und 55) bestehen. Unternehmen des Produzierenden Gewerbes können Ansprüche nach §§ 51, 54 und 55 EnergieStG geltend machen.

V.   Steuerbefreiung nach § 28 EnergieStG

154   Gemäß § 28 EnergieStG ist die steuerfreie Verwendung von gasförmigen Kohlenwasserstoffen (z.B. aus dem biologische abbaubaren Anteil von Erzeugnissen der Land- und Forstwirtschaft) zum Zweck „…des Verheizens oder zum Antrieb von Gasturbinen und Verbrennungsmotoren…" erlaubt. Bei den gasförmigen Kohlenwasserstoffen handelt es sich vor allem um Deponiegas, Klärgas und Biogas und damit um Waren der Position 2711 der KN, die Energieerzeugnisse nach § 1 Absatz 2 Nr. 2 EnergieStG sind (Friedrich, Energiesteuern und erneuerbare Energien, DB 2008, Seite 2676). Umgangssprachlich wird allgemein von Biogas gesprochen.

155   Die steuerfreie Abgabe und Verwendung der gasförmigen Kohlenwasserstoffe zu den Zwecken des § 28 EnergieStG ist gemäß Anlage 1 Nr. 5 a) zu den §§ 55 und 74 EnergieStG allgemein erlaubt; eine förmliche Einzelerlaubnis muss daher nicht beantragt werden. Die tatsächliche Inanspruchnahme der Steuerbefreiung ist aus praktischen Gründen vorrangig auf die Fälle beschränkt, in denen die Verwendung der gasförmigen Kohlenwasserstoffe unvermischt zu den Zwecken nach § 2 Absatz 3 Satz 1 EnergieStG erfolgte. Die Verwirklichung der Steuerbefreiung ist daher regelmäßig

nur möglich, wenn die Verwendung der gasförmigen Kohlenwasserstoffe direkt vor Ort erfolgt; für die Inanspruchnahme der Steuerbefreiung nach § 28 EnergieStG ist eine Direktleitung zwischen der Erzeugungsanlage und der Verbrauchstelle erforderlich. Häufiger Fall einer Befreiung von der Energiesteuer nach § 28 EnergieStG ist die Verwendung von unvermischtem Deponiegas in einem betriebseigenen Blockheizkraftwerk.

> **Praxisbeispiel**

Biogas zum Verheizen

A erzeugt in einer Biogasanlage Biogas, das im Anschluss an die Erzeugung zu Erdgasqualität aufbereitet wird. Das Biogas wird in das Erdgasleitungsnetz eingespeist. A erhält von dem Betreiber des Leitungsnetzes (B) die sogenannte Einspeisevergütung für das eingespeiste Biogas. Unternehmer U entnimmt das Bioerdgasgemisch an anderer Stelle aus dem Erdgasleitungsnetz zum Zweck des Verheizens

Durch die Mischung von Biogas mit Erdgas im Erdgasleitungsnetz entsteht ein sogenanntes Bioerdgasgemisch. Bei der Entnahme des Bioerdgasgemisches aus dem Erdgasleitungsnetz wird das Gemisch wie Erdgas im Sinne des Energiesteuergesetzes behandelt mit der Folge der Steuerentstehung. Verwendet wird in dieser Konstellation immer ein Bioerdgasgemisch. Die Mischung von Biogas und Erdgas erfolgt dabei bereits im Zeitpunkt der Einspeisung des Biogases in das Erdgasleitungsnetz und nicht erst im Betrieb des Verwenders.

156

Für den Biogasanteil kann ein Entlastungsanspruch nach § 50 Energiesteuergesetz geltend gemacht werden; entlastungsfähig ist die entnommene Bioerdgasmenge, welche im Wärmeäquivalent in Form von Biogas in das Netz eingespeist wurde.[25] Das BMF-Schreiben beendete eine lang anhaltende Unsicherheit bezüglich der energiesteuerrechtlichen Behandlung eingespeisten „Biogases".

157

Aufgrund der Vermischung von Erdgas und Biogas im Erdgasleitungsnetz wird das Biogas energiesteuerrechtlich wie Erdgas behandelt. Nach dem BMF-Schreiben vom 2. Juli 2008 ist bis auf weiteres davon auszugehen, dass es sich bei den aus dem Erdgasleitungsnetz ausgespeisten Gasgemischen um Erdgas im Sinne des Energiesteuergesetzes handelt.

158

VI.   Zukünftige Regelung

Das Gesetz zur Änderung des Energiesteuer- und Stromsteuergesetzes vom 16. Dezember 2010 sieht für § 28 EnergieStG die folgende Gesetzesformulierung vor:

159

§ 28 Satz 1 Nr. 1 EnergieStG erhält den folgenden Wortlaut:

„Zu den in § 2 Absatz 3 Satz 1 genannten Zwecken dürfen steuerfrei verwendet werden:

1. gasförmige Biokraft- und Bioheizstoffe, unvermischt mit anderen Energieerzeugnissen und gasförmige Kohlenwasserstoffe, die aus dem biologisch abbaubaren Anteil von Abfällen gewonnen werden und bei der Lagerung von Abfällen oder bei der Abwasserreinigung anfallen,

2. Energieerzeugnisse der Position 2705 der Kombinierten Nomenklatur."

In Satz 2 werden nach den Wörtern „Ein Mischen mit anderen Energieerzeugnissen" die Wörter „im Betrieb des Verwenders" eingefügt.

---

25   BMF-Schreiben vom 2. Juli 2008, III A 1 – V 8245/07/2006.

160   § 28 Energiesteuergesetz ist gemäß Artikel 5 a des Gesetzes zur Änderung des Energiesteuer- und Stromsteuergesetzes vom 16. Dezember 2010 mit Wirkung vom 1. April 2011 in Kraft getreten. Die Änderung tritt allerdings nur vorbehaltlich der hierzu erforderlichen beihilferechtlichen Genehmigung durch die Europäische Kommission in Kraft.

■ **Konsequenzen** des geänderten § 28 EnergieStG: Die Steuerfreiheit wird **begrenzt** auf gasförmige Biokraft- und Bioheizstoffe sowie gasförmige Kohlenwasserstoffe, die aus dem biologisch abbaubaren Anteil von Abfällen gewonnen werden und bei der Lagerung von Abfällen oder bei der Abwasserreinigung anfallen. Die Steuerbefreiung für das Deponiegas bleibt erhalten. Deponiegas, das in einem nur mit Deponiegas gespeisten Leitungsnetz zum Zweck des Verheizens oder sonstiger Zwecke nach § 2 Absatz 3 Satz 1 Energiesteuergesetz geleitet und anschließend bestimmungsgemäß verwendet wird, wird auch zukünftig von der Energiesteuer befreit sein. Gasförmige Kohlenwasserstoffe, die zum Beispiel bei der Entgasung von Transportmitteln oder beim Kohleabbau aufgefangen werden sind zukünftig zu versteuern, wenn zum Beispiel eine Verwendung als Heizstoff erfolgen sollte, § 23 Absatz 1 Nr. 2 EnergieStG. Verwendungsabhängig können aber unter Umständen Steuerentlastungen (z.B. § 54) in Anspruch genommen werden. Für betroffene Betriebe wird die Frage nach einschlägigen Entlastungstatbeständen nach dem Energiesteuergesetz auch aus diesem Grunde zunehmend an Bedeutung gewinnen.

■ **Biokraft- und Bioheizstoffe**
Mit § 1a Nr. 13a EnergieStG wird die im EnergieStG geltende Definition für Biokraft- und Bioheizstoffe zur Verbesserung der Übersichtlichkeit gleich zu Beginn des EnergieStG in den Definitionskatalog des § 1a EnergieStG aufgenommen. Gasförmige Biokraft- und Bioheizstoffe sind ausschließlich solche, die aus Biomasse im Sinne der Biomasseverordnung (BiomasseV) vom 21. Juni 2001 (BGBL. I S. 1234) bestehen. Die BiomasseV erfasst nicht Klär- und Deponiegas, § 3 Nr. 10 und 11 BiomasseV. Klär- und Deponiegas fallen daher nicht unter die Definition für Biokraft- oder Bioheizstoff. § 1a Nr. 13a EnergieStG ist gemäß Artikel 5 Absatz 1 des Gesetzes zur Änderung des Energiesteuer- und Stromsteuergesetzes mit Wirkung vom 1. April 2011 in Kraft getreten.

■ **Steuerbefreiung und Mischen vor der Verwendung**
Zu beachten ist insbesondere, dass die steuerrechtliche Privilegierung des § 28 Satz 1 Nr. 1 EnergieStG nur für gasförmige Kohlenwasserstoffe gelten soll, die unvermischt mit anderen Energieerzeugnissen verwendet werden. Ein Mischen der gasförmigen Kohlenwasserstoffe im Betrieb des Verwenders unmittelbar vor der Verwendung soll die energiesteuerrechtliche Begünstigung aber nicht ausschließen (Regelung des künftigen § 28 Satz 2 EnergieStG). Mischungen, die vor diesem Zeitpunkt (also z.B. im Leitungsnetz) erfolgen, schließen eine Begünstigung dagegen aus. Unter Umständen kann aber verwendungsabhängig eine Entlastung von der Energiesteuer in Anspruch genommen werden.

■ **Gasförmige Biokraft- und Bioheizstoffe zukünftig: Gasförmige Kohlenwasserstoffe**
§ 1a Nr. 16 EnergieStG ist erweitert worden. Zukünftig werden auch die gasförmigen Biokraft- und Bioheizstoffe zu den gasförmigen Kohlenwasserstoffen zählen. Damit wird letztlich erreicht, dass für gasförmige Biokraft- und Bioheizstoffe die energiesteuerrechtlichen Regelungen für Erdgas nicht zur Anwendung kommen können. § 1a Nr. 16 EnergieStG ist in geänderter Fassung gemäß Artikel 5 Absatz 1 des Gesetzes zur Änderung des Energiesteuer- und Stromsteuergesetzes in Kraft getreten.

D. Besteuerung von Kohle nach dem Energiesteuerrecht

I. Allgemeines

1. Rechtsgrundlagen

Die rechtlichen Grundlagen für die Besteuerung von Kohle ergeben sich aus den folgenden Rechtsquellen: 161

- Gesetz zur Neuregelung der Besteuerung von Energieerzeugnissen und zur Änderung des Stromsteuergesetzes vom 15. Juli 2006 (EnergieStG).
- Verordnung zur Durchführung des Energiesteuergesetzes und zur Änderung der Stromsteuer-Durchführungsverordnung vom 31. Juli 2006 (EnergieStV)
- Richtlinie 2003/96/EG des Rates vom 27. Oktober 2003 zur Restrukturierung der gemeinschaftlichen Rahmenvorschriften zur Besteuerung von Energieerzeugnissen und elektrischen Strom (EnergieSt-Richtlinie)
- Richtlinie 92/12/EWG des Rates vom 25. Februar 1992 über das allgemeine System, den Besitz, die Beförderung und die Kontrolle verbrauchsteuerpflichtiger Waren (System-Richtlinie).

Ursächlich für die Aufnahme von Kohle (Steinkohle, Braunkohle und Koks) in den Katalog der Energiesteuergegenstände des Energiesteuergesetzes ist die EnergieSt-Richtlinie; die EnergieSt-Richtlinie zählt in Artikel 2 Absatz 1 Buchstabe b) **Kohle** als Energiesteuergegenstand auf; Kohle musste daher in Deutschland der Besteuerung nach dem EnergieStG unterworfen werden. Daneben enthält die Vorschriftensammlung der Bundesfinanzverwaltung (VSF) weitere Bestimmungen, die für den behördeninternen Gebrauch bestimmt sind. Diese behördeninternen Anweisungen entfalten keine unmittelbare Bindungswirkung gegenüber den Steuerbeteiligten. Sie fließen aber regelmäßig in die Entscheidungen der nachgeordneten Behörden ein und können daher indirekt im Rahmen des zur Verfügung stehenden Rechtswegs auf ihre Rechtmäßigkeit hin überprüft werden. 162

Darüber hinaus hat das Bundesministerium der Finanzen mit Schreiben vom 20. September 2006 (sogenannter Kohleerlass I) und vom 27. Oktober 2006 (Kohleerlass II) zu Anwendungsfragen des Energiesteuergesetzes Stellung genommen; die letztgenannten Erlasse wurden aber zwischenzeitlich aufgehoben. Die Vorschriftensammlung der Bundesfinanzverwaltung wurde am 19. August 2008 ergänzt um die „Dienstvorschrift zur energiesteuerrechtlichen Behandlung von Kohle nach Kapitel 3 Energiesteuergesetz (**DV Kohle**). 163

2. Allgemeine Grundsätze der Besteuerung von Kohle nach dem Energiesteuergesetz

Für die Besteuerung von Kohle nach dem Energiesteuergesetz gelten die allgemeinen Grundsätze des Verbrauchsteuerrechts. Die Besteuerung knüpft an eine sogenannte **sinnvolle Güterverwendung** an[26]. Gemeint ist damit eine Verwendung, die darauf abzielt, den einer Ware innewoh- 164

26　Peters/Bongartz/Schröer-Schallenberg, Verbrauchsteuerrecht, Seite 28.

nenden Energiegehalt nutzbar zu machen. Diese Nutzbarmachung erfolgt insbesondere durch das Verheizen von Kohle. Nicht der Besteuerung unterliegen daher gemäß § 37 Absatz 3 Satz 3 EnergieStG die **Vernichtung** und der **Untergang** von Kohle. In diesen Fällen erfolgt gerade keine energetische Nutzung.

165   Die Besteuerung knüpft bis auf wenige Ausnahmen an tatsächliche Handlungen an. Für die Steuerentstehung sind Willenserklärungen im zivilrechtlichen Sinne daher grundsätzlich nicht von Bedeutung. Maßgeblich für die Besteuerung sind im Verbrauchsteuerrecht grundsätzlich Handlungen wie die **Verwendung** (auch: zweckwidrige Verwendung), die **Empfangnahme**, das **Verbringen**, die **Entnahme** oder auch die **Einfuhr**.

166   Eine Ausnahme von diesem Grundsatz bildet der Begriff der **Lieferung,** der im Zusammenhang mit der Steuerentstehung im Fall von Kohle von zentraler Bedeutung ist. Der Begriff wird im Energiesteuerrecht nicht definiert, aber an anderer Stelle im Zusammenhang mit der Besteuerung von Erdgas verwendet, § 38 Absatz 1 EnergieStG. Unter einer Lieferung wird im Zivilrecht allgemein die Übertragung der Verfügungsmacht an einer Sache aufgrund einer vertraglichen Vereinbarung verstanden.

3.   Begriffsbestimmungen

167   Zum besseren Verständnis der Bestimmungen über die Besteuerung von Kohle ist die Kenntnis einiger typischer Begriffe hilfreich:

▪ Aufkohlen

Unter Aufkohlen wird die Übertragung von Kohlenstoff aus einem Aufkohlungsmittel in ein Eisen- oder Stahlwerkstück beziehungsweise in eine Eisen- oder Stahlschmelze zur Erhöhung des Kohlenstoffgehalts des Materials verstanden.

▪ Bearbeiten

Unter der Bearbeitung von Kohle ist jede stoffliche Einwirkung auf Kohle zu verstehen, ohne das die Eigenschaften der Kohle dabei verloren gehen. Dagegen ist die Verwendung von Energieerzeugnissen regelmäßig im häufigsten Fall des Verbrauchs mit einem Verlust der stofflichen und auch rechtlichen Identität verbunden.

▪ Energiegehalt

Der Energiegehalt eines Brennstoffes wird über die bei seiner Verbrennung freisetzbare Energie festgestellt.

▪ Gewinnen

Die Gewinnung von Kohle im Sinne von § 31 Absatz 1 Satz 1 EnergieStG erfasst den Abbau von Stein- und Braunkohle gleich ob im Tage- oder Untertagebau.

▪ Hochofen

In einem Hochofen wird aus Eisenerzen Roheisen gewonnen. Das Roheisen wird durch Reduktion aus den Eisenerzen gewonnen.

▪ Kohle

168   Gemäß § 1 Absatz 2 Nr. 2 und Absatz 8 EnergieStG handelt es sich bei Waren der Positionen 2701, 2702 und 2704 der KN um Kohle. Der Verweis bezieht sich dabei auf die KN in der am 1. Januar 2002 geltenden Fassung. Es handelt sich um eine sogenannte statische Verweisung, spätere Änderungen der Nomenklatur finden daher keine Berücksichtigung. Im Zusammenhang mit der

KN ist weiter zu beachten, dass die Einordnung von Kohle in eine Position der KN in bestimmten Fällen auch von der Art der beabsichtigten **Verwendung** abhängen kann. So kann zum Beispiel **Braunkohlenkoks**, je nach der Art der Verwendung, der Position 3802 oder 2704 unterfallen. Erfasst werden als benannte Energieerzeugnisse des § 1 Absatz 2 Nr. 2 und Absatz 8 Energiesteuergesetz Steinkohle und ähnliche aus Steinkohle gewonnene feste Brennstoffe, Braunkohle, Koks und Schwelkoks aus Steinkohle, Braunkohle oder Koks.

Zur Kohle im Sinne des Energiesteuergesetzes zählen zudem die bekannte Grillkohle aber auch sogenannte Retorten- und Aktivkohle. 169

■ Kohlebetrieb

Eine Definition enthält § 31 Absatz 1 Satz 1 Energiesteuergesetz: Kohlebetrieb ist jeder Betrieb, in dem Kohle gewonnen oder bearbeitet wird. Nicht als Bearbeitung gelten dabei gemäß § 31 Absatz 2 Energiesteuergesetz das Mischen, Trocknen und Zerkleinern von Kohle. Das Energiesteuergesetz schreibt darüber hinaus auch eine bestimmte Art der Einrichtung für Kohlebetriebe vor; die Einrichtung muss so gestaltet sein, dass die mit der Steueraufsicht betrauten Amtsträger den Gang der Gewinnung und Bearbeitung und den Verbleib der Erzeugnisse im Betrieb verfolgen können. 170

■ Kohlelieferer

Die Person des Kohlelieferers: Kohlelieferer ist nach dem Energiesteuerrecht jede Person, die Kohle **gewerbsmäßig** liefert. Unter einer Lieferung wird allgemein die Übertragung der Verfügungsmacht (Eigentumsübertragung) aufgrund einer vertraglichen Vereinbarung verstanden. Eine gesetzliche Definition für den Begriff der Lieferung enthält das Energiesteuerrecht nicht. 171

Ein Rückgriff auf die Steuerentstehungstatbestände hilft weiter: Das Energiesteuerrecht setzt für die Entstehung einer Energiesteuer regelmäßig voraus, dass jemand über die Kohle tatsächlich verfügen kann. Von daher kann unter einer Lieferung nur eine Besitzverschaffung gemeint sein, die aufgrund einer vertraglichen Vereinbarung erfolgt. 172

Kohle gilt als geliefert, wenn sie dem Empfänger zu dessen Nutzung zur Verfügung gestellt wird (DV Kohle (27)). 173

Gewerbsmäßig Handeln bedeutet: die Lieferungen müssen in der Absicht der Erzielung von Gewinn erfolgen. 174

Erlaubnis zur Lieferung von Kohle: Der Status Kohlelieferer ist nicht davon abhängig, dass der Person, die die Kohle liefert, eine entsprechende Erlaubnis erteilt wurde. **Kohlelieferer ist, wer Kohle gewerbsmäßig liefert.** Mit der Erlaubnis zur Lieferung von Kohle ist die Erteilung eines oder mehrerer Erlaubnisscheine verbunden. Gegen Vorlage eines solchen Erlaubnisscheines ist der Kohlelieferer berechtigt, die Kohle nach dem Energiesteuerrecht **unversteuert** zu beziehen. Eine Energiesteuer auf Kohle entsteht dann erstmals in der Person des Kohlelieferers, wenn die Kohle an Kunden geliefert wird, die selbst **nicht** zum unversteuerten Bezug oder zur steuerfreien Verwendung von Kohle berechtigt sind. Wird Kohle ausschließlich an solche Kunden geliefert, so ist eine Erlaubnis als Kohlelieferer praktisch nicht erforderlich. Der Kohlelieferer hätte in dieser Konstellation durch den Bezug unversteuerter Kohle lediglich einen erheblichen administrativen Mehraufwand (Abgabe von Steueranmeldungen, Einhaltung von Zahlungsfristen etc.). 175

■ Koks

Unter Koks werden die festen Rückstände der Destillation (oder Verkokung oder Vergasung) von Steinkohle, Braunkohle oder Torf unter Luftabschluss verstanden; nähere Beschreibungen enthalten die Erläuterungen zum Harmonisierten System beziehungsweise der Kombinierten Nomenklatur zu der Position 2704 der Kombinierten Nomenklatur. 176

■ **Hausbrand**

177   Unter dem Hausbrand wird umgangssprachlich die Verwendung von Kohle zu Heizzwecken in privaten Haushalten verstanden. § 37 Absatz 2 Nr. 6 Energiesteuergesetz (zuletzt geändert durch Artikel 6 des Vierten Gesetzes zur Änderung von Verbrauchsteuergesetzen vom 15. Juli 2009) enthielt bis zum 31. Dezember 2010 eine Steuerbefreiung für die Verwendung von Kohle zum Verheizen in Privathaushalten vor. Eine Verlängerung dieser Steuerbefreiung hätte eine entsprechende Gesetzesänderung vorausgesetzt. Mit dem Gesetz zur Änderung des Energiesteuer- und des Stromsteuergesetzes vom 16. Dezember 2010 wurde die Steuerbefreiung für den sogenannten Hausbrand aber nicht verlängert.

II.   Steuerentstehungstatbestände

178   Die Tatbestände der Entstehung der Energiesteuer auf Kohle ergeben sich aus den §§ 32, 34 (i.V.m. §§ 15, 16 Absatz 1 Satz 1 und Absatz 2 und § 18 sinngemäß) und den §§ 35 und 36 Energiesteuergesetz. Für ein Steuergesetz bilden die Entstehungstatbestände das Herzstück. Wirtschaftsbeteiligte, die Kohle **liefern**, in **Empfang nehmen, einführen, verbringen** oder **verwenden**, haben sich daher über die Entstehungstatbestände zu informieren. Die Energiesteuer auf Kohle kann entstehen durch das

179   **Liefern, in Empfang nehmen, das Einführen, Verbringen und Verwenden von Kohle.**

180   Die Steuerentstehung setzt grundsätzlich nicht die Kenntnis des Wirtschaftsbeteiligten darüber voraus, dass der Tatbestand einer Steuerentstehung verwirklicht wurde. Wer irrtümlicherweise glaubt, er liefere Kohle an einen Erlaubnisinhaber nach §§ 31 Absatz 4 oder § 37 Absatz 1 Energiesteuergesetz, wird trotz seines Irrtums Schuldner der Energiesteuer. Die Entstehung der Verbrauchsteuern knüpft grundsätzlich nicht an subjektive Merkmale an. Im Verbrauchsteuerrecht gilt der Grundsatz, dass für die Verwirklichung eines Steuertatbestands der Wille und das Wissen der Beteiligten für die Verwirklichung eines Steuertatbestands nicht erforderlich ist.

181   Das Nichtkennen der einschlägigen Steuerentstehungstatbestände kann aber auch dazu führen, dass die Anmeldung entstandener Steuern unterbleibt. Oftmals folgen daraus Bußgeld- oder auch Strafverfahren; auch in diesem Verfahren kann sich grundsätzlich kein im Wirtschaftsleben erfahrener Beteiligter auf das Nichtkennen der Steuerentstehungstatbestände mit Aussicht auf Erfolg berufen. Es ist daher von besonderer Bedeutung, die einzelnen Steuerentstehungstatbestände genau zu kennen. Bei den Steuerentstehungstatbeständen ist wie folgt zu unterscheiden:

- Steuerentstehung für Kohle, die sich bereits im Steuergebiet befindet.
- Steuerentstehung für Kohle, die aus einem anderen Mitgliedstaat in das Steuergebiet verbracht wird.
- Steuerentstehung für Kohle, die in das Steuergebiet eingeführt wird (vgl. Ausführungen im Kapitel. Einfuhr).

182   Im Folgenden wird allein die Entstehung der Energiesteuer für Kohle beschrieben, die im Steuergebiet geliefert bzw. verwendet wird.

Kohle im Steuergebiet   183

Die Entstehung der Energiesteuer auf Kohle folgt nicht den Regeln des Energiesteuerrechts für   184
Energieerzeugnisse wie zum Beispiel Benzin oder Heizöl. Für Kohle bestehen die folgenden Besonderheiten: es besteht zum Beispiel keine Möglichkeit der Lagerung in einem Steuerlager. Kohle
ist von den Kontroll- und Beförderungsbestimmungen der Energiesteuer-Richtlinie ausgenommen; es unterliegt nicht den Regeln des Verfahrens der Steueraussetzung.

1.   Steuerentstehung nach § 32 Absatz 1 Nr. 1 Energiesteuergesetz

Für Kohle, die sich bereits im Steuergebiet befindet, entsteht die Energiesteuer gemäß den Be-   185
stimmungen des § 32 Absatz 1 EnergieStG. Nach dem einschlägigen Gesetzeswortlaut entsteht
die Energiesteuer „… dadurch, dass Kohle im Steuergebiet **erstmals** an Personen geliefert wird,
die die Kohle **nicht** als Inhaber einer Erlaubnis nach § 31 Absatz 4 oder § 37 Absatz 1 EnergieStG
beziehen".

▪ Keine Einfuhr und kein Verbringen von Kohle

Zu beachten ist, dass die Energiesteuer auf Kohle von vornherein **nicht** nach § 32 Absatz 1 Ener-   186
gieStG entsteht, wenn die Energiesteuer bereits im Zusammenhang mit der Einfuhr (aus einem
Drittland) oder dem Verbringen (aus einem anderem Mitgliedsstaat) entstanden ist. Eine Steuerentstehung nach § 32 Absatz 1 Nr. 1 Energiesteuergesetz scheidet daher aus, wenn die Kohle aus
einem Drittland **eingeführt** oder aus einem Mitgliedstaat **verbracht** wurde. Ohne diese gesetzliche Bestimmung bestünde die Gefahr von **Doppelbesteuerungen**. Die Energiesteuer auf Kohle
würde zum Beispiel bereits im Rahmen der Einfuhrabfertigung gegenüber dem Zollschuldner
erhoben. Mit der anschließenden erstmaligen Lieferung im Steuergebiet würde die Energiesteuer
für die Importkohle dann erneut entstehen beziehungsweise zur Versteuerung angemeldet werden.

▪ Erstmalige Lieferung von Kohle im Steuergebiet

Nur die **erstmalige Lieferung** von Kohle an eine Person, die die Kohle **nicht** als Inhaber einer   187
Erlaubnis nach § 31 Absatz 4 oder 37 Absatz 1 bezieht, unterliegt der Besteuerung. Die Lieferung
unterliegt nur der Besteuerung, wenn sie im **Steuergebiet** erfolgt; die einvernehmliche Übertragung des Besitzes (bzw. einvernehmliche Nutzungsüberlassung) an der Kohle führt nur dann zur
Entstehung der Energiesteuer, wenn die Übertragung im Steuergebiet erfolgt. Erfolgt die Übertragung des Besitzes dagegen bereits in einem anderen Mitgliedstaat der Europäischen Gemeinschaft
kann eine Energiesteuer auf Kohle in Deutschland nur im Zusammenhang mit dem Verbringen in
das Steuergebiet entstehen. Als Lieferung gilt gemäß § 32 Absatz 4 Satz 1 EnergieStG auch, wenn
der Verbleib von Kohle bei der Beförderung im Steuergebiet nicht festgestellt werden kann; hierbei handelt es ich um eine für das Verbrauchsteuerrecht typische Vermutungsregelung.

▪ Bezug von Kohle nicht als Erlaubnisinhaber

Die Steuerentstehung nach § 32 Absatz 1 Nr.1 EnergieStG setzt weiter voraus, dass die Kohle an   188
Personen geliefert wird, die die Kohle nicht **als** Inhaber einer Erlaubnis nach § 31 Absatz 4 oder
§ 37 Absatz 1 EnergieStG beziehen. Der Gesetzeswortlaut lässt durch die Formulierung „… nicht
als Inhaber einer Erlaubnis nach § 31 Absatz 4 oder § 37 Absatz 1 EnergieStG" einen gewissen
Raum für Interpretationen.

3

189   Der Gesetzeswortlaut enthält keine genaue Definition, unter welchen Voraussetzungen Kohle **nicht als** von einem Inhaber einer Erlaubnis nach § 31 Absatz 4 oder § 37 Absatz 1 EnergieStG bezogen wird. Entsteht die Energiesteuer auf Kohle bereits dann, wenn im Zeitpunkt des Bezugs der Kohle ein Erlaubnisschein nicht vorgelegt wird oder kommt es allein darauf an, dass der Bezieher von Kohle tatsächlich Inhaber einer Erlaubnis ist. Die Anmerkungen sind rein akademischer Natur; jeder Erlaubnisinhaber wird schließlich auch den erforderlichen Nachweis seiner Berechtigung im eigenen Interesse führen.

> **Praxisbeispiel**

Unternehmer A kauft vom Kohlehändler B Steinkohle zur Verwendung in seinem Unternehmen ein. Die Steinkohle wurde im Steuergebiet gewonnen. Unternehmer A benötigt die Kohle im Rahmen seiner Produktion zur Herstellung von Metallerzeugnissen. A verfügt bereits seit 1999 über eine Erlaubnis zur Entnahme steuerermäßigten Stroms gemäß § 9 Absatz 4 Stromsteuergesetz. A hatte B zugesichert, dass die Kohle in seinem Unternehmen zu steuerfreien Zwecken verwendet wird. Die Rechnungen über die gelieferte Kohle wurden ohne Belastung von Energiesteuer ausgestellt. A ist nicht Inhaber einer Erlaubnis zur steuerfreien Verwendung von Kohle. Vertraglich wurde zwischen A und B schon lange vor Einführung der Energiesteuer vereinbart, dass A den Kaufpreis zuzüglich der gesetzlich geschuldeten Umsatzsteuer schuldet.

190   **Energiesteuerrechtliche Folgen:**

   ▪ **Steuerentstehung**

191   Die Energiesteuer ist gemäß § 32 Absatz 1 Nr. 1 Energiesteuergesetz entstanden. B hat erstmalig Kohle an eine Person (B) geliefert, die die Kohle nicht als Inhaber einer Erlaubnis zur steuerfreien Verwendung von Kohle bezogen hat. Die Energiesteuer auf Kohle ist im Zeitpunkt der **Besitzverschaffung (Beziehen)** entstanden. Unternehmer A war nicht Inhaber einer Erlaubnis zur steuerfreien Verwendung von Kohle. Eine solche wäre aber erforderlich gewesen, da die Verwendung von Kohle im Zusammenhang mit der Produktion von Metallerzeugnissen nicht allgemein erlaubt ist; Nr. 8.1 der Anlage 1 zu den §§ 55 und 74 Energiesteuergesetz.

   ▪ **Schuldner der Energiesteuer**

192   **Schuldner** der Energiesteuer ist gemäß § 32 Absatz 2 Nr. 1 Energiesteuergesetz der im Steuergebiet ansässige Kohlelieferer (B). Für den Status des B als Kohlelieferer ist allein die gewerbliche Lieferung von Kohle maßgeblich; eine Erlaubnis setzt dieser Status dagegen nicht voraus. Ohne eine Erlaubnis als Kohlelieferer nach § 31 Absatz 4 Energiesteuergesetz könnte B aber die für seinen Handel erforderliche Kohle nur versteuert beziehen. Er würde dann die Kohle auch nur versteuert an seine Kunden abgeben. Andernfalls bliebe er auf der gezahlten Energiesteuer sitzen. Eine Entlastung von der Energiesteuer nach § 47 Energiesteuergesetz kann er jedenfalls nicht in Anspruch nehmen.

193   Weiterer Schuldner der Energiesteuer wird Unternehmer A als sogenannter **Nichtberechtigter** gemäß § 32 Absatz 2 Satz 2 Energiesteuergesetz.

Nichtberechtigter ist, wer nicht über die erforderliche Erlaubnis zur steuerfreien Verwendung verfügt. Bei der Lieferung zu steuerfreien Zwecken an einen Nichtberechtigten sieht das Energiesteuergesetz zwei Steuerschuldner vor.

Gesamtschuldnerschaft:

Dem zuständigen Hauptzollamt stehen damit der Kohlehändler B und der Unternehmer A als   194
Steuerschuldner zur Verfügung. Das Hauptzollamt muss entscheiden, welcher der beiden Steuerschuldner durch Steuerbescheid in Anspruch genommen wird. Wird Kohlehändler B in Anspruch genommen, stellt sich die Frage, ob die an das Hauptzollamt abgeführte Energiesteuer an
den Unternehmer A weiter belastet werden kann.

Zivilrechtliche Vereinbarung

Wird Kohlehändler B durch Steuerbescheid in Anspruch genommen stellt sich die Frage der Wei-   195
terbelastung der Energiesteuer an den Unternehmer A. Ein gesetzlicher Anspruch auf Abwälzung
der Energiesteuer auf den Unternehmer A als Verbraucher besteht nicht. Eine Abwälzung aufgrund des bestehenden Vertrags über die Lieferung von Kohle scheidet ebenfalls aus: die vertragliche Regelung bezieht sich nur auf die Belastung mit der gesetzlich geschuldeten Umsatzsteuer. Eine Auslegung der Klausel dahin, dass auch nach dem Zeitpunkt der Vertragsschlusses
eingeführte Verbrauchsteuern Preisbestandteil sein sollen, ist nicht zulässig. Eine Abwälzung der
nachträglich gegen den Kohlehändler mit Steuerbescheid festgesetzten Energiesteuer auf den Unternehmer A ist daher nicht möglich.

Anfechtung des Steuerbescheids

Für B bleibt lediglich die Möglichkeit, den Steuerbescheid durch frist- und formgerechte Einle-   196
gung eines Einspruchs anzufechten. Die Steuerfestsetzung gegen den Kohlehändler B wäre zum
Beispiel rechtswidrig, wenn das zuständige Hauptzollamt bei der Auswahl des Steuerschuldners
einen Fehler begangen hätte.

Anmeldung der Kohle zur Versteuerung

Die Energiesteuer auf Kohle ist gemäß § 33 Absatz 1 Satz 1 Energiesteuergesetz für die in einem   197
Monat entstandene Energiesteuer bis zum 15. Tag des folgenden Monats zur Versteuerung durch
Abgabe einer Steueranmeldung auf amtlich vorgeschriebenen Vordruck abzugeben. Gesetzlich
vorgeschrieben ist die Verwendung bestimmter Formulare; zum Beispiel §§ 8, 9, 11, 14, 15, 22 und
23 Energiesteuergesetz i.V.m. § 23 a Energiesteuer-DV).

Für die Vergangenheit sind die Fristen zur Anmeldung der Energiesteuer bereits abgelaufen. Wer   198
die maßgeblichen Zahlen dem für sein Unternehmen zuständigen Hauptzollamt dagegen nur
formlos mitteilt versetzt das zuständige Hauptzollamt zwar in die Lage, die Energiesteuer festzu-
setzen, er riskiert unter Umständen aber einen Verspätungszuschlag.

Höhe der anzumeldenden Energiesteuer

Die Energiesteuer ist zukünftig gemäß § 2 Absatz 1 Nr. 9 Energiesteuergesetz in Höhe von 0,33   199
Euro für 1 Gigajoule Kohle zur Versteuerung anzumelden. Die tatsächlich für gelieferte Kohle
geschuldete Energiesteuer lässt sich durch diese gesetzliche Vorgabe aber nicht ohne weiteres er-
rechnen. Das Energiesteuergesetz macht die Höhe der Energiesteuer an dem Energiegehalt (in
Gigajoule) fest; daher kommt es für die Höhe der geschuldeten Energiesteuer grundsätzlich auf
den Energiegehalt jeder Lieferung von Kohle an.

Das Bundesministerium der Finanzen hat in der DV Kohle aber die Heranziehung bestimmter so-   200
genannter **mittlerer Heizwerte** anerkannt und entsprechend aufgelistet. Die Auflistung entspricht
der des Kohleerlasses I vom 20. September 2006.

■ **Antrag auf steuerfreie Verwendung von Kohle**

201   A kann für die Zukunft einen Antrag auf steuerfreie Verwendung von Kohle stellen. Die Voraussetzungen nach § 37 Absatz 2 Nr. 4 EnergieStG liegen vor (Verwendung als Heizstoff für Prozesse und Verfahren nach § 51 EnergieStG). Die Bewilligung zur steuerfreien Verwendung berechtigt zwar nicht zum unversteuerten Bezug der Kohle. Mit der Lieferung von Kohle an A entsteht aber keine Energiesteuer nach § 32 Absatz 1 Nr. 1 EnergieStG; A bezieht die Kohle zukünftig als Inhaber einer Erlaubnis nach § 37 Absatz 1 EnergieStG. Eine zivilrechtliche Regelung bezüglich der Abwälzung der Energiesteuer auf A ist in diesem Fall nicht mehr erforderlich.

202   Stellt A einen solchen Antrag nicht, dann entsteht zukünftig die Energiesteuer für die an A gelieferte Kohle in der Person des B; B liefert Kohle an eine Person, die die Kohle nicht als Inhaber einer Erlaubnis nach § 37 Absatz 1 EnergieStG bezieht. B kann die Energiesteuer aber wegen mangelnder vertraglicher Grundlage nicht an A abwälzen. Die Energiesteuer würde somit für B zum echten Kostenfaktor.

■ **Entlastungsanspruch für A nach § 51 EnergieStG**

203   A verwendet die Kohle als Heizstoff für Prozesse und Verfahren nach § 51 EnergieStG. Bei nachweislicher Versteuerung der Kohle hat A einen Anspruch auf Entlastung von der Energiesteuer nach § 51 Energiesteuergesetz. Der Anspruch besteht in Höhe des für Kohle festgelegten Steuertarifs in Höhe von Euro 0,33 pro Gigajoule Kohle. A und B sollten sich daher zukünftig über die Abwälzung der Energiesteuer auf A einigen. A kann die Versteuerung der bezogenen Kohle nach dem Energiesteuerrecht über den Ausweis der Energiesteuer in der Rechnung problemlos nachweisen.

2.   Steuerentstehung nach § 32 Absatz 1 Nr. 2 EnergieStG

204   Die Energiesteuer auf Kohle entsteht auch, wenn Kohle im Steuergebiet durch den Inhaber einer Erlaubnis nach § 31 Absatz 4 EnergieStG **verwendet** wird. Der Inhaber einer Erlaubnis nach § 31 Absatz 4 EnergieStG ist „lediglich" berechtigt zum Bezug unversteuerter Kohle. Kohlelieferer im Sinne des Energiesteuergesetzes sind Personen, die Kohle gewerbsmäßig liefern. Der Lieferer von Kohle ist daher berechtigt, Kohle unversteuert zu beziehen und an Dritte zu liefern. Die Bewilligung als Kohlelieferer berechtigt aber nicht zur **Verwendung** der Kohle. Verwendung bedeutet im Verbrauchsteuerrecht den **Gebrauch** oder **Verbrauch** von Energieerzeugnissen. Liegen allerdings die Voraussetzungen einer **Steuerbefreiung** nach § 37 Absatz 1 und 2 Energiesteuergesetz vor, scheidet eine Steuerentstehung nach § 32 Absatz 1 Nr. 2 EnergieStG aus.

205   Der Lieferer von Kohle ist zum Bezug unversteuerter Kohle berechtigt, wenn ihm eine Erlaubnis nach § 31 Absatz 4 EnergieStG erteilt wurde. Die Berechtigung wird gegenüber dem Lieferanten durch Vorlage eines Erlaubnisscheines nachgewiesen. Die Erlaubnis ist gültig ab dem in der Erlaubnis angegebenen Datum. Ein Anspruch auf rückwirkende Erteilung besteht nicht; die Erlaubnis wird in der Praxis regelmäßig mit Wirkung ab dem Datum der Antragstellung (Eingang bei der Behörde) erteilt. Wer Kohle unversteuert beziehen will sollte daher **frühzeitig** eine entsprechende Erlaubnis beantragen.

E.   Die Besteuerung von Erdgas

Im Gegensatz zu den übrigen Energieerzeugnissen des Energiesteuergesetzes unterliegt das Erdgas aufgrund der Leitungsgebundenheit einer eigenen Besteuerungssystematik, die der des Stromsteuerrechts entspricht.   206

I.   Steuergegenstand

Erdgas wird in § 1 Abs. 9 EnergieStG als Ware der Unterpositionen 2711 11 und 271121 der KN definiert. Seit 01.04.2011 gilt auch Grubengas als Erdgas im Sinne der Kombinierten Nomenklatur. Für Gase, die beim Kohleabbau aufgefangen werden, wird deshalb in § 1a Nummer 14 EnergieStG[27] geregelt, dass diese energiesteuerrechtlich als Erdgas betrachtet werden. Dagegen sind gasförmige Biokraft- und Bioheizstoffe den gasförmigen Kohlenwasserstoffen zuzuordnen, für die die nachfolgenden Regelungen für die Besteuerung von Erdgas nicht gelten (vgl. § 1a Nummer 16 EnergieStG).   207

II.   Steuersatz

Wird Erdgas – wie sehr häufig – für begünstigte Zwecke verwendet, d. h. verheizt oder in begünstigten Anlagen nach § 3 EnergieStG eingesetzt, so beträgt der Steuertarif aktuell 5,50 Euro pro Megawattstunde (§ 2 Abs. 3 Satz 1 Nr. 4 EnergieStG). Im Falle einer nicht begünstigten (motorischen) Verwendung beträgt der Steuersatz nach dem bis zum 31. Dezember 2018 geltenden Tarif 13,90 Euro pro Megawattstunde, danach 31,80 Euro pro Megawattstunde (vgl. § 2 Abs. 2 Nr. 1 EnergieStG).   208

III.   Steuerentstehung

1.   Entnahme zum Verbrauch

Die Steuer entsteht in der Regel nach § 38 Abs. 1 EnergieStG dadurch, dass geliefertes oder selbst erzeugtes Erdgas im Steuergebiet zum Verbrauch aus dem Leitungsnetz entnommen wird, es sei denn, es schließt sich eine steuerfreie Verwendung an, welches allerdings die Ausnahme darstellt.   209

Aufgrund der Leitungsgebundenheit von Erdgas knüpft das Gesetz hinsichtlich der Entstehung der Energiesteuer – wie beim Strom – an die Entnahme aus dem Leitungsnetz zum „Verbrauch" an. Steuerschuldner ist regelmäßig der Lieferer. Bei einer Durchleitung durch das Leitungsnetz oder bei Bezug durch einen Weiterverteiler (Lieferer) zum Zweck der Weiterverteilung entsteht die Steuer (noch) nicht, da die reine Belieferung innerhalb des Netzes keine Entnahme zum Verbrauch darstellt. Insoweit entspricht die Systematik der des Stromsteuerrechts.   210

Ein sog. „Lieferer" von Erdgas kann das Erdgas somit an einen weiteren Erdgaslieferer unversteuert abgeben (der Status des Lieferers entspricht weitgehend dem Versorger i.S.d. StromStG). Allerdings sollte dieser beim Hauptzollamt angemeldet sein und die entsprechende Anmeldung als   211

---

27   Gesetz zur Änderung des Strom- und Energiesteuergesetzes vom 1. März 2011.

Lieferer seinem Vorlieferanten vorgelegt haben. Ohne Vorlage einer Anmeldung seines Kunden sollte der Vorlieferant das Erdgas nicht unversteuert abgeben, da er als Steuerschuldner gegenüber der Zollverwaltung in Anspruch genommen werden kann.

212 Ein Sonderfall ist der nicht angemeldete Lieferer. Er ist tatsächlich ein Lieferer, hat sich aber beim Hauptzollamt nicht angemeldet und folglich seinem Lieferanten auch keine Anmeldung vorgelegt. § 38 Abs. 5 EnergieStG geht davon aus, dass ein Vorlieferant seinem Kunden, der kein angemeldeter Lieferer von Erdgas ist, das Erdgas immer versteuert abgegeben hat. Hier setzt das Gesetz gegen den Grundsatz des steuerfreien Verkehrs zwischen Lieferern trotzdem die Entstehung der Steuer fest (§ 38 Abs. 5 Satz 1 EnergieStG).

213 Allerdings wird dem tatsächlichen Lieferer, der das Erdgas versteuert erworben hat, die durch den Vorlieferer gezahlte und auf ihn im Preis abgewälzte Steuer auf Antrag vom Hauptzollamt rückvergütet (§ 38 Abs. 5 Satz 3 EnergieStG). Voraussetzung dafür ist der Nachweis, dass die durch die tatsächliche Entnahme des Erdgases entstandene Steuer entrichtet worden ist, für das Erdgas keine Steuer entstanden ist oder das Erdgas unversteuert entnommen worden ist. Durch diese Regelung wird eine aufwändige Rückabwicklung zwischen den beiden Parteien vermieden. Sie sollte von Lieferanten in Anspruch genommen werden, um etwaige Schäden aufgrund eines Steuerausfalles zu vermeiden.

214 Auch der Eigenverbrauch von Erdgas durch Erdgasgewinnungsbetriebe oder Gaslager wird gesetzlich erfasst. Deren Verbrauch gilt ebenfalls als Entnahme aus dem Leitungsnetz (§ 38 Abs. 1 Satz 2 EnergieStG). Wird Erdgas dem Leitungsnetz entnommen, um nichtleitungsgebunden weitergegeben zu werden, ist das ebenfalls als Verbrauch anzusehen (§ 38 Abs. 1 Satz 3 EnergieStG).

2. Steuerschuldner

215 Steuerschuldner ist grundsätzlich der im Steuergebiet ansässige Lieferer, wenn das gelieferte Erdgas nicht durch einen anderen Lieferer aus dem Leitungsnetz entnommen wird, andernfalls derjenige, der das Erdgas aus dem Leitungsnetz entnimmt.

216 Wer mit Sitz im Steuergebiet Erdgas liefern, selbst erzeugtes Erdgas zum Selbstverbrauch im Steuergebiet entnehmen oder Erdgas von einem nicht im Steuergebiet ansässigen Lieferer zum Verbrauch beziehen will, hat dies vorher beim Hauptzollamt anzumelden (§ 38 Abs. 3 EnergieStG i. V. m. § 78 EnergieStV). Der Lieferer hat bestimmte Pflichten zu erfüllen, u. a. die Führung eines Belegheftes und das Führen von Aufzeichnungen (§ 79 EnergieStV).

217 Der Liefer hat Aufzeichnungen zu führen, aus denen für den jeweiligen Veranlagungszeitraum unter Angabe der für die Besteuerung maßgeblichen Merkmale die Menge des unversteuert bezogenen Erdgases und die Menge des gelieferten Erdgases, getrennt nach den unterschiedlichen Steuersätzen des § 2 des Gesetzes, ersichtlich sein müssen. Auch die Menge des unversteuert gelieferten Erdgases unter Angabe des Namens oder der Firma und der Anschrift des Empfängers und der Betrag der anzumeldenden und zu entrichtenden Steuer müssen klar erkennbar sein. Die Aufzeichnungen müssen so beschaffen sein, dass es einem sachverständigen Dritten innerhalb einer angemessenen Frist möglich ist, die Grundlagen für die Besteuerung festzustellen (vgl. hierzu § 79 Abs. 2 EnergieStV).

Mit Schreiben vom 14. März 2008[28] hat das Bundesfinanzministerium die Bundesfinanzdirektionen angewiesen, angemeldeten Erdgaslieferern auf Antrag schriftlich erneut zu bestätigen, dass sie weiterhin als Lieferer von Erdgas angemeldet sind. Das Hauptzollamt erteilt Lieferern von Erdgas daher einen schriftlichen Nachweis über die Anmeldung als Lieferer (§ 78 Abs. 4 EnergieStV i.V. mit § 38 Abs. 3 EnergieStG). Seitens der Gaswirtschaft wurde an das Bundesfinanzministerium herangetragen, dass es für Erdgaslieferer in bestimmten Fällen erforderlich sei, in regelmäßigen Abständen (z.B. jährlich) festzustellen, ob die Vertragspartner (Erdgasbezieher) weiterhin als Erdgaslieferer angemeldet seien. 218

Im Übrigen ist Steuerschuldner dann nicht der Lieferer, wenn dieser außerhalb des Steuergebiets ansässig ist (ausländischer Lieferer) oder das gelieferte Erdgas durch einen anderen Lieferer aus dem Leitungsnetz entnommen wird (§ 38 Abs. 2 Nr. 1 EnergieStG). In diesen Fällen ist der Entnehmer des Erdgases aus dem Leitungsnetz Steuerschuldner. 219

3. Lieferung an Mieter/Pächter

Das Hauptzollamt kann auf Antrag auch zulassen, dass derjenige, der Erdgas an seine Mieter, Pächter oder vergleichbare Vertragsparteien liefert, nicht als Lieferer gilt (§ 38 Abs. 4 EnergieStG). An den Lieferer geliefertes Erdgas gilt dann mit der Lieferung an ihn als aus dem Leitungsnetz entnommen. Hierdurch erreicht man, dass der Lieferer, der an sich unversteuertes Erdgas von seinem (Vor-)Lieferanten beziehen würde, das Erdgas versteuert bezieht und dadurch nicht den Pflichten eines Erdgaslieferers unterliegt. Gäbe es diese Vorschrift nicht, würde erst mit seiner Lieferung an den Endverbraucher (Mieter) die Steuer entstehen. Da der Lieferer in diesem Fall versteuertes Erdgas beziehen darf, wird dessen Vorlieferer zum Steuerschuldner (vgl. § 38 Abs. 4 Satz 1 EnergieStG). Die Lieferung vom (Vor-)Lieferer an den (Endkunden-)Lieferer gilt dann als Entnahme aus dem Leitungsnetz (vgl. § 38 Abs. 4 Satz 2 EnergieStG). 220

4. Differenzversteuerung und Rechnungshinweis

Da Erdgas (im Falle des Verheizens oder beim Einsatz in begünstigten Anlagen gemäß § 3 EnergieStG) mit einem niedrigeren Steuertarif besteuert werden kann, gibt es in § 42 EnergieStG eine Regelung für den Fall der nicht begünstigten – motorischen- Verwendung. Im Fall einer nichtbegünstigten Verwendung entsteht die Steuer in Höhe der Differenz („Differenzversteuerung"). Steuerschuldner ist, wer eine nicht begünstigte Handlung vornimmt. 221

Wer Energieerzeugnisse, für die die Steuer nach den Steuersätzen des § 2 Abs. 3 EnergieStG („Heizsteuersatz") entstanden ist, im Steuergebiet an Dritte abgibt, hat die für den Empfänger bestimmten Belege (Rechnungen, Lieferscheine, Lieferverträge oder dergleichen) nach § 107 Abs. 2 EnergieStV mit folgendem Hinweis zu versehen: 222

„Steuerbegünstigtes Energieerzeugnis! Darf nicht als Kraftstoff verwendet werden, es sei denn, eine solche Verwendung ist nach dem Energiesteuergesetz oder der Energiesteuer-Durchführungsverordnung zulässig. Jede andere Verwendung als Kraftstoff hat steuer- und strafrechtliche Folgen! In Zweifelsfällen wenden Sie sich bitte an Ihr zuständiges Hauptzollamt." 223

---

28 III A 1 – V 8240/08/10002

5. Biogas, welches in das Erdgasnetz eingespeist wird

224 Das Bundesfinanzministerium hat mit Schreiben vom 2. Juli 2008 [29] zur steuerlichen Behandlung von Biogas, das in das Erdgasleitungsnetz eingespeist wird, Stellung genommen.

225 Bei der Einspeisung von Biogas in das Erdgasleitungsnetz entsteht die Steuer danach nicht nach § 23 Abs. 1 Satz 1 Nr. 1 EnergieStG, weil im Zeitpunkt der Einspeisung keine Abgabe als Kraft- oder Heizstoff oder als Zusatz- oder Verlängerungsmittel von Kraft- oder Heizstoffen vorliegt. Die Steuer für das Erdgas-Biogas-Gemisch entstehe nach § 38 Abs. 1 EnergieStG durch Entnahme aus dem Erdgasleitungsnetz. Bis auf weiteres kann davon ausgegangen werden, dass es sich bei den aus dem Erdgasleitungsnetz ausgespeisten Gasgemischen um Erdgas im Sinne des Energiesteuergesetzes handelt.

226 Für die Steuerentlastung nach § 50 EnergieStG gilt aus dem Leitungsnetz entnommenes Erdgas als Biogas, soweit die Menge des entnommenen Gases im Wärmeäquivalent der Menge von an anderer Stelle im Geltungsbereich des Gesetzes in das Erdgasleitungsnetz eingespeistem Biogas entspricht. Auf den tatsächlich im entnommenen Erdgas enthaltenen Biogasanteil kommt es für die Steuerentlastung nicht an.

227 Als Nachweis für die Menge des an anderer Stelle in das Erdgasleitungsnetz eingespeisten Biogases sind nach Auffassung der Finanzverwaltung grundsätzlich die Rechnungen über das bezogene Biogas anzuerkennen. Der Entlastungsberechtigte hat die in § 50 EnergieStG geforderten Eigenschaften des Biogases durch entsprechende Bestätigungen des Biogaslieferers nachzuweisen.

228 Die Steuerentlastung kann nur gewährt werden, wenn sich die Bestätigungen lückenlos bis zum Biogashersteller zurückverfolgen lassen und sie korrekt sind. Die Bestätigungen sollte der Biogaslieferer zweckmäßigerweise auf den Ausgangsrechnungen abgeben.

229 Grundlage für den Nachweis der Entnahme des Biogases aus dem Erdgasleitungsnetz und damit für die entlastungsfähige Biogasmenge sind grundsätzlich die Ausgangsrechnungen des Steuerschuldners, der das Biogas nach eigener Wahl den Entnahmestellen zuordnen kann. Auf den Ausgangsrechnungen muss die verkaufte Biogasmenge erkennbar sein. Um eine doppelte Entlastung von der Energiesteuer zu vermeiden, sollten die Ausgangsrechnungen außerdem den Hinweis enthalten, dass der Biogasanteil bereits steuerentlastet ist. In Einzelfällen kann von dieser Abrechnungsmethode abgewichen werden. So kann es z.B. praktikabler sein, für die Steuerentlastung die bezogene Biogasmenge zugrunde zu legen, wenn die Mengen ausschließlich zum gleichen Steuertarif abgegeben werden. Im Kalenderjahr darf nicht mehr Biogas entlastet werden als bezogen wurde; buchmäßige Mehrbestände an Biogas können aber auf das nächste Kalenderjahr übertragen werden.

IV. Steuerbefreiung

230 Für Erdgas gibt es nur wenige Steuerbefreiungstatbestände; in der Mehrzahl der Fälle muss sich der Steuerpflichtige bei der Verwendung von versteuerten Erdgas der Entlastungstatbestände bedienen.

---

29 III A 1 – V 8245/07/0006

Eine Ausnahme einer Steuerbefreiung für Erdgas stellt § 44 EnergieStG dar. Nach § 44 Abs. 2   231
EnergieStG darf Erdgas vom Inhaber eines Gasgewinnungsbetriebes auf dem Betriebsgelände
steuerfrei zur Aufrechterhaltung des Betriebes verwendet werden, jedoch nicht zum Antrieb von
Fahrzeugen. Unter Gasgewinnungsbetrieben sind Betriebe zu verstehen, in denen Erdgas gewonnen oder bearbeitet (hergestellt) wird (§ 44 Abs. 3 Satz 1 EnergieStG).

Voraussetzung für eine Steuerbefreiung ist eine Erlaubnis des Hauptzollamtes, in dessen Bezirk   232
das Erdgas verwendet werden soll (§ 44 Abs. 1 Satz 1 EnergieStG i. V m. § 83 Abs. 1 EnergieStV).
Einzelheiten zum Antrag und zu den Pflichten des Erlaubnisinhabers sind in §§ 83 Abs. 2, 85
EnergieStV geregelt.

Seit 01.0.4. 2011 kann eine Steuerbegünstigung für Erdgas, das beim Kohleabbau aufgefangen   233
wird, über § 44 EnergieStG erlangt werden, da es sich bei diesen Gasen ab 01.04.2011 um Erdgas
handeln soll. Die bis zum 01.04.2011 geltende Steuerbefreiung des § 28 EnergieStG findet auf
Grubengas keine Anwendung mehr. Betriebe, die in der Vergangenheit Grubengas steuerfrei nach
§ 28 EnergieStG verwendet haben, müssen ab 01.04.2011 eine Erlaubnis zur steuerfreien Verwendung nach § 44 Abs. 2a EnergieStG stellen. Nach § 44 Abs. 2a EnergieStG darf Erdgas, das beim
Kohleabbau aufgefangen wird, steuerfrei zum Antrieb von Gasturbinen und Verbrennungsmotoren in begünstigten Anlagen nach § 3 verwendet werden. Ansonsten stehen diesen Betrieben
selbstverständlich auch die Steuerentlastungen für Erdgas offen.

V.   Steueranmeldung, Fälligkeit

Der Steuerschuldner hat für Erdgas, für das die Steuer entstanden ist, eine Steuererklärung abzu-   234
geben und darin die Steuer selbst zu berechnen (Steueranmeldung). Der Steuerschuldner kann
die Steueranmeldung monatlich oder jährlich abgegeben. Für Erdgas, das in einem Monat (Veranlagungsmonat) entstanden ist, ist die Anmeldung bis zum 15. Tag des folgenden Monats abzugeben. Die Steuer, die in einem Monat entstanden ist, ist am 25. Tag des folgenden Monats fällig.

Abweichend davon kann der Steuerschuldner die Steuer auch jährlich anmelden. In diesem Fall   235
muss der Steuerschuldner unterjährig Vorauszahlungen leisten. Die Vorauszahlung beträgt in der
Regel ein Zwölftel der Steuer, die im vorletzten dem Veranlagungsjahr vorhergehenden Kalenderjahr entstanden ist. Der Steuerschuldner kann aber beantragen, dass eigene Erstattungen bei der
Höhe der Vorauszahlungen mindernd zu berücksichtigen sind. Insbesondere Erdgaslieferer, die
sowohl Steuerschuldner sind als auch oftmals eigene Erstattungsansprüche (z.B. für Unternehmen
des Produzierenden Gewerbes) haben, können auf diese Weise den Liquiditätsabfluss begrenzen.

Das Wahlrecht zwischen monatlicher und jährlicher Anmeldung ist durch eine schriftliche Erklä-   236
rung auszuüben, die dem Hauptzollamt vor Beginn des Kalenderjahres vorliegen muss.

Bei jährlicher Anmeldung ist die Steuer für jedes Kalenderjahr (Veranlagungsjahr) bis zum 31.   237
Mai des folgenden Kalenderjahres anzumelden und unter Anrechnung der geleisteten monatlichen Vorauszahlungen am 25. Juni dieses Kalenderjahres fällig.

VI.   Rollierendes Abrechnungsverfahren

Wird die Lieferung oder der Verbrauch von Erdgas nach Ablesezeiträumen abgerechnet oder er-   238
mittelt, die mehrere Veranlagungsmonate oder mehrere Veranlagungsjahre betreffen, ist insoweit
eine sachgerechte, von einem Dritten nachvollziehbare Schätzung zur Aufteilung der im gesamten

3

Ablesezeitraum entnommenen Erdgasmenge auf die betroffenen Veranlagungszeiträume durchzuführen. Wenn Ablesezeiträume später enden als der jeweilige Veranlagungszeitraum, ist die voraussichtlich im Veranlagungszeitraum entnommene Erdgasmenge zur Versteuerung anzumelden. Nachdem ein solcher Ablesezeitraum endet, hat der Steuerschuldner die zuvor geschätzte und angemeldete Erdgasmenge sowie die darauf entfallende Steuer entsprechend zu berichtigen. Die Berichtigung ist für den Veranlagungszeitraum vorzunehmen, in dem der Ablesezeitraum endet, d.h. im folgenden Veranlagungszeitraum. Eine Korrektur der „alten" Veranlagung ist nicht vorzunehmen. Die Steuer oder der Erstattungsanspruch für die Differenzmenge zwischen der angemeldeten und der berichtigten Menge gilt insoweit erst in dem Zeitpunkt als entstanden, in dem der Ablesezeitraum endet. (Vgl. § 38 Abs. 6 EnergieStG)

VII. Festsetzungsfrist bei der Energiesteueranmeldung für Erdgas

239   Nach § 169 Absatz 2 Satz 1 Nummer 1 AO beträgt die Festsetzungsfrist für Verbrauchsteuern und Verbrauchsteuervergütungen ein Jahr. Diese Regelung gilt sowohl für die Strom- als auch für die Energiesteuer. Unterschiedliche Regelungen gab es allerdings beim Verjährungsbeginn. Bislang begann die Festsetzungsfrist für die Energiesteuer (Erdgas) – abweichend von der Stromsteuer – bereits am 31.12. des Kalenderjahrs der Steuerentstehung.

240   Durch das Jahressteuergesetz 2010[30] wurde Ende 2010 § 170 Abs. 2 Satz 2 AO geändert und der Beginn der Festsetzungsfrist bei Erdgas entsprechend den Bestimmungen für die Stromsteuer angepasst. Damit sind die Fristen für die Abgabe der Steueranmeldung bei Erdgas und Strom bei jährlicher Anmeldung künftig nicht mehr unterschiedlich; § 170 Absatz 2 Satz 1 AO findet nun auch auf Erdgas Anwendung. Dies gilt bei Jahresmeldungen u.E. bereits für das Kalenderjahr 2009.

241   Die Festsetzungsfrist beginnt daher, wenn eine Jahressteueranmeldung einzureichen ist (z.B. am 31. Mai des auf die Steuerentstehung folgenden Jahres), erst mit Ablauf des Kalenderjahres, in dem die Steueranmeldung eingereicht wird, spätestens jedoch mit Ablauf des dritten Kalenderjahres, das auf das Kalenderjahr folgt, in dem die Steuer entstanden ist.

242   ▶ **Beispiel:**

Die Erdgassteuer entsteht im Laufe des Jahres 2011. Der Steuerschuldner reicht am 31. Mai 2012 die jährliche Steueranmeldung für das Jahr 2011 ein.

243   Die Festsetzungsfrist beginnt hier mit Ablauf des 31. Dezember 2012 und endet am 31.12.2013.

---

30   vom 8.12.2010, BGBL 2010 I S. 1768f (1793).

F. Einfuhr von Energieerzeugnissen

Die Einfuhr von Energieerzeugnissen unterliegt einem komplexen Regelungssystem; Vorschrif- 244
ten des Zoll-, Umsatzsteuer- und des Energiesteuerrechts sind dabei zwingend zu beachten. Der
Praktiker sollte daher zumindest mit den Grundzügen des Verfahrens vertraut sein. Auch und
gerade im Zollrecht wird von den Zollbeteiligten die Kenntnis aller einschlägigen Bestimmungen
vorausgesetzt.

I. Verhältnis von Zollrecht zu Energiesteuerrecht

Zollrecht und Energiesteuerrecht stehen selbständig nebeneinander und verfolgen jeweils unter- 245
schiedliche Ziele; das Zollrecht stellt auf den Tatbestand der **Einfuhr** ab, während das Energiesteuerrecht in erster Linie auf die **Verwendung** von Energieerzeugnissen im Steuergebiet abstellt.
Mit dem 4. Verbrauchsteuer-Änderungsgesetz wurden mit Wirkung zum 01. April 2010 Änderungen bezüglich der Einfuhr von Energieerzeugnissen wirksam. Mit Wirkung zum 01. April
2010 gilt für die energiesteuerrechtliche Behandlung eingeführter Energieerzeugnisse nicht mehr
der generelle Verweis auf die sinngemäße Anwendung der Zollvorschriften (vgl. § 19 EnergieStG
i.d. bis zum 31. März 2010 geltenden Fassung). Das Energiesteuergesetz enthält jetzt mit § 19 b)
EnergieStG einen originären Steuerentstehungstatbestand für die Einfuhr von Energieerzeugnissen, ergänzt um diverse Begriffsbestimmungen wie zum Beispiel der Einfuhr (§ 19 Absatz 1) und
des Ortes der Einfuhr (§ 1a Nr. 9).

II. Anwendungsbereich von Zoll- und Energiesteuerrecht

Nach den Bestimmungen des Zollrechts der Europäischen Gemeinschaft müssen Waren aus 246
Drittländern nach dem Verbringen in das Zollgebiet der Gemeinschaft gestellt und einer zollrechtlichen Bestimmung zugeführt werden. Das Zollrecht bietet dann eine Reihe von Zollverfahren, zwischen denen der Zollbeteiligte entsprechend dem jeweiligen wirtschaftlichen Bedürfnis-
sen wählen kann. Wer dagegen über die eingeführten Waren im Zollgebiet frei von zollrechtlichen
Bestimmungen verfügen will, muss die Waren in den zoll- und einfuhrumsatzsteuerlich freien
Verkehr überführen. Die Überführung von Energieerzeugnissen in den zoll- und einfuhrumsatzsteuerlich freien Verkehr richtet sich nach den Zollrecht der Europäischen Gemeinschaft und den
Bestimmungen des deutschen Umsatzsteuerrechts, die sich auf die Einfuhr von Waren (§§ 11, 21
UStG) beziehen. Mit der vollständigen Zahlung der Einfuhrabgaben entfällt dann die zollamtliche Überwachung und der Zollbeteiligte kann grundsätzlich frei über die Waren verfügen. Solange sich die in das Steuergebiet verbrachten Energieerzeugnisse in einem zollrechtlichen Nichterhebungsverfahren befinden, liegt eine energiesteuerrechtliche Einfuhr nicht vor (§ 19 Absatz
1) und energiesteuerrechtliche Bestimmungen greifen für die verbrachten Energieerzeugnisse
grundsätzlich nicht. Energieerzeugnisse, die sich in einem zollrechtlichen Nichterhebungsverfahren befinden, sind nicht im energiesteuerrechtlich freien Verkehr (§ 1a Nr. 10); zudem finden
für verbrauchsteuerpflichtige Waren (auch: Energieerzeugnisse), die sich in einem zollrechtlichen
Nichterhebungsverfahren befinden, die Bestimmungen über das Verfahren der Steueraussetzung
keine Anwendung (Soyk in: Friedrich/Meißner, Kommentar EnergieStG 20. Lfg. § 1a Rn. 40).
Eine verbrauchsteuerrechtliche Überwachung ist in diesen Fällen nicht erforderlich (Soyk in:
Friedrich/Meißner, Kommentar EnergieStG 20. Lfg. § 1a Rn. 40).

III.   Maßgebliche Vorschriften im Zusammenhang mit der Einfuhr von Energieerzeugnissen

247   Die Einfuhr von Energieerzeugnissen unterliegt nicht nur zoll- und steuerrechtlichen Bestimmungen. Anwendung können auch Bestimmungen des Außenwirtschaftsrechts und der Außenhandelsstatistik finden. Darüber hinaus sind im Zusammenhang mit der Einfuhr stehende Verbote und Beschränkungen zu beachten.

248   Für Energieerzeugnisse, die in den zoll-, einfuhrumsatzsteuer- und energiesteuerrechtlich freien Verkehr überführt werden, sind im Wesentlichen die folgenden Rechtsvorschriften einschlägig:

- Zollrecht:

  Verordnung (EWG) Nr. 2913/92 des Rates vom 12. Oktober 1992 zur Festlegung des Zollkodex der Gemeinschaften (Zollkodex),

  Verordnung (EWG) Nr. 2454/93 der Kommission vom 02. Juli 1993 mit Durchführungsvorschriften zu der Verordnung (EWG) Nr. 2913/92 des Rates zur Festlegung des Zollkodex der Gemeinschaften (ZK-DVO),

  Verordnung (EWG) Nr. 2658/87 des Rates vom 23. Juli 1987 über die zolltarifliche und statistische Nomenklatur sowie den Gemeinsamen Zolltarif (KN),

  Verordnung (EG) Nr. 1186/2009 des Rates vom 16. November 2009 über das gemeinschaftliche System der Zollbefreiungen (ZollbefrVO),

  Zollverwaltungsgesetz (ZVG) und Zollverordnung (ZVO) als nationale Bestimmungen.

- **Umsatzsteuerrecht:**

  Umsatzsteuergesetz (UStG),

  Umsatzsteuer-Durchführungsverordnung (UStDV),

  Einfuhrumsatzsteuer-Befreiungsverordnung (EUStBV).

- **Energiesteuerrecht:**

  Energiesteuergesetz (EnergieStG) vom 15. Juli 2006,

  Verordnung zur Durchführung des Energiesteuergesetzes (EnergieStV),

  Einfuhrverbrauchsteuer-Befreiungsverordnung (EVerbrStBV) vom 8. Juni 1999,

  Richtlinie 2008/118/EG des Rates vom 16. Dezember 2008 über das allgemeine Verbrauchsteuersystem und zur Aufhebung der Richtlinie 92/12/EWG (SystemRL).

IV.   Begriffsbestimmungen

249   Zum besseren Verständnis der Regelungen bezüglich der Einfuhr von Energieerzeugnissen ist die Kenntnis bestimmter Definitionen unerlässlich. Es handelt sich im Folgenden um Begriffe, die im Zusammenhang mit der Einfuhr von Energieerzeugnissen von grundsätzlicher Bedeutung sind. Durch das **Vierte Gesetz zur Änderung von Verbrauchsteuergesetzen (VerbrauchStÄG)** vom 15. Juli 2009 wurden durch Artikel 6 zahlreiche Bestimmungen bezüglich der Einfuhr von Energieerzeugnissen mit Wirkung zum 01. April 2010 geändert beziehungsweise neu eingeführt. Die im Zusammenhang mit der Einfuhr stehenden Begriffe werden in den §§ 1a und § 19 EnergieStG geregelt. Die Entstehung der Energiesteuer für die Einfuhr von Energieerzeugnissen nach § 4 EnergieStG ist mit Wirkung zum 1. April 2010 durch § 19b EnergieStG auf eine neue Rechtsgrund-

lage gestellt worden. § 19b EnergieStG gilt ausschließlich für Energieerzeugnisse nach § 4 EnergieStG. Im Folgenden werden einige im Zusammenhang mit der Einfuhr stehende bedeutsame Begriffe erläutert, die mit Wirkung zum 01. April 2010 durch das **VerbrauchStÄG** Eingang in das Energiesteuergesetz gefunden haben:

1.   Einfuhr

Einfuhr ist   250

▨   der **Eingang** von Energieerzeugnissen aus Drittländern oder Drittgebieten in das Steuergebiet, es sei denn, die Energieerzeugnisse befinden sich beim Eingang in einem zollrechtlichen Nichterhebungsverfahren;

▨   die **Entnahme** von Energieerzeugnissen aus einem zollrechtlichen Nichterhebungsverfahren im Steuergebiet, es sei denn, es schließt sich ein weiteres zollrechtliches Nichterhebungsverfahren an.

Für das Verbrauchsteuerrecht typisch, wird auch bei der Definition der Einfuhr auf sogenannte   251
Realakte wie der **Eingang** oder die **Entnahme** abgestellt. Der Zollkodex selbst enthält keine ausdrückliche Definition für den Begriff der Einfuhr. Unter der Einfuhr wird im Zollrecht allgemein das endgültige oder vorübergehende **Verbringen** von Waren in das Zollgebiet der Gemeinschaft verstanden (Witte, Zollkodex Art. 4 Rz. 2). Mit § 19 Absatz 1 Nr. 1 EnergieStG wurde nunmehr mit Wirkung zum 1. April 2010 eine eigene energiesteuerrechtliche Definition eingeführt.

2.   Drittgebiete

Das Energiesteuergesetz enthält mit Wirkung zum 1. April 2010 neben dem Begriff der Drittlän-   252
der zusätzlich den Begriff der Drittgebiete; dabei handelt es sich um Gebiete, die außerhalb des Verbrauchsteuergebiets der Europäischen Gemeinschaft liegen aber zum Zollgebiet der Gemeinschaft gehören, § 1a Nr. 6 EnergieStDV. Es handelt sich konkret um die **Kanarischen Inseln**, die **französischen überseeischen Departements**, die **Alandinseln** und die **britischen Kanalinseln** (Soyk in: Friedrich/Meißner, Kommentar EnergieStG 20. Lfg. § 1a Rn. 23).

3.   Ort der Einfuhr

Der Ort der Einfuhr wird in § 1a Nr. 9 EnergieStG wie folgt definiert: 253

▨   Beim Eingang von Energieerzeugnissen aus Drittländern der Ort, an dem sich die Waren bei ihrer Überführung in den **zollrechtlich freien** Verkehr nach Artikel 79 des Zollkodex befinden,

▨   Beim Eingang von Energieerzeugnissen aus Drittgebieten der Ort, an dem die Energieerzeugnisse in sinngemäßer Anwendung des Artikel 40 ZK zu gestellen sind.

Werden Energieerzeugnisse nach der Einfuhr (§ 19 Absatz1) **unmittelbar** am **Ort der Einfuhr**   254
in ein Verfahren der Steueraussetzung (§ 5) oder der Steuerbefreiung (§ 24 Absatz 1) überführt, entsteht für die Dauer der ordnungsgemäßen Inanspruchnahme dieser Verfahren keine Energiesteuer. Am **Ort der Einfuhr** finden Zoll- und Energiesteuerrecht zusammen; werden die Energieerzeugnisse nach der Gestellung auf dem Amtsplatz bzw. einem anderen von der zuständigen Zollbehörde zugelassenen Ort in den zoll- und einfuhrumsatzsteuerlich freien Verkehr überführt,

3

stellt sich die Frage nach dem energiesteuerrechtlichen Schicksal der Energieerzeugnisse. Solange sich aber in das Zollgebiet der Europäischen Gemeinschaft verbrachte Waren in einem zollrechtlichen Nichterhebungsverfahren befinden bedarf es keines Systems der verbrauchsteuerlichen Überwachung (vgl. SystemRL, Erwägungsgründe Nr. 7).

4.   Zollrechtliche Nichterhebungsverfahren

255   Zollrechtliche Nichterhebungsverfahren sind nach dem EnergieStG beim Eingang von **Nichtgemeinschaftswaren** die folgenden Verfahren:

- Die nach Titel III Kapitel 1 bis 4 ZK vorgesehenen besonderen Verfahren der **Zollüberwachung** beim Eingang der Waren in das Zollgebiet der Gemeinschaft; zum Beispiel unterliegen gemäß Artikel 37 Absatz 1 ZK Waren, die in das Zollgebiet der Gemeinschaft verbracht werden, der zollamtlichen Überwachung und befinden sich daher bereits vom Zeitpunkt des Verbringens in das Zollgebiet der Gemeinschaft energiesteuerrechtlich in einem zollrechtlichen Nichterhebungsverfahren. Nichtgemeinschaftswaren stehen unter anderem solange unter zollamtliche Überwachung bis sich ihr zollrechtlicher Status ändert; gemäß Artikel 79 Satz 1 ZK erhält eine Nichtgemeinschaftsware den zollrechtlichen Status einer Gemeinschaftsware durch Überführung in den freien Verkehr.

- Die vorübergehende Verwahrung nach Titel III Kapitel 5 ZK. Waren, die in das Zollgebiet der Gemeinschaft verbracht werden, unterliegen der zollamtlichen Überwachung und ab dem Zeitpunkt der **Gestellung** bei der zuständigen Zollstelle befinden sich die Waren in der **vorübergehenden Verwahrung** gemäß § 50 ZK. Die Waren befinden sich in dieser Zeit in der Obhut der Zollstelle. Die vorübergehende Verwahrung endet mit dem Erhalt einer zollrechtlichen Bestimmung (Artikel 50 Satz 1 ZK); praktisch häufigster Fall ist die Überführung in den zollrechtlich freien Verkehr.

- Verfahren in **Freizonen** oder **Freilagern** nach Titel IV Kapitel 3 Abschnitt 1 ZK.

- Verfahren nach Artikel 84 Absatz 1 Buchstabe a ZK; z.B. Versandverfahren, Zolllagerverfahren.

- Nationale Zollverfahren der Truppenverwendung.

256   Beim Eingang von **Gemeinschaftswaren** aus Drittgebieten sind zollrechtliches Nichterhebungsverfahren die nach Titel III Kapitel 1 bis 4 ZK Verfahren der Zollüberwachung. Mit der Bezugnahme des Energiesteuergesetzes auf Bestimmungen des Zollrechts erlangen zwangsläufig Begriffe des Zollrechts Bedeutung für die Anwendung energiesteuerrechtlicher Bestimmungen. Eine hilfreiche Übersicht bietet Artikel 4 ZK.

257   Anbei einige Erläuterungen von Begriffen aus dem Zollrecht, die im Rahmen der Einfuhr von Energieerzeugnissen zum Basiswissen gehören sollten:

- **Einfuhrabgaben:** Erfasst werden Zölle, Einfuhrumsatzsteuer, **Verbrauchsteuern** sowie Agrarabgaben (Witte, Zollkodex Art. 4 Rz. 2).

- **Gemeinschaftswaren:** Waren, die sich im freien Verkehr befinden. Eine umfassende Darstellung enthält Artikel 4 Nr. 7 ZK.

- **Gestellung** ist gemäß Artikel 4 Nr. 19 ZK die Mitteilung an die Zollbehörden in der vorgeschriebenen Form, dass sich die Waren bei der Zollstelle oder an einem anderen von den Zollbehörden bezeichneten oder zugelassenen Ort befinden.

▪ **Nichtgemeinschaftswaren:** alle anderen als die Artikel 4 Nr. 7 ZK genannten Waren. Grundsätzlich erhalten Waren mit dem Verbringen in das Zollgebiet der Gemeinschaft den Status Nichtgemeinschaftsware.

▪ **Verbringen** ist der Warenverkehr von außerhalb der Europäischen Union in das Zollgebiet der Europäischen Union (Witte/Kampf, Zollkodex Art. 37 Rz 3).

▪ **Zollanmeldung:** Gemäß Artikel 4 Nr. 17 die Handlung, mit der eine Person in der vorgeschriebenen Form und nach den vorgeschriebenen Bestimmungen die Absicht bekundet, eine Ware in ein bestimmtes Zollverfahren überführen zu lassen. Zollanmeldungen werden mittlerweile ganz überwiegend in **elektronischer** Form abgegeben. Die inhaltlichen Anforderungen an eine Zollanmeldung haben sich dadurch nicht verändert.

▪ **Zollanmelder:** Die Person, die in eigenem Namen eine Zollanmeldung abgibt oder die Person, in deren Namen eine Zollanmeldung abgegeben wird (Artikel 4 Nr. 18 Zollkodex) Die Rechtswirkungen einer Zollanmeldung treffen die Person des Zollanmelders; er wird auch Schuldner der Einfuhrabgaben (Witte, Zollkodex Art. 201 Rz. 6).

V.   Zuständige Behörden

Für die Anwendung des Zollrechts und des Energiesteuerrechts ist fachlich die Zollverwaltung als Teil der Bundesfinanzverwaltung zuständig. Die örtlich zuständigen Behörden sind die **Hauptzollämter**. Den Hauptzollämtern obliegt als örtlichen Bundesbehörden unter anderem die Verwaltung der **Zölle**, der **Einfuhrumsatzsteuer** und der **Verbrauchsteuern**.   258

Die örtliche Zuständigkeit für die Anwendung des Zollrechts ist abhängig von der Inanspruchnahme des jeweiligen Zollverfahrens. Für die Abfertigung von Energieerzeugnissen zur Ausfuhr nach dem Zollrecht (Artikel 161 Absatz 5 ZK) ist zum Beispiel die sogenannte **Ausfuhrzollstelle** zuständig, für die Bewilligung von Zollverfahren die **Bewilligungszollstelle.** Der körperliche Ausgang von Waren aus dem Zollgebiet der Europäischen Gemeinschaft wird wiederum von der sogenannten Ausgangszollstelle überwacht (Soyk in: Friedrich/Meißner 20. Lfg. § 1a Rn. 82). Das Energiesteuerrecht enthält in § 1 Nr. 11 EnergieStV eine eigene Definition der Ausgangszollstelle.

Für die Überführung von Waren in den zoll- und einfuhrumsatzsteuerlich freien Verkehr gilt: für die Abfertigung von Waren zum freien Verkehr ist grundsätzlich **jede Zollstelle** befugt, der die Waren zuvor gestellt wurden (Witte/Henke, Zollkodex, Art. 61 Rz. 17).   259

Die örtliche Zuständigkeit für die Anwendung des Energiesteuerrechts liegt bei dem Hauptzollamt, von dessen Bezirk aus das Unternehmen **betrieben** wird, § 1a EnergieStV. Ohne Betreiben eines Unternehmens im Steuergebiet ist das Hauptzollamt zuständig, in dessen Bezirk die entsprechende Person (natürliche und juristische sowie Personengesellschaften) ihren Wohnsitz hat. In allen anderen Fällen ist das Hauptzollamt örtlich zuständig, in dessen Bezirk das Unternehmen oder die Person erstmalig **steuerlich** in Erscheinung tritt.   260

VI.   Steuertarif – Kombinierte Nomenklatur

Im Zusammenhang mit der Einfuhr von Energieerzeugnisse können die folgenden Einfuhrabgaben entstehen: **Zölle, Einfuhrumsatzsteuer** und die **Energiesteuer**. Die Ermittlung der konkreten Höhe der Abgabenlast sind unterschiedliche Vorschriften heranzuziehen: 261

▪ Zolltarif der Europäischen Gemeinschaft

- Umsatzsteuergesetz
- Energiesteuergesetz

262   Mit der Überführung von Energieerzeugnissen in den zoll- und einfuhrumsatzsteuerlich freien Verkehr der Europäischen Gemeinschaft entsteht die Zoll- und Einfuhrumsatzsteuerschuld. Die Höhe des anzuwendenden Zollsatzes richtet sich nach dem **Zolltarif** der Europäischen Gemeinschaft.

> Artikel 20 Absatz 1 ZK bestimmt:
>
> „Die bei Entstehen einer Zollschuld gesetzlich geschuldeten Abgaben (Anmerkung: Einfuhrabgaben im Sinn von Artikel 4 Nr. 10 ZK) stützen sich auf den Zolltarif der Europäischen Gemeinschaften."

263   Der Zolltarif der EG umfasst gemäß Artikel 20 Absatz 3 Buchstabe b) ZK unter anderem die Regelzollsätze (Witte/Alexander, Zollkodex Art. 20 Rz. 60). Der geschuldete Zoll ist in der Regel ein Wertzoll in Höhe eines Prozentsatzes des **Wertes** der eingeführten Waren (Witte/Alexander, Zollkodex Art. 20 Rz. 60). Bemessungsgrundlage für die Ermittlung der Zollschuld ist daher für das Zollrecht der sogenannte Zollwert; Ausgangspunkt ist regelmäßig der **vereinbarte Kaufpreis** (Witte/Reiche, Zollkodex Art. 29 Rz. 12). Die maßgeblichen Vorschriften ergeben sich aus Artikel 29 ff. ZK und Art. 141 – 149 ZKDVO.

264   Bemessungsgrundlage für die Festsetzung der Energiesteuer ist dagegen nicht der Warenwert sondern das **Gewicht** (z.B. kg bei Heizöl), das **Volumen** (z.B. Liter bei Benzin), die **Messeinheit** der **Energie** der Gase (z.B. Megawattstunde bei Erdgas) beziehungsweise die **Messeinheit** Gigajoule (GJ), die derzeit in § 2 Absatz 1 Nr. 9 und 10 lediglich für Kohle und Petrolkoks der Position 2713 der KN vorgesehen ist.

265   Mit dem Gesetz zur Änderung des Energiesteuer- und des Stromsteuergesetzes ist mit § 2 Absatz 4a EnergieStG die Messeinheit **Gigajoule** auch für **feste** Energieerzeugnisse eingeführt worden, soweit diese auf Grund ihrer Beschaffenheit keinen der in § 2 Absatz 1 genannten Energieerzeugnisse sinnvoll zugeordnet werden können. Der Steuertarif beträgt mit Wirkung ab dem 01. April 2011 **Euro 0,33** Gigajoule.

266   Neben den Zollsätzen enthält der Zolltarif auch den jeweils anzuwendenden Einfuhrumsatzsteuersatz in Höhe 19 % beziehungsweise 7 %. Für Energieerzeugnisse gilt überwiegend der Regelsteuersatz in Höhe von 19 %; es können aber auch Umsatzsteuer – Ermäßigungen nach Nr. 26 der Anlage 2 zu § 12 Absatz 2 Nr. 1 und 2 UStG in Betracht kommen. Der konkret anzuwendende Steuersatz ergibt sich für alle Energieerzeugnisse aus § 2 EnergieStG (Steuertarif). Besondere Steuersätze für den Fall der Einfuhr enthält das Energiesteuerrecht nicht. Es können aber besondere Tatbestände der **Befreiung von der Energiesteuer** nach Maßgabe der EVerbrStBV bestehen, die wiederum auf die Tatbestände der Zollbefreiungs-Verordnung verweisen.

VII.   Einfuhr von Energieerzeugnissen nach § 4 EnergieStG

267   Die Einfuhrregelungen des § 19b EnergieStG beziehen sich allein auf Energieerzeugnisse nach § 4 EnergieStG. Für kohlenwasserstoffhaltige Waren, die erst durch eine Bestimmung zur Verwendung als Heizstoff gemäß § 1 Absatz 3 Satz 1 Nr. 2 EnergieStG zu einem Energieerzeugnis werden, gilt daher: wenn im Zeitpunkt der Einfuhr eine entsprechende Bestimmung gegeben ist, liegt überhaupt erst ein Energieerzeugnis nach § 4 EnergieStG vor und die Regelungen des § 19b EnergieStG kommen zur Anwendung.

Die von § 4 EnergieStG unter anderem erfassten pflanzlichen beziehungsweise tierischen Öle oder   268
Fette der Positionen 1507 bis 1518 der KN werden erst mit ihrer **Bestimmung** zur Verwendung
als Heiz- oder Kraftstoff zu Energieerzeugnissen. Entsprechendes gilt für Methylalkohol (Unterposition 2905 1100 der KN) und Waren der Unterposition 3824 9099.

Ist eine solche Bestimmung im Zeitpunkt der Einfuhr (§19b Absatz 1) nicht gegeben, ist eine Steu-   269
erentstehung im Zusammenhang mit dem Verbringen der genannten Waren in das Steuergebiet
nach § 19b EnergieStG schon deshalb ausgeschlossen, weil kein Energieerzeugnis nach § 4 EnergieStG vorliegt. Die Waren unterliegen dann im Anschluss an das Verbringen in das Zollgebiet der
Europäischen Gemeinschaft nicht den Bestimmungen über das Verfahren der Steueraussetzung.
Folgerichtig richtet sich die Entstehung der Energiesteuer für diese Waren allein nach § 23 EnergieStG (unter Umständen auch nach § 20 EnergieStG).

Waren der Positionen **1507** bis **1518** der KN sind **Sojaöl**, **Erdnussöl**, **Olivenöl**, **Palmöl**, **Sonnen-**   270
blumenöl, **Kokosöl**, **Raps-** und **Rübsenöl**, andere **tierische** und **pflanzlich Fette** und Öle, **Ma-**
garine sowie **tierische** und **pflanzliche Fette** und Öle sowie deren **Fraktionen**, gekocht, oxidiert,
dehydratisiert, geschwefelt, geblasen, durch Hitze im Vakuum oder in inertem Gas polymerisiert
oder anders chemisch modifiziert, ausgenommen Waren der Position 1516 ...(vgl. hierzu die Erl.
KN Kap. 15, zusammenfassender Überblick bei Friedrich, Energiesteuern und erneuerbare Energien, Seite 2675).

🛈 **Hinweis:**

Bereits zum Zeitpunkt der Einfuhr muss Klarheit darüber bestehen, ob eine Bestimmung der kohlenwasserstoffhaltigen Ware   271
zur Verwendung als Heizstoff gegeben ist oder nicht. Dabei ist unerheblich, ob unter Umständen eine solche Verwendung
später nicht ausgeschlossen werden kann. Fehleinschätzungen im Zeitpunkt der Einfuhr bergen die Gefahr, das energiesteu-
*erpflichtige Waren **ohne Abgabe** einer vollständigen Zoll- beziehungsweise Steueranmeldung in den steuerrechtlich freien*
Verkehr (§ 1a Nr. 10) überführt und ohne Beachtung der Bestimmungen über die Beförderung von Energieerzeugnissen im
Steuergebiet weiter im Steuergebiet transportiert werden. Auf den Tatbestand der leichtfertigen Steuerverkürzung gemäß
§ 378 Absatz 1 Abgabenordnung sei an dieser Stelle hingewiesen.

1.   Allgemeines

Energieerzeugnisse unterliegen mit dem Verbringen in das Zollgebiet der Europäischen Gemein-   272
schaft der zollamtlichen Überwachung (Artikel 37 Absatz 1 Zollkodex); ab diesem Zeitpunkt sind
die Zollbehörden jederzeit zu Kontrollmaßnahmen berechtigt. Darüber hinaus bestimmt das
Zollrecht, das Waren (und damit auch: Energieerzeugnisse) unmittelbar nach dem Überschreiten
der Grenze auf vorgegebenen Weg der zuständigen Zollstelle zu gestellen sind (Einzelheiten regelt
Artikel Artikel 38 Zollkodex).

2.   Überführung in den zoll- und
einfuhrumsatzsteuerrechtlich freien Verkehr

Waren, die aus Drittländern in das Zollgebiet der Europäischen Gemeinschaft verbracht werden,   273
unterliegen den zollrechtlichen Bestimmungen. Das Zollrecht sieht verschiedene Zollverfahren
vor, in die eingeführte Waren überführt werden können. Eines dieser Verfahren ist die Überführung in den zollrechtlich freien Verkehr (Art. 4 Nr. 16 ZK). Umsatzsteuerrechtlich knüpfen die

3 274   Gemäß Artikel 79 Satz 2 Zollkodex umfasst die Überführung von Waren in den zollrechtlich freien Verkehr die Anwendung handelspolitischer Maßnahmen, die Erfüllung der übrigen für die Waren geltenden Einfuhrförmlichkeiten sowie die Erhebung der gesetzlich geschuldeten Abgaben. Auf die **tatsächliche Entrichtung** der geschuldeten Abgaben kommt es dagegen nicht an; ausreichend ist allein die Mitteilung des geschuldeten Abgabenbetrags (Witte/Alexander, Zollkodex, Art. 79 Rz. 19). Der ganz überwiegende Teil von in das Zollgebiet der Europäischen Gemeinschaft verbrachten Energieerzeugnissen wird in den zoll- und einfuhrumsatzsteuerrechtlich freien Verkehr überführt; nur so kann letztlich frei von zollrechtlichen Beschränkungen über die Energieerzeugnisse bestimmungsgemäß im Steuergebiet verfügt werden (z.B. Verwendung von Energieerzeugnissen als Kraft- oder Heizstoff).

275   Energieerzeugnisse, die bereits in einem anderen Mitgliedsstaat der Europäischen Gemeinschaft in den zoll- und einfuhrumsatzsteuerrechtlich freien Verkehr überführt wurden, werden von den Einfuhrregelungen des Energiesteuergesetzes grundsätzlich nicht erfasst. Die energiesteuerrechtliche Behandlung von Energieerzeugnissen nach § 4 EnergieStG, die aus dem steuerrechtlich freien Verkehr eines Mitgliedstaats zu gewerblichen Zecken bezogen werden, richtet sich nach §§ 15 ff. EnergieStG.

▶ **Praxisbeispiel:**

> Unternehmer A hat im Drittland 100.000 Liter Benzin der Position 2710 1131 (KN) eingekauft. Das Benzin wird per Schiff nach Hamburg befördert und von A (direkt vertreten durch den ebenfalls in Deutschland ansässigen Spediteur S) zum zoll- und einfuhrumsatzsteuerrechtlich freien Verkehr angemeldet. Die Zollanmeldung wird von der in Hamburg zuständigen Abfertigungszollstelle angenommen, die Einfuhrabgaben festgesetzt und das Benzin dem Unternehmer A überlassen, der es zur weiteren Verwendung entladen lässt.

276   **Zoll- und steuerrechtliche** Beurteilung: Die zollrechtlichen Folgen richten sich nach dem in der Europäischen Gemeinschaft einheitlich geltenden Zollrecht. Für die Einfuhrumsatzsteuer treten die nationalen Bestimmungen des UStG und der UStG-DV hinzu.

277   Die Zollschuld ist gemäß Artikel 201 Absatz 1 Buchstabe a) Zollkodex mit der Überführung des Benzins in den zollrechtlich freien Verkehr entstanden; Zeitpunkt der Entstehung ist der Zeitpunkt der Annahme der Zollanmeldung, Artikel 201 Absatz 2 Zollkodex. Der anzuwendende Zollsatz richtet sich nach dem Zolltarif Europäischen Gemeinschaft. Für die Entstehung der Einfuhrumsatzsteuer sind gemäß § 21 Absatz 2 UStG die Zollvorschriften sinngemäß anzuwenden (Ausnahmen von der sinngemäßen Anwendung beachten). Der Einfuhrumsatzsteuersatz beträgt 19 %. Bemessungsgrundlage ist der Einfuhrumsatzsteuerwert gemäß § 11 Absatz 1 UStG. § 11 Absatz 3 und 4 UStG sind ebenfalls zu beachten. Schuldner der Zoll- und Einfuhrumsatzsteuerschuld ist gemäß Artikel 201 Absatz 3 Satz 1 ZK i.V.m. § 21 Absatz 2 UStG der Unternehmer A in seiner Eigenschaft als Zollanmelder. A ist gemäß Artikel 4 Nr. 18 ZK Zollanmelder, weil eine Zollanmeldung in seinem Namen durch den Spediteur S abgeben wurde (Fall der direkten Stellvertretung gemäß Artikel 5 Absatz 2 Zollkodex). Das zuständige Hauptzollamt erfasst die Abgabenschuld buchmäßig und erlässt einen Bescheid über Einfuhrabgaben an den Unternehmer A als Zoll- und Einfuhrumsatzsteuerschuldner.

Die **buchmäßige Erfassung** beschreibt den Vorgang der Berechnung und Eintragung der Zoll-   278
schuld durch die Zollbehörde in die Bücher oder in sonstige stattdessen verwendete Unterlagen
(Artikel 217 Absatz 1 Zollkodex). Es handelt sich um eine rein innerdienstliche Tätigkeit; der
Zeitpunkt der buchmäßigen Erfassung entspricht dem Zeitpunkt der Fertigstellung des Einfuhr-
abgabenbescheides (Witte/Alexander, Zollkodex, Art. 217 Rz. 3).

3.   Überführung in den steuerrechtlich (energiesteuerrechtlich) freien Verkehr

Im steuerrechtlich freien Verkehr gemäß § 1a Nr. 10 EnergieStG befinden sich Energieerzeugnis-   279
se, die sich weder in einem Verfahren der Steueraussetzung noch in einem zollrechtlichen Nichterhebungsverfahren befinden. Die Überführung in den steuerrechtlich freien Verkehr kann dabei
auf verschiedene Art und Weise erfolgen; sie erfolgt auch durch die **Einfuhr,** einschließlich der
unrechtmäßigen Einfuhr (Art. 7 Absatz 2 SystemRL).

a)   Entstehung der Energiesteuer

Für Energieerzeugnisse nach § 4 EnergieStG ist die Entstehung der Energiesteuer für den Fall der   280
Einfuhr in § 19b EnergieStG geregelt. Die Energiesteuer für Energieerzeugnisse nach § 4 **entsteht**
gemäß § 19b Absatz 1 Satz 1 EnergieStG unter den folgenden Voraussetzungen:

- Überführung der Energieerzeugnisse nach § 4 EnergieStG in den steuerrechtlich freien Verkehr **durch** die **Einfuhr,**

  es sei denn,

- die Energieerzeugnisse nach § 4 EnergieStG werden unmittelbar am Ort der Einfuhr in ein
  Verfahren der Steueraussetzung (§ 5) oder ein Verfahren der Steuerbefreiung (§ 24 Absatz 1)
  überführt.

Die Entstehung der Energiesteuer nach § 19b EnergieStG setzt die Überführung der Energieer-   281
zeugnisse nach § 4 EnergieStG in den steuerrechtlich freien Verkehr durch die **Einfuhr** voraus.
Die Tatbestände der Einfuhr definiert § 19 Absatz 1 EnergieStG. Mit dem Verbringen des Benzins
in das Gebiet der Bundesrepublik Deutschland (Steuergebiet gemäß § 1 Absatz 1 EnergieStG) befand sich das Benzin im Zeitpunkt des Eingangs in dem zollrechtlichen Nichterhebungsverfahren
der zollamtlichen Überwachung, § 1 Absatz (2) Nr. 1 a) EnergieStG i.V.m. Artikel 37 Absatz 1
ZK. Das Benzin wurde dann später an einem von der zuständigen Zollstelle zugelassenen Ort gestellt und befand sich nach der Gestellung gemäß § 50 ZK in der vorübergehenden Verwahrung;
ebenfalls ein zollrechtliches Nichterhebungsverfahren gemäß § 19 Absatz 2 Nr. 1 b) EnergieStG.
Die vorübergehende Verwahrung endete nach den Bestimmungen des Zollrechts erst mit dem
Zeitpunkt, zu dem das Benzin mit der Überführung in den zoll- und einfuhrumsatzsteuerrechtlich freien Verkehr eine zollrechtliche Bestimmung im Sinn von Artikel 4 Nr. 15 ZK erhalten hat.

Mit der Überführung des Benzins in den zoll- und einfuhrumsatzsteuerrechtlich freien Verkehr   282
wurden die Energieerzeugnisse gemäß § 19 Absatz 1 Nr. 2 EnergieStG aus einem zollrechtlichen
Nichterhebungsverfahren **entnommen**; damit ist eine Einfuhr im Sinne von § 19 Absatz 1 Nr. 2
EnergieStG gegeben. Der Begriff der **Entnahme** von Energieerzeugnissen aus einem zollrechtlichen Nichterhebungsverfahren im Sinn von § 19 Absatz 1 Nr. 2 EnergieStG ist gesetzlich zwar
nicht definiert. Unter einer Entnahme wird im Verbrauchsteuer-Schuldrecht der **körperliche Zu-**

3

griff auf eine stoffliche Menge mit dem Ziel verstanden, mit dieser Menge in besonderer Weise umzugehen (Peters/Bongartz/Schröer-Schallenberg, Verbrauchsteuerrecht Seite105). Die Entnahme beschreibt jedenfalls immer einen tatsächlichen Vorgang (gilt auch für die Entnahme von Erdgas aus dem Leitungsnetz, vgl. Meißner in: Friedrich/Meißner, Kommentar EnergieStG 20. Lfg § 38 Rn. 9). Es spielt daher für die Entstehung der Energiesteuer im Zusammenhang mit der Einfuhr keine Rolle, ob die Beendigung vorschriftsgemäß oder vorschriftswidrig erfolgte. Ergänzend sei darauf hingewiesen, dass Artikel 7 Absatz 2 Buchstabe b) SystemRL unter dem Begriff der verbrauchsteuerrechtlichen Einfuhr auch die **unrechtmäßige** Einfuhr versteht.

283 Auch das Zollrecht ordnet die Entstehung einer Zollschuld sowohl für die Fälle der ordnungsgemäßen Beendigung eines zollrechtlichen Nichterhebungsverfahrens durch die Überführung in den zoll- und einfuhrumsatzsteuerrechtlich freien Verkehr als auch für die vorschriftswidrige Beendigung an (Entziehen aus der zollamtlichen Überwachung gemäß Art. 203 ZK).

b)   Steuerschuldner bei Einfuhr von Energieerzeugnissen

284 Die Person des Steuerschuldners knüpft ebenfalls an das Zollrecht an. Steuerschuldner ist gemäß § 19b Absatz 2 Nr. 1 EnergieStG auch die Person, in deren Namen die Energieerzeugnisse nach den Zollvorschriften angemeldet wurden. Die maßgeblichen Regelungen sind in den Art. 5 und 64 Zollkodex enthalten. In dem Praxisbeispiel wurde der Unternehmer U direkt (Handeln im fremden Namen und für fremde Rechnung, Art. 5 Absatz 2 ZK) von der Spedition S vertreten. Im Fall der direkten Vertretung werden unmittelbare Rechtswirkungen gegenüber dem Vertretenen begründet (Witte/Reiche, Zollkodex, Art. 5 Rz. 40). Die Zollanmeldung wurde daher nach den Zollvorschriften von U abgegeben, der gemäß § 19b Absatz 2 Nr. 1 EnergieStG Steuerschuldner ist.

285 Im Rahmen der Einfuhrabwicklung von Waren werden sehr häufig Spediteure beauftragt, die die Zollanmeldung regelmäßig **im Namen** und **für Rechnung** des Auftraggebers abgeben; dabei ist der typische Inhalt des Speditionsgeschäftes gerade das Handeln im eigenem Namen aber für fremde Rechnung. Dieses Handeln im eigenem Namen kommt aber wegen der damit verbundenen **Eigenhaftung** (Artikel 201 Absatz 3 Satz 2 ZK) in der Praxis nur ausnahmsweise vor.

286 Das Vertretungsverhältnis (direkt/indirekt) muss in der Zollanmeldung angegeben beziehungsweise offen gelegt werden. Die Rechtsfolgen treffen bei direkter Stellvertretung allein den Auftraggeber (im Recht der Stellvertretung: Vertretener); bei indirekter Stellvertretung auch den Vertreter (Spedition).

❗ Hinweis:

287 *Die Details der Einfuhrabwicklung werden in der Praxis gerne voll und ganz der beauftragten Spedition überlassen. Fragen der zolltariflichen Einreihung der Waren werden häufig überhaupt nicht besprochen. Im Zusammenhang mit der Einfuhr von Waren, die erst durch ihre Bestimmung zur Verwendung als Kraft- oder Heizstoff zu einem Energieerzeugnis nach § 4 EnergieStG werden, können solche Versäumnisse mit nachteiligen Folgen verbunden sein. Auch in diesem Zusammenhang ist die Frage, ob es sich bei den Waren um Energieerzeugnisse nach § 4 EnergieStG handelt, von besonderer Bedeutung.*

c)   Höhe der geschuldeten Energiesteuer

Die Höhe der geschuldeten Energiesteuer richtet sich für Benzin der Unterposition 2710 1131   288
nach § 2 Absatz (1) Nr. 2 EnergieStG und beträgt 721,00 Euro für 1.000 Liter. Was verbrauchsteu-
errechtlich unter einem Liter zu verstehen ist, ergibt sich aus § 1a Nr. 17. Da das Volumen von
Flüssigkeiten temperaturabhängig ist, wurde als Bemessungsgrundlage ein Liter bei einer Tempe-
ratur von + 15 °C festgelegt.

d)   Verfahren der Festsetzung von Zoll-, Einfuhrumsatzteuer- und Energiesteuerschuld

Die Festsetzung der Zoll- und Einfuhrumsatzsteuerschuld erfolgt mit einem Einfuhrabgabenbe-   289
scheid. Spätere Änderungen der Festsetzung richten sich nach dem Zollrecht. Für das Verfahren
der Festsetzung der entstandenen **Energiesteuer** gelten gemäß § 19b Absatz 3 Satz 1 EnergieStG
die Zollvorschriften sinngemäß. Gemäß § 43 Satz 1 EnergieStV sind die Energieerzeugnisse nach
den Zollvorschriften mit den für die Besteuerung maßgeblichen Merkmalen anzumelden. Die
Steuererklärung ist nach § 43 Satz 2 EnergieStV in der **Zollanmeldung** oder nach **amtlich vorgeschriebenem Vordruck** abzugeben.

Die in den amtlichen Formularen geforderten Angaben beschränken sich auf die Angabe des   290
Energieerzeugnisses, des **Steuersatzes** und (z.B. Gasöl der Unterposition 2710 1941, zu Heizzwecken: Steuersatz 61,35 Euro) des Betrages der **geschuldeten Energiesteuer**. Die wesentliche Vor-
arbeit obliegt allein dem Steuerpflichtigen. Die Anmeldung von Waren der Position 1507 bis 1518
zur Besteuerung bedeutet, dass diese Waren dazu bestimmt sind, als Kraft- oder Heizstoff verwendet zu werden. Ob eine solche Bestimmung tatsächlich gegeben ist, muss der Steuerpflichtige
selbst „ermitteln". Eine ordnungsgemäße Dokumentation ist in diesem Zusammenhang zur eigenen Absicherung unerlässlich. Klare vertragliche Bestimmungen im Vertrag über die zur Einfuhr
bestimmten Waren sollten darüber hinaus selbstverständlich sein. Eine Bestimmung zur Verwendung als Kraft- oder Heizstoff kann sich aber auch aus einem weiteren bereits im Zeitpunkt der
Einfuhr bestehenden Vertrag über den Verkauf der Waren im Steuergebiet ergeben. Bei Fehlen
ausdrücklicher vertraglicher Bestimmungen kommt es für die Frage nach einer Bestimmung zur
Verwendung als Kraft – oder Heizstoff auf eine Wertung der Gesamtumstände an.

e)   Sonstige anzuwendende Zollvorschriften

Für die Fälligkeit, den Zahlungsaufschub, das Erlöschen, ausgenommen das Erlöschen durch Ein-   291
ziehung, das Steuerverfahren sowie die Nacherhebung, den Erlass und die Erstattung in anderen
Fällen als nach Artikel 220 Absatz 2 Buchstabe b und Artikel 239 des Zollkodex gelten nach wie
vor die Zollvorschriften sinngemäß. Für die Überprüfung der Steuerfestsetzung im Zusammenhang mit der Einfuhr gilt:

Gegen Entscheidungen der Zollbehörden auf dem Gebiet des Zollrechts (Art. 6 ZK) kann jede   292
Person gemäß Art. 243 Absatz 1 ZK einen Rechtsbehelf (in Deutschland: Einspruch) einlegen; daneben sieht das Zollrecht die Möglichkeit der Nacherhebung von Einfuhrabgaben und den Erlass
bzw. die Erstattung vor. Die Verfahren können parallel betrieben werden.

293   **Praktischer Vorteil**: Werden Einspruchsfristen versäumt kann wegen der längeren Antragsfristen im Erstattungsverfahren (3 Jahresfrist, Art. 236 Absatz 2 Satz 1 ZK) eine Korrektur der Festsetzung der Abgabenschuld auch außerhalb des Einspruchverfahrens erreicht werden.

4.   Weitere Optionen am Ort der Einfuhr für Energieerzeugnisse nach § 4 EnergieStG

294   Die eingeführten Energieerzeugnisse nach § 4 EnergieStG bestehen neben der Überführung in den steuerrechtlich freien Verkehr durch die Einfuhr unmittelbar am Ort der Einfuhr auch die weiteren Optionen:

- Überführung in ein Verfahren der Steueraussetzung (§ 5 EnergieStG) oder
- ein Verfahren der Steuerbefreiung (§ 24 EnergieStG),
- Eröffnung eines weiteren zollrechtlichen Nichterhebungsverfahrens. In diesem Fall liegt keine Einfuhr im energiesteuerrechtlichen Sinn vor, da sich an ein zollrechtliches Nichterhebungsverfahren ein weiteres zollrechtliches Nichterhebungsverfahren anschließt.

5.   Verfahren der Steueraussetzung (§ 5) oder der Steuerbefreiung (§ 24 Absatz 1) unmittelbar am Ort der Einfuhr

295   Werden Energieerzeugnisse nach § 4 EnergieStG unmittelbar am Ort der Einfuhr in ein Verfahren der Steueraussetzung oder der Steuerbefreiung überführt, entsteht die Energiesteuer trotz der Einfuhr erst einmal **nicht**, § 19b Absatz 1 Satz 1 EnergieStG. Im Anschluss an die Einfuhr können Energieerzeugnisse daher zoll-, einfuhrumsatz- und energiesteuerrechtlich unterschiedliche Wege gehen. Während durch die Überführung der Energieerzeugnisse in den zoll- und einfuhrumsatzsteuerrechtlichen Verkehr die Zoll- und Einfuhrumsatzsteuerschuld entsteht und die Festsetzung durch Erlass von Einfuhrabgabenbescheiden erfolgt, wird die Entstehung der Energiesteuer durch die Inanspruchnahme der Steueraussetzung hinausgeschoben bzw. kommt bei bestimmungsgemäßer Verwendung im Verfahren der Steuerbefreiung gar nicht zur Entstehung.

a)   Überführung von Energieerzeugnissen in ein Verfahren der Steueraussetzung

296   Energieerzeugnisse werden regelmäßig nicht am Ort der Einfuhr ihrer vorgesehenen Verwendung zugeführt, sodass eine Beförderung der Energieerzeugnisse im Steuergebiet erforderlich sei kann. Werden die Energieerzeugnisse bereits am Ort der Einfuhr in den steuerrechtlich freien Verkehr durch die Einfuhr (§ 19b Absatz 1 Satz 1) überführt, kann über die Energieerzeugnisse im Steuergebiet ohne energiesteuerrechtliche Beschränkungen verfügt werden.

297   Werden die Energieerzeugnisse dagegen unmittelbar am Ort der Einfuhr in Übereinstimmung mit den §§ 10 bis 13 EnergieStG befördert, ist die Steuer für die Dauer der ordnungsgemäßen Durchführung des Beförderungsverfahrens **ausgesetzt**. Die Beförderung von Energieerzeugnis-

sen nach § 4 EnergieStG unter Steueraussetzung unmittelbar vom Ort der Einfuhr aus ist nur Personen gestattet, die **registrierter Versender** im Sinne von §§ 9b Absatz 1 und 10 Absatz 1 EnergieStG sind. Zwischen dem Zollanmelder und dem registrierten Versender kann Personenidendität bestehen, muss aber nicht.

b)   Überführung von Energieerzeugnissen in Verfahren der Steuerbefreiung

Das Verfahren der Steuerbefreiung umfasst die steuerfreie Verwendung und die steuerfreie Verteilung (Abgabe von Energieerzeugnissen zum Zweck der steuerfreien Verwendung). Eine steuerfreie Verwendung setzt grundsätzlich eine Erlaubnis voraus, in der auch die Art der zugelassenen Verwendung und die für die Verwendung zugelassenen Räumlichkeiten beschrieben beziehungsweise festgelegt sind. Eine steuerfreie Verwendung kommt daher im Rahmen der konkreten Erlaubnis nur auf dem Betriebsgelände des Erlaubnisinhabers in Betracht. Eine Überführung von Energieerzeugnissen in ein Verfahren der steuerfreien Verwendung **unmittelbar** am Ort der Einfuhr kommt wohl nur in Betracht, wenn die Gestellung der Energieerzeugnisse auf dem Betriebsgelände des Erlaubnisinhabers nach Maßgabe der einschlägigen Zollbestimmungen zugelassen wird.

VIII.   Einfuhr von Nicht § 4 Energieerzeugnissen, außer Kohle und Erdgas

Das Energiesteuergesetz sieht für andere als in § 4 genannte Energieerzeugnisse, ausgenommen Kohle und Erdgas, Bestimmungen bezüglich der Einfuhr nicht vor. Andere als in § 4 genannte Energieerzeugnisse sind nach dem Zollrecht ebenfalls nach dem Verbringen in das Zollgebiet der Gemeinschaft zu gestellen und müssen eine zollrechtliche Bestimmung erhalten. Durch die Einfuhr entsteht für diese Energieerzeugnisse aber keine Energiesteuer. Das Energiesteuergesetz enthält für andere als in § 4 EnergieStG genannten Energieerzeugnisse des Kapitels 2 keinen Verweis auf § 19b EnergieStG.

Für andere als in § 4 EnergieStG genannten Energieerzeugnisse gilt der Steuerentstehungstatbestand des § 23 Absatz 1 EnergieStG. Die Steuer entsteht daher zum Beispiel für **Petrolkoks** gemäß § 23 Absatz 1 Satz 1 Nr. 1 EnergieStG mit der erstmaligen **Abgabe** im Steuergebiet als Kraft- oder Heiztoff.

IX.   Einfuhr von Kohle

§ 35 EnergieStG ordnet für den Fall der Einfuhr von Kohle die **sinngemäße** Geltung der §§ 19a und 19b EnergieStG an. Eine Energiesteuer für Kohle entsteht daher grundsätzlich nach den Regelungen, die für die Einfuhr von Energieerzeugnissen nach § 4 EnergieStG gelten. Zu beachten ist allerdings, dass für Kohle die Bestimmungen über das Verfahren der Steueraussetzung (§ 5) und Steuerbefreiung (§ 24) keine Anwendung finden. Kohle kann daher im Anschluss an die

3

Einfuhr (§ 19) weder in ein Verfahren der Steueraussetzung noch in das Verfahren der Steuerbefreiung nach § 24 Absatz 1 EnergieStG überführt werden. Eine Beförderung im Steuergebiet im Rahmen eines zollrechtlichen Nichterhebungsverfahrens bleibt davon aber unberührt.

302   Die Energiesteuer entsteht für Kohle damit durch die Überführung in den steuerlich freien Verkehr durch die Einfuhr (§19b). Einfuhr ist nach § 19b Absatz 1 Nr. 2 EnergieStG die Entnahme von Energieerzeugnissen (auch: Kohle) aus einem zollrechtlichen Nichterhebungsverfahren (z.B. durch die Abgabe einer Zollanmeldung zwecks Überführung der Kohle in den zoll- und einfuhrumsatzsteuerlich freien Verkehr).

303   🛈 **Hinweis:**

Die Energiesteuer entsteht nicht, wenn die Einfuhr der Kohle durch den Inhaber einer Erlaubnis nach § 31 Absatz 4 oder § 37 Absatz 1 EnergieStG erfolgt oder sich unmittelbar an die Einfuhr eine Abgabe der Kohle an einen Erlaubnisinhaber nach § 31 Absatz 4 oder § 37 Absatz 1 EnergieStG anschließt.

304   Wird die Energiesteuer auf Kohle im Rahmen der Einfuhrabfertigung dennoch erhoben, besteht für den Inhaber des Kohlebetriebs und den Verwender der Kohle ein Anspruch auf Entlastung von der Energiesteuer nach § 47 EnergieStG.

X.   Einfuhr von Erdgas

305   Die Einfuhr von Erdgas erfolgt auf 2 Wegen: Das Verbringen von Erdgas in das Steuergebiet kann **leitungsgebunden** oder **nicht leitungsgebunden** erfolgen.

1.   Leitungsgebundenes Verbringen von Erdgas in das Steuergebiet

306   Für Erdgas, das leitungsgebunden in das Zollgebiet gelangt beziehungsweise verbracht wird gelten keine besonderen energiesteuerrechtlichen Bestimmungen. Mit dem Verbringen von Erdgas über eine Leitung in das Steuergebiet entsteht keine Energiesteuer für das auf diese Art eingeführte Erdgas. § 41 Absatz 1 EnergieStG enthält keinen Verweis auf die sinngemäße Geltung der §§ 19a und 19b EnergieStG. Für das Erdgas entsteht die Energiesteuer erst gemäß § 38 Absatz 1 EnergieStG mit der Entnahme im Steuergebiet aus dem Leitungsnetz.

307   Eingeführtes Erdgas unterliegt aber der zollamtlichen Überwachung gemäß Artikel 37 Absatz 1 ZK. Obwohl gasförmig wird Erdgas nach dem Zollrecht als Ware behandelt. Gase erhalten den zollrechtlichen Warencharakter zum Beispiel durch den Transport durch Rohrleitungen (Witte, Zollkodex, Art. 4 Rz. 2). Eingeführtes Erdgas muss daher bei der Einfuhr zollrechtlich behandelt werden.

2.   Nicht leitungsgebundenes Verbringen von Erdgas in das Steuergebiet

Für das nicht leitungsgebundene (z.B in Gasflaschen) Verbringen von Erdgas gelten gemäß § 41   308
Absatz 1 EnergieStG die §§ 19a und 19b sinngemäß (eine Ausnahme enthält § 19 Absatz 2 für
verflüssigtes Erdgas). Erdgas unterliegt nicht den Bestimmungen des Verfahrens der Steueraussetzung (§ 5) und der Steuerbefreiung (§ 24) und kann daher am Ort der Einfuhr nicht in diese
Verfahren überführt werden.

G.   Die Steuerentlastungen im Energiesteuergesetz

Steuerentlastungen sind eine Form der Steuererstattung. Die Energiesteuer entsteht durch die   309
Verwirklichung von gesetzlich definierten Tatbeständen (z.B. die Verwendung eines Energieerzeugnisses), wenn nicht eine Regelung eingreift, die eine Steuerbefreiung zur Folge hat. Bei Vorliegen einer Steuerbefreiung entsteht die Steuer erst gar nicht. In diesem Fall bedarf es keiner
Steuerentlastung, da die Steuer erst gar nicht erhoben wird.

Im Gegensatz dazu greifen Steuerentlastungstatbestände dann ein, wenn die Steuer zunächst   310
durch Erfüllung der jeweiligen Tatbestandsvoraussetzungen (z.B. Verwendung) entstanden ist,
diese aber ganz oder teilweise (abhängig von der Person des Entlastungsberechtigten) erlassen, erstattet oder vergütet wird. Die Steuerentlastung setzt in der Regel den Nachweis der Versteuerung
des Energieerzeugnisses voraus. Den Berechtigten steht dann die Möglichkeit offen, schriftlich
oder auf amtlichem Vordruck eine (vollständige oder teilweise) Steuerentlastung zu beantragen.
Der Antrag auf Erlass, Erstattung oder Vergütung der Steuer ist bis zum 31.12. des Folgejahres
der Verwendung oder der Steuerentstehung zu stellen. Diese Frist ist eine Ausschlussfrist, die
nicht verlängert werden kann. Nach der Rechtsprechung des Bundesfinanzhofes[31] kommt keine
Wiedereinsetzung in Betracht. Denn fällt der Ablauf der Frist für die Beantragung einer Steuer-
vergütung mit dem Ablauf der Festsetzungsfrist zusammen und wird ein entsprechender Antrag
erst nach Ablauf der Festsetzungsfrist und damit nach dem Erlöschen des Vergütungsanspruchs
gestellt, kommt nach Auffassung des Bundesfinanzhofes eine Wiedereinsetzung in den vorigen
Stand nach § 110 Abs. 1 AO mit der Folge einer rückwirkenden Ablaufhemmung nach § 171 Abs.
3 AO nicht in Betracht.

Gegenstand von Steuerentlastungen können grundsätzlich alle Energieerzeugnisse sein. Teilweise   311
enthalten die einzelnen Tatbestände der Entlastungsnormen aber Beschränkungen auf nur bestimmte Energieerzeugnisse. Weitere Einzelheiten insbesondere auch zu den Formalien ergeben
sich aus den jeweiligen Bestimmungen der Energiesteuer-Durchführungsverordnung, die streng
zu beachten sind.

---

31   BFH, Urteil vom 12.05.2009, VII R 5/08, BFH/NV 2009, 1602-1605.

I. Der Begriff des Verwenders

312 Einige Entlastungsanträge müssen vom sog. Verwender der Energieerzeugnisse geltend gemacht werden. In manchen Fällen kann es aber durchaus fraglich sein, wer das Energieerzeugnis „verwendet" hat und demnach die steuerliche Entlastung geltend machen kann. Insbesondere bei Betriebsführungs- und Contractinggestaltungen, bei denen verschiedene Personen in die Energieverwendung eingebunden werden, kann es zu Abgrenzungsproblemen kommen.

313 Der Begriff des Verwenders und der Verwendung von Energieerzeugnissen wie auch der Entnahme von Strom wird im Strom- und Energiesteuergesetz gesetzlich nicht definiert. Nach der herrschenden Meinung in Literatur und Rechtsprechung[32] ist derjenige Verwender, der die mittelbare oder unmittelbare Sachherrschaft über die Energieerzeugnisse innehat. Die Sachherrschaft ist grundsätzlich gleichbedeutend mit dem zivilrechtlichen Besitz. Nach diesen Grundsätzen ist es auch möglich die Sachherrschaft in Form des unmittelbaren Besitzes durch den sog. „Besitzherrn" mittels einer weisungsabhängigen Person, dem sog. Besitzdiener, auszuüben (§ 855 BGB). Ein Indiz für die Sachherrschaft im Rahmen des Erzeugungsprozesses ist dabei die ausschließliche Regelungs- und Steuerungsbefugnis des beabsichtigten Verwenders über die Verwendungseinrichtungen und über den Einsatz der Energieerzeugnisse.

314 Nach den Erfahrungen aus der Praxis stellt es sich häufig als problematisch dar, gegenüber den Hauptzollämtern eine auf (unmittelbarem oder mittelbarem) Besitz oder Sachherrschaft begründete Verwendereigenschaft darzulegen. Gerade Konstellationen wie die des Besitzdieners führen regelmäßig zu Unstimmigkeiten über die Person des Verwenders und der sich daraus ergebenden Konsequenzen für die Steuerentstehung, -befreiung und -entlastung. Es ist u.E. daher dringend zu empfehlen, in einem Vertrag eine möglichst eindeutige Zuordnung der Primärenergie – idealerweise als Eigentum des Verwenders – zum Zeitpunkt der Verwendung abzubilden.

315 Im Ergebnis verwendet das Unternehmen das Energieerzeugnis, das die tatsächliche (mittelbare oder unmittelbare) Sachherrschaft über die Anlage ausübt und diese betreibt. Die Ausübung tatsächlicher Sachherrschaft und der Betrieb der Anlage sind im Einzelfall vertraglich abzusichern. Hier sind die Nutzung und der Besitz der Anlage sowie die Zugehörigkeit der die Anlage betreibenden Mitarbeiter, den Schwerpunkt des wirtschaftlichen und rechtlichen Risikos sowie die vertraglichen Verhältnisse zu berücksichtigen.

316 Daneben ist der Begriff des Verwenders auch von Bedeutung bei der sog. Lohnverstromung. Unter Lohnverstromung versteht man Vereinbarungen, wonach eine Gesellschaft in Kraftwerken eines fremden Betreibers für eigene Zwecke Strom produzieren lässt, wobei die Gesellschaft dazu ausschließlich beigestellte und in deren Sachherrschaft stehende Energieträger (Kohle, Heizöl etc.) einsetzt. Der Kraftwerkbetreiber ist lediglich ein Dienstleister, der im Namen und auf Rechnung seines Auftraggebers handelt. Die Kraftwerke liefern in dieser Konstellation nicht Strom, sondern erhalten nur eine Vergütung für die Erbringung der Verstromungs-Dienstleistung. Hintergrund ist oftmals der Wunsch, die Kraftwerksgesellschaften weitestgehend von Marktrisiken freizuhalten und selbst volle Verfügungsmacht über die Kraftwerkskapazitäten zu haben.

317 Eine zentrale Fragestellung im Rahmen der Lohnverstromung ist ebenfalls die Definition des Verwenders der zur Stromerzeugung eingesetzten Primärenergien. An dieser Frage hängt neben der Berechtigung, Steuerentlastungen zu beantragen, auch die Zurechnung des (mit eigenen Energieerzeugnissen) in den Kraftwerken produzierten Stroms.

---

32 vgl. dazu Friedrich in: Friedrich/Meissner, Energiesteuern, § 47 Rn. 12 m.w.N.

Oftmals wird in diesem Zusammenhang der Begriff der Beistellung bemüht. Die sog. Beistellung ist allerdings kein im Bereich des Energie- und Stromsteuerrechts definierter Rechtsbegriff. Die Beistellung hat ihren begrifflichen Ursprung im Umsatzsteuerrecht und regelt, dass die seitens des Bestellers zur Verfügung gestellten Stoffe aus dem Leistungsaustausch ausscheiden und deshalb nicht steuerbar sind. Die Beistellung kann sowohl Haupt- als auch Nebenstoffe erfassen, die der Auftraggeber dem Auftragnehmer zur Erfüllung einer Leistung (an sich selbst) zur Verfügung stellen kann.
318

Es ist allerdings darauf hinzuweisen, dass insoweit bisher keine Rechtsprechung der Finanzgerichte existiert und diese die entsprechende Anwendung der umsatzsteuerrechtlichen Beistellung ablehnen könnten. Mit dem – auch aus Reihen der Finanzverwaltung bekannten – Argument, dass es sich um eine rein vertragliche Konstruktion handele, im Falle der Verbrauchssteuern jedoch auf die rein tatsächlichen Vorgänge abzustellen sei, könnte hier eine abweichende Rechtsauffassung begründet werden.
319

Im Ergebnis gilt auch hier, dass die energiesteuerlichen Entlastungen oftmals nur derjenige beantragen kann, der Verwender der Energie ist. Vor diesem Hintergrund empfiehlt es sich in diesen Fällen, großen Wert auf die Vertragsgestaltung und Durchführung des Modells zu legen.
320

II.   Steuerentlastung beim Verbringen aus dem Steuergebiet (§ 46)

Um eine Doppelbesteuerung zu verhindern, werden nachweislich versteuerte, aber nicht gebrauchte Energieerzeugnisse im Sinn des § 4, die zu gewerblichen Zwecken oder im Versandhandel in einen anderen Mitgliedstaat verbracht worden sind, von der Energiesteuer entlastet (§ 46 Abs. 1 Nr. 1 EnergieStG).
321

Die Steuerentlastung erfordert, dass der Entlastungsberechtigte eine amtliche Bestätigung des anderen Mitgliedstaats vorlegt, aus der sich ergibt, dass die Energieerzeugnisse dort ordnungsgemäß steuerlich erfasst worden sind. Entlastungsberechtigt ist derjenige, der die Energieerzeugnisse aus dem Steuergebiet verbracht oder ausgeführt hat (§ 46 Abs. 3 EnergieStG).
322

Gemäß § 46 Abs. 1 Nr. 2 bis 4 EnergieStG werden weitere Entlastungen gewährt, u.a. für nachweislich versteuerte Kohle und nachweislich versteuertes Erdgas, die zu gewerblichen Zwecken aus dem Steuergebiet verbracht oder ausgeführt worden sind. Ferner ist eine Entlastung für nicht gebrauchte Energieerzeugnisse (außer Erdgas und Kohle) vorgesehen, die zu gewerblichen Zwecken aus dem Steuergebiet verbracht oder ausgeführt werden. In dem letztgenannten Fall ist eine Entlastung auch bei Ausfuhren außerhalb der EU-Mitgliedsstaaten zulässig.
323

Hinsichtlich des Verfahrens ist § 87 EnergieStV zu beachten. Hier bedarf es eines Antrags nach amtlich vorgeschriebenem Vordruck, in dem der Antragsteller alle erforderlichen Angaben zu machen und die Steuerentlastung selbst zu berechnen hat.
324

III.   Steuerentlastung bei Aufnahme in Betriebe und bei steuerfreien Zwecken (§ 47)

325   Die Steuerentlastung wird auf Antrag gewährt für nachweislich versteuerte, nicht gebrauchte Energieerzeugnisse i.S.d. § 4, die in ein Steuerlager aufgenommen worden sind, da beim späteren Entfernen aus dem Steuerlager ohnehin wieder eine Steuer entsteht (§ 47 Abs. 1 Nr. 1 EnergieStG). Auch durch § 47 soll eine Doppelbesteuerung verhindert werden. Nach § 88 EnergieStV hat der Antragsteller in der Anmeldung alle für die Bemessung der Steuerentlastung erforderlichen Angaben zu machen und die Steuerentlastung selbst zu berechnen. Der Antrag ist spätestens zum Ablauf des folgenden Kalenderjahres nach Aufnahme in das Steuerlager zu stellen. Entlastungsberechtigt ist grundsätzlich der Inhaber des Steuerlagers bzw. der zugelassene Einlagerer, soweit der Steuerlagerinhaber gegenüber dem Hauptzollamt schriftlich seinen Verzicht auf den Steuerentlastungsanspruch erklärt (§ 47 Abs. 2 EnergieStG).

326   Zur Verhinderung einer ungewollten Steuerbelastung wird auch eine Steuerentlastung nach § 47 EnergieStG gewährt für den Kohlenwasserstoffanteil in gasförmigen Gemischen aus nachweislich versteuerten, nicht gebrauchten Energieerzeugnissen und anderen Stoffen, die bei der Lagerung oder Verladung von Energieerzeugnissen, beim Betanken von Kraftfahrzeugen oder bei der Entgasung von Transportmitteln aufgefangen wurden, wenn die Gemische zu nicht energetischen Zwecken bzw. in einem sog. Herstellungsbetrieb verwendet worden sind. Gleiches gilt auch, wenn aus den o.g. Gemischen auf dem Betriebsgelände eines Steuerlagers Energieerzeugnisse im Sinn des § 4 hergestellt werden.

327   Ferner wird für bereits versteuerte Schweröle, Erdgase, Flüssiggase und gasförmige Kohlenwasserstoffe sowie ihnen nach § 2 Absatz 4 und 4a gleichgestellte Energieerzeugnisse (insbesondere Ersatzbrennstoffe), die zu nicht energetischen Zwecken oder in einem Herstellungsbetrieb verwendet worden sind, eine Steuerentlastung gewährt. Konsequenterweise gilt dies auch für nachweislich versteuerte Kohle, die in einen Kohlebetrieb aufgenommen wurde oder zu anderen Zwecken als zur Verwendung als Kraft- oder Heizstoff bzw. vom Inhaber des Kohlebetriebes zur Aufrechterhaltung des Betriebes verwendet worden ist. Schließlich kann nach § 47 EnergieStG auch für nachweislich versteuertes Erdgas, das in ein Leitungsnetz für unversteuertes Erdgas eingespeist wird, eine Steuerentlastung beantragt werden.

IV.   Steuerentlastung bei Vermischungen von gekennzeichnetem mit anderem Gasöl (§ 48)

328   Eine Steuerentlastung wird auf Antrag gewährt für nachweislich versteuerte Anteile in Gemischen aus ordnungsgemäß gekennzeichnetem Gasöl und anderem Gasöl bis auf den Betrag nach dem Steuersatz des § 2 Abs. 3 Satz 1 Nr. 1, wenn die Gemische bei vom Hauptzollamt bewilligten Spülvorgängen oder bei vom Antragsteller nachzuweisenden versehentlichen Vermischungen entstanden und nachweislich verheizt oder nach § 2 Abs. 3 Satz 1 Nr. 1 versteuertem Gasöl zugeführt worden sind. Entlastungsberechtigt ist der Inhaber des Betriebes, der vom Hauptzollamt zum Spülen zugelassen ist, für versehentlich entstandene Gemische der Verfügungsberechtigte.

V.   Steuerentlastung für Gasöle und Flüssiggase (§ 49)

Eine Steuerentlastung wird auf Antrag gewährt für nachweislich nach § 2 Abs. 1 Nr. 4 versteuerte   329
Gasöle bis auf den Betrag nach dem Steuersatz des § 2 Abs. 3 Satz 1 Nr. 1, soweit sie nachweislich verheizt worden sind und ein besonderes wirtschaftliches Bedürfnis für die Verwendung von
nicht gekennzeichnetem Gasöl zum Verheizen vorliegt (§ 49 Abs. 1). Gleiches gilt für nachweislich nach § 2 Abs. 2 Nr. 2 versteuerte Flüssiggase bis auf den Betrag nach dem Steuersatz des § 2
Abs. 3 Satz 1 Nr. 5, soweit sie nachweislich zu den in § 2 Abs. 3 Satz 1 genannten Zwecken abgegeben worden sind (§ 49 Abs. 2 EnergieStG).

Entlastungsberechtigt ist derjenige, der die Gasöle verwendet oder die Flüssiggase abgegeben hat.   330

Zum 01.01.2011 wurde auch eine Steuerentlastungen für Leichtöle (Benzin) und mittelschwere
Öle (§ 2 Abs. 1 Nr. 1 bis 3 EnergieStG) in § 49 EnergieStG aufgenommen, sofern diese nachweislich für gewerbliche Zwecke verheizt oder zum Antrieb von Gasturbinen und Verbrennungsmotoren in begünstigten Anlagen nach § 3 EnergieStG verwendet wurden (§ 49 Abs. 2a EnergieStG
(neu)).

Die Rechtsfolge ist eine Erweiterung des Heizstofftarifs des § 2 Abs. 3 EnergieStG, der keine   331
Leichtöle und mittelschweren Öle umfasst. Die Entlastung führt zu einer Reduzierung auf die
Höhe des Heizstofftarifs nach § 2 Abs. 3 Satz 1 Nr. 1b EnergieStG von derzeit 61,35 €/1000 l und
eröffnet danach die Möglichkeit der Inanspruchnahme weiterer Entlastungen, z.B. nach §§ 51, 53,
54, 55 EnergieStG.

VI.   Steuerentlastung für Biokraftstoffe (§ 50)

Der Steuerschuldner kann unter bestimmten Voraussetzungen eine Steuerentlastung für Biokraft-   332
stoffe erlangen. Zum 01.04.2011 ist der Katalog der Begriffsdefinitionen des § 1a erweitert worden
und die Definition der Biokraftstoffe aus dem bisherigen § 50 Absatz 4 EnergieStG in § 1 a aufgenommen worden (§ 1a Nr. 13a EnergieStG).

Um Abgrenzungsprobleme zwischen den verschiedenen Rechtsmaterien zu vermeiden, wird nun   333
auf die jeweils geltenden Anforderungen der entsprechenden Verordnung über die Beschaffenheit
und die Auszeichnung der Qualitäten von Kraftstoffen verwiesen. Voraussetzung der Steuerentlastung ist in allen Fällen, dass es sich um Biostoffe handelt, die nur Biomasse sind bzw. aus solcher
hergestellt wurden und die ggf. bestimmte DIN-Vorgaben einhalten.

Der Antragsteller hat die Biokraftstoffeigenschaft sicherzustellen und diese neben der Art und   334
Menge des Biokraftstoffes nachzuweisen (§ 94 Abs. 3 Satz 1 EnergieStV). Zudem hat er Proben zu
entnehmen, diese auf die in der EnergieStV genannten Normparameter zu untersuchen und dem
Hauptzollamt die entsprechenden Analysezertifikate oder Untersuchungsergebnisse vorzulegen
(§ 94 Abs. 3 Satz 3 EnergieStV).

Werden pflanzliche Öle, Biodiesel, Bioethanol und Biomethan eingesetzt, um die Quotenpflicht   335
zu erfüllen, sollen sie nicht zusätzlich steuerlich entlastet werden (§ 50 Abs. 1 Satz 4 EnergieStG).
Pflanzliche Öle, Biodiesel und Bioethanol können darüber hinaus nach § 50 Abs. 1 Satz 8 EnergieStG mengenmäßig nur insoweit entlastet werden, als bestimmte Mindestanteile an beizumi-
schendem Biokraftstoff überschritten sind („fiktive Quote").

Die Steuerentlastung ist mit einer Anmeldung nach amtlich vorgeschriebenem Vordruck in dop-   336
pelter Ausfertigung zu beantragen (§ 94 Abs. 1 Satz 1 EnergieStV).

VII. Steuerentlastung für bestimmte Prozesse und Verfahren (§ 51)

337 Das Energiesteuergesetz sieht in § 51 EnergieStG ferner Entlastungen vor, wenn die nachweislich versteuerten Energieerzeugnisse in bestimmten Verfahren und Prozessen verwendet werden.

338 Der Katalog der nach § 51 entlastungsfähigen Energieerzeugnisse wird aufgrund der Einführung eines am Energiegehalt orientierten Steuersatzes in § 2 Absatz 4a des EnergieStG zum 01.04.2011 entsprechend erweitert. Hierunter fallen insbesondere Sekundär- und Ersatzbrennstoffe, die typischerweise für Zwecke nach § 51 verheizt werden.

339 Grundsätzlich werden nach § 51 Abs. 1 und 2 EnergieStG die in den Prozessen verwendeten Energieerzeugnisse in voller Höhe entlastet. Eine Ausnahme besteht jedoch für Gasöle, die nach § 2 Abs. 3 Nr. 1 a) EnergieStG versteuert werden. Für Gasöle mit einem Schwefelgehalt von mehr als 50 mg/kg gilt gemäß § 2 Absatz 3 Satz 1 Nummer 1 Buchstabe a EnergieStG aus umweltpolitischen Gründen seit dem 1. Januar 2009 ein höherer Energiesteuersatz als für Gasöle mit einem Schwefelgehalt von höchstens 50 mg/kg (Hinweis auf § 2 Absatz 3 Satz 1 Nummer 1 Buchstabe b EnergieStG). Eine Neuregelung zum 01.01.2011 stellt nun klar, dass eine weitere Entlastung von der Energiesteuer über andere Entlastungstatbestände nicht möglich ist, um die mit der Steuerspreizung in § 2 Absatz 3 Satz 1 Nummer 1 des Gesetzes bezweckte Lenkungswirkung im Rahmen der steuerlich begünstigten Prozesse und Verfahren nach § 51 EnergieStG zu erhalten.

340 Entlastungsberechtigt ist der Verwender.

341 Eine Steuerentlastung können nach der Tatbestandsvariante der Nr. 1 des § 51 Abs. 1 EnergieStG nur Unternehmen des Produzierenden Gewerbes für bestimmte in der Norm einzeln aufgezählte Energieeinsätze beantragen. Für die Definition des Produzierenden Gewerbes verweist die Vorschrift auf § 2 Nr. 3 StromStG.

342 Begünstigt sind nach Abs. 1 Nr. 1 der Vorschrift vier Verwendungsarten. Nach der ersten Variante werden bestimmte mineralogische Verfahren entlastet (§ 51 Abs. 1 Nr. 1 a) EnergieStG). Zum einen müssen die Energieerzeugnisse zur Herstellung bestimmter Produkte eingesetzt werden. Zu den Produkten gehören u. a. Glas, keramische Erzeugnisse, Ziegel, Zement, Kalk, Erzeugnisse aus Beton, Zement, Gips, Asphalt sowie mineralische Düngemittel. Ferner ist auch der Energieeinsatz für die zu ihrer Herstellung verwendeten Vorprodukte entlastungsfähig. Problematisch ist dabei, ob die Vorprodukte in den Herstellungsprozess einzubeziehen sind bzw. ob auch die isolierte Herstellung von Vorprodukten entlastungsfähig ist.

343 Die Entlastungsnorm des § 51 Abs. 1 Nr. 1a EnergieStG wurde hinsichtlich bestimmter Prozesse zum 01.01.2011 erweitert. Es handelt sich um Prozesse und Verfahren aus den Klassen 26.81 (keramisch gebundene Schleifkörper) und 26.82 (Erzeugnisse aus Porenbetonerzeugnissen und Waren aus Graphit oder anderen Kohlenstoffen).

344 Die Entlastung gilt aber für einige ausdrücklich genannte Energieverwendungen, nämlich das Trocknen, Brennen, Schmelzen, Warmhalten, Entspannen, Tempern oder Sintern. Zum 01.01.2011 wird die Vorschrift um den Prozess des Erwärmens ergänzt, da dieser Wärmeprozess bisher nicht in der Vorschrift genannt war.

Unternehmen des Produzierenden Gewerbes sind ferner berechtigt eine Entlastung für zur Metal- 345
lerzeugung und Metallbearbeitung eingesetzte Energieerzeugnisse zu beantragen, § 51 Abs. 1 Nr.
1 b) EnergieStG. Auch die Herstellung von Metallerzeugnissen für die Herstellung von Schmie-
de-, Press -, Zieh- und Stanzteilen, gewalzten Ringen und pulvermetallurgischen Erzeugnissen ist
begünstigt. Das gleich gilt auch für Oberflächenveredelung und Wärmebehandlung.

Nach § 51 Abs.1 Nr. 1 c) ist auch die chemische Reduktion durch Unternehmen des Produzieren- 346
den Gewerbes privilegiert.

Zuletzt können auch sog. „dual use"-Prozesse von Unternehmen des Produzierenden Gewerbes 347
nach § 51 Abs. 1 Nr. 1 d) entlastet werden. Dazu müssen die Energieerzeugnisse „gleichzeitig zu
Heizzwecken und zu anderen Zwecken als Heiz- oder Kraftstoff" verwendet werden. Nach einem
Urteil des BFH vom 28.10.2008[33] ist § 51 Abs. 1 Nr. 1 Buchst. d EnergieStG richtlinienkonform
auszulegen, dass Energieerzeugnisse nur dann gleichzeitig zu anderen Zwecken als Heizstoff verwendet werden und damit vom Gesetzgeber aufgrund der Nichterfassung durch die EnergieStRL
steuerlich begünstigt werden können, wenn die Erzeugung thermischer Energie in den Hintergrund tritt und das Energieerzeugnis im Rahmen eines industriellen Prozesses oder Verfahrens
zugleich als Roh-, Grund- oder Hilfsstoff eingesetzt wird. In dem Urteilsfall stelle das Absengen
von Textilfasern mit einer durch das Verbrennen von Erdgas erzeugten offenen Flamme ein nach
§ 51 EnergieStG nicht begünstigtes Verheizen dar. Die Übertragung der durch die Verbrennung
des Erdgases erzeugten thermischen Energie auf einzelne Textilfasern stelle keinen «anderen
Verwendungszweck» dar. Denn mit dem Verbrennen des Erdgases sei dessen Verwendung abge-
schlossen. Der Einsatz des Erdgases diene einzig und allein der Erzeugung thermischer Energie,
so dass unabhängig von der nachfolgenden Nutzung der erzeugten Wärme zum Absengen von
Textilfasern ein Verheizen eines Energieerzeugnisses vorliegt. Diese strenge Auslegung dürfte den
Anwendungsbereich des § 51 Abs. 1 Nr. 1 d) stark verengen und bedarf u.E. noch einer weiteren
Klärung auf europäischer Ebene.

Neben den vorgenannten Verfahren ist auch die Energieverwendung zur thermischen Abfall- 348
und Abluftbehandlung begünstigt, § 51 Abs. 1 Nr. 2 EnergieStG. Anders als Abs. 1 Nr. 1 ist der
letztgenannte Entlastungstatbestand nicht auf Unternehmen des Produzierenden Gewerbes „beschränkt", sondern kann auch von Unternehmen, die nicht zum Produzierenden Gewerbe zählen,
z.B. Müllverbrennungsanlagen, geltend gemacht werden. U.E. spielt es keine Rolle, wenn neben
der Abfallbehandlung auch Wärme oder Strom erzeugt wird, da hier – wie vom BFH gefordert –
die Erzeugung thermischer Energie in den Hintergrund tritt.

VIII. Steuerentlastung für die Schiff- und Luftfahrt (§ 52)

Eine Steuerentlastung wird auf Antrag gewährt für nachweislich versteuerte spezielle Energieer- 349
zeugnisse, die zu den in § 27 genannten Zwecken verwendet worden sind. Anstelle der Steuerbefreiung des § 27 EnergieStG kann nach § 52 EnergieStG eine Steuerentlastung für die Schiff- und
Luftfahrt beantragt werden. Begünstigt wird die Verwendung bestimmter Energieerzeugnisse in
Wasserfahrzeugen für die Schifffahrt mit Ausnahme der privaten nichtgewerblichen Schifffahrt,
bei der Instandhaltung der entsprechenden Wasserfahrzeuge sowie bei der Herstellung von Wasserfahrzeugen. Entsprechendes gilt bei der Verwendung spezieller Energieerzeugnisse in Luftfahrzeugen für die Luftfahrt mit Ausnahme der privaten nichtgewerblichen Luftfahrt, bei der
Instandhaltung der entsprechenden Luftfahrzeuge und bei der Entwicklung und Herstellung von

---

33 VII R 6/08, BFH/NV 2009 S. 291.

3

Luftfahrzeugen. In den Fällen des § 27 Abs. 1 Satz 1 Nr. 1 und 2 wird die Steuerentlastung für Energieerzeugnisse der Unterpositionen 2710 19 41 bis 2710 19 49 der Kombinierten Nomenklatur nur gewährt, wenn diese ordnungsgemäß gekennzeichnet sind. Entlastungsberechtigt ist derjenige, der die Energieerzeugnisse verwendet hat und den Antrag nach amtlich vorgeschriebenem Vordruck und mit weiteren Nachweisen spätestens bis zum 31.12. des der Verwendung folgenden Kalenderjahres beim zuständigen Hauptzollamt einreichen muss.

350   Problematisch ist die Unterscheidung der privaten nichtgewerblichen von der energiesteuerlich begünstigten Luftfahrt. Eine Auslegungshilfe bietet die EnergieStV. Nach § 60 Abs. 4 EnergieStV ist die (nicht begünstigte) private nichtgewerbliche Luftfahrt im Sinne des § 27 Abs. 2 Nr. 1 EnergieStG eine Nutzung eines Luftfahrzeugs durch seinen Eigentümer oder den durch Anmietung oder aus sonstigen Gründen Nutzungsberechtigten zu anderen Zwecken als

- zur gewerbsmäßigen Beförderung von Personen oder Sachen durch Luftfahrtunternehmen,
- zur gewerbsmäßigen Erbringung von Dienstleistungen,
- zur Luftrettung durch Luftrettungsdienste,
- zu Forschungszwecken,
- zur dienstlichen Nutzung durch Behörden.

351   Gewerbsmäßigkeit liegt nach § 60 Abs. 5 EnergieStV vor, wenn die mit Luftfahrzeugen gegen Entgelt ausgeübte Tätigkeit mit Gewinnerzielungsabsicht betrieben wird und der Unternehmer auf eigenes Risiko und eigene Verantwortung handelt.

352   Nach dem Wortlaut des bis zum 31.07.2006 geltenden Mineralölsteuergesetzes waren in Deutschland ausdrücklich nur „Luftfahrtunternehmen" mineralölsteuerlich begünstigt. Die Entscheidung darüber, was ein Luftfahrtunternehmen ist, richtet sich nach dem Luftfahrtrecht. Auch wenn nach dem Energiesteuergesetz die Begünstigung nicht mehr ausdrücklich an den Begriff des Luftfahrtunternehmens anknüpft, hält die Zollverwaltung mit Verweis auf die Energiesteuer-Durchführungsverordnung an der bisherigen Auffassung fest.

353   Begünstigte Luftfahrtunternehmen sind juristische oder natürliche Personen sowie Personenhandelsgesellschaften, die Fluggäste, Post oder Fracht befördern und eine Zulassung als Luftfahrtunternehmen haben. Das Luftfahrtbundesamt erteilt den in EU-Staaten niedergelassenen Unternehmen, die im Rahmen ihrer Haupttätigkeit gewerblichen Flugverkehr durchführen, eine Betriebsgenehmigung nach § 20 Abs. 4 LuftVG i.V.m. Art 3 Abs. 1 Unterabsatz 1 der Verordnung über gemeinsame Vorschriften für die Durchführung von Luftverkehrsdiensten in der Gemeinschaft (VO (EG) Nr. 1008/2008)[34]. Personenbeförderung bedeutet, dass neben dem Piloten und ggf. der Besatzung auf der Grundlage eines Beförderungsvertrags noch Fluggäste befördert werden. Flüge zur Beförderung des eigenen Firmenpersonals zur Ausübung von Tätigkeiten, die innerhalb des Unternehmens liegen, gelten nach Auffassung der Zollverwaltung als begünstigte Personenbeförderung, wenn sie durch ein Luftfahrtunternehmen auf der Grundlage eines Beförderungsvertrags durchgeführt werden[35].

354   Die Zollverwaltung verweigert daher regelmäßig Unternehmen, die keine Luftfahrtunternehmen sind, die Begünstigung. Mit dem Flugzeug müsse selbst eine kommerzielle Tätigkeit ausgeführt werden. Danach reicht es eben nicht aus, dass ein Unternehmen, das nicht dem Luftverkehrsgewerbe angehört, sein eigenes oder ein gechartertes Flugzeug einsetzt, um Mitarbeiter zu Kunden oder Tochtergesellschaften zu befördern.

---

34   Vgl. VwV Energieerzeugnisse für die Luftfahrt vom 05.02.2009, III B 6 – V – 8230/07/10005.
35   Vgl. VwV vom 05.02.2009, a.a.O.

Die Auffassung der Zollverwaltung zur Besteuerung von Flugbenzin ist allerdings sehr umstrit- 355
ten. Nach Art 14. 1 b) Energiesteuerrichtlinie, welche den nationalen Gesetzgeber bei der Auslegung des § 27 EnergieStG bindet, sind Lieferungen von Energieerzeugnissen zur Verwendung
als Kraftstoff für die Luftfahrt mit Ausnahme der privaten nichtgewerblichen Luftfahrt befreit. Im
Sinne dieser Richtlinie ist unter der „privaten nichtgewerblichen Luftfahrt" zu verstehen, dass das
Luftfahrzeug von seinem Eigentümer oder der durch Anmietung oder aus sonstigen Grün-den
nutzungsberechtigten natürlichen oder juristischen Person für andere als kommerzielle Zwecke
und insbesondere nicht für die entgeltliche Beförderung von Passagieren oder Waren oder für die
entgeltliche Erbringung von Dienstleistungen oder für behördliche Zwecke genutzt wird.

Art. 14 Abs. 1 b) der Energiesteuerrichtlinie verpflichtet die Mitgliedstaaten eben nicht nur Luft- 356
fahrtunternehmen, sondern der „Luftfahrt" Steuerbefreiungen einzuräumen. Eine wortlautge-
treue Auslegung des Art. 14 Abs. 1 b) der Energiesteuerrichtlinie führt somit dazu, dass sich die
steuerbefreite „Luftfahrt" nicht nur auf Luftfahrtunternehmen beschränkt.

Dieses Verständnis wird auch von der nationalen Rechtsprechung geteilt. Erst unlängst hatte der 357
Bundesfinanzhof (BFH) einen Fall zu entscheiden, bei dem die Klägerin ein Softwareunterneh-
men betrieb, selbst Eigentümerin eines Flugzeugs war, das von ihrem Geschäftsführer sowohl
für private Zwecke als auch für Flüge zu anderen Firmen und zu Messen, sowie für Wartungs-
und Schulungsflüge eingesetzt wurde. In diesem Fall, der mit dem hier vorliegenden durchaus
vergleichbar ist, kommt der BFH zu dem Ergebnis, dass sich aus Art. 14 Abs. 1 Buchst. b Satz 1
der Energiesteuerrichtlinie nicht entnehmen lasse, dass die vom Gemeinschaftsgesetzgeber an-
geordnete obligatorische Steuerbefreiung für Luftfahrtbetriebsstoffe auf Luftfahrtunternehmen
beschränkt sei. Auch die Definition der „privaten nichtgewerblichen Luftfahrt" in der Richtlinie
deute darauf hin, dass die Steuerbefreiung in allen Fällen zu gewähren ist, in denen Luftfahrtbetriebsstoffe zu kommerziellen Zwecken Verwendung finden (…). Bei dieser Auslegung käme eine
Steuerbefreiung (nur) nicht in Betracht für Flüge, die zur Erholung und zum Vergnügen durchgeführt werden und die keinen Bezug zu einer Erwerbstätigkeit auf-weisen. Andere – erwerbsbe-
zogene – Flüge wären bei dieser Auslegung als zu kommerziellen Zwecken durchgeführte Flüge
von der Steuer zu befreien.[36]

Die Bestimmung des Begriffs der privaten nichtgewerblichen Luftfahrt in § 60 Abs. 4 und Abs. 358
5 EnergieStV würden nach dieser Auffassung Art. 14 Abs. 1 Buchst. b Energiesteuerrichtlinie
widersprechen, so dass sich ein Erstattungsanspruch des Steuerpflichtigen direkt aus dem güns-
tigeren höherrangigen Gemeinschaftsrecht (d.h. aus der Richtlinie) ergibt[37]. Ein entsprechender
Anspruch aus der Energiesteuerrichtlinie würde nach der Rechtsprechung des EuGH theoretisch 359
schon seit dem 01.01.2004 bestehen, da zu diesem Zeitpunkt die Pflicht des deutschen Gesetzgebers bestand, die Energiesteuerrichtlinie in nationales Recht umzusetzen.

Dennoch ist die vorliegende gemeinschaftsrechtliche Frage bislang noch nicht geklärt, da die Aus- 360
legung europäischer Rechtsvorschriften im Zuständigkeitsbereich des EuGH liegt. Der Bundesfinanzhof hat diese Frage daher dem EuGH zur Entscheidung vorgelegt.[38] Ob der EuGH der Auslegung der deutschen Finanzgerichte folgt, kann jedoch noch nicht sicher angenommen werden.
Die Entscheidung des EuGH zu dieser Frage steht noch aus.

---

36   BFH vom 01.12.2009 zum Streitjahr 2004, VII R 9, 10/09, VII R 9/09, VII R 10/09, Vorlage vor dem Europäischen
     Gerichtshofes – EuGH -.
37   So auch FG Düssel-dorf vom 13.05.2009, 4 K 4390/08, Revision eingelegt, BFH: VII R 21/09; vgl. auch FG Düssel-dorf
     vom 04.03.2009, 4 K 3898/08, Revision eingelegt BFH: VII R 13/09.
38   s.o. BFH v. 01.12.2009, VII R 9,10/09.

IX. Steuerentlastung für die Stromerzeugung und die gekoppelte Erzeugung von Kraft und Wärme(§ 53)

361 Eine Steuerentlastung wird für Energieerzeugnisse gewährt, die nach dem sog. Heizstofftarif versteuert und zur Stromerzeugung in ortsfesten Anlagen mit einer elektrischen Nennleistung von mehr als zwei Megawatt oder zur gekoppelten Erzeugung von Kraft und Wärme in ortsfesten Anlagen mit einem Monats- oder Jahresnutzungsgrad von mindestens 70 Prozent verwendet worden sind (§ 53 Abs. 1 Satz 1 EnergieStG).

362 Voraussetzung für eine Steuerentlastung ist zunächst, dass das verwendete Energieerzeugnis nach dem Heizstofftarif versteuert worden ist (§ 2 Abs. 1 Nr. 9, 10 oder Abs. 3 Satz 1 EnergieStG),

363 Der Katalog der nach § 53 entlastungsfähigen Energieerzeugnisse wird aufgrund der Einführung eines am Energiegehalt orientierten Steuersatzes in § 2 Absatz 4a des Gesetzes zum 01.01.2011 entsprechend erweitert. Hierunter fallen insbesondere Sekundär- und Ersatzbrennstoffe, die typischerweise für Zwecke nach § 53 verheizt werden.

364 Liegen alle Voraussetzungen des § 53 EnergieStG vor, steht dem Antragsteller eine vollständige Steuerentlastung für den begünstigten Energieeinsatz zu. Entlastungsberechtigter ist der Verwender. Zum Verfahren ist anzumerken, dass die Steuerentlastung mit einer Anmeldung nach amtlich vorgeschriebenem Vordruck zu beantragen ist. Der Antragsteller hat alle für die Bemessung der Steuerentlastung erforderlichen Angaben zu machen und die Steuerentlastung selbst zu berechnen. Wichtig ist auch, dass der Antrag spätestens bis zum 31. Dezember des Jahres, das auf das Kalenderjahr folgt, in dem die Energieerzeugnisse verwendet worden sind, beim zuständigen Hauptzollamt zu stellen ist (§ 98 Abs. 1 EnergieStV).

365 Für Gasöle mit einem Schwefelgehalt von mehr als 50 mg/kg gilt gemäß § 2 Absatz 3 Satz 1 Nummer 1 Buchstabe a EnergieStG aus umweltpolitischen Gründen seit dem 1. Januar 2009 ein höherer Energiesteuersatz als für Gasöle mit einem Schwefelgehalt von höchstens 50 mg/kg (Hinweis auf § 2 Absatz 3 Satz 1 Nummer 1 Buchstabe b EnergieStG). Die Regelung stellt klar, dass eine weitere Entlastung von der Energiesteuer über andere Entlastungstatbestände nicht möglich ist, um die mit der Steuerspreizung in § 2 Absatz 3 Satz 1 Nummer 1 des Gesetzes bezweckte Lenkungswirkung im Rahmen der Stromerzeugung und der gekoppelten Erzeugung von Kraft und Wärme nach § 53 EnergieStG zu erhalten.

366 Von den Biostoffen werden vor allem Pflanzenöle in KWK-Anlagen eingesetzt deren Einsatz steuerlich nur bis 2009 gem. § 50 EnergieStG entlastet wird. Ab 01.01. 2010 wird als Heizstoff verwendetes Pflanzenöl nicht mehr nach § 50 EnergieStG, sondern insbesondere nach § 53, 54 oder 55 EnergieStG entlastet. Entlastungsberechtigter ist hier der Verwender des Pflanzenöls.

1. Zur Stromerzeugung verwendete Energieerzeugnisse

367 Die erste Alternative des § 53 Abs. 1 setzt voraus, dass Energieerzeugnisse zur Stromerzeugung in ortsfesten Anlagen verwendet worden sind. Allerdings werden nur Anlagen mit einer elektrischen Nennleistung von mehr als zwei Megawatt gefördert, § 53 Abs. 2 EnergieStG.

368 Stromerzeugungsanlagen nach § 53 Abs. 1 Nr. 1 i.V.m. Abs. 2 EnergieStG sind solche, deren mechanische Energie der Stromerzeugung dient und deren elektrische Nennleistung mehr als zwei Megawatt beträgt. Die elektrische Nennleistung einer Stromerzeugungsanlage ist die höchste abgebbare elektrische Dauerleistung, für die sie gemäß den jeweiligen Liefervereinbarungen bestellt

und installiert ist. Sie ist im Allgemeinen im Anlagen-Datenblatt und auf dem Typenschild angegeben. Ist die elektrische Nennleistung nicht eindeutig anhand des Anlagen-Datenblattes, des Typenschilds oder nach den Bestellunterlagen bestimmbar, so ist auch nach Auffassung der Zollverwaltung für die Neuanlage einmalig ein – bei Normalbedingungen – gemäß den Fachnormen für Abnahmemessungen erreichbarer Leistungswert zu bestimmen. Die elektrische Nennleistung im Sinne des Energiesteuergesetzes ist die elektrische Bruttoleistung einer Stromerzeugungsanlage. Die elektrische Bruttoleistung einer Stromerzeugungsanlage ist die an den Generatorklemmen abgegebene elektrische Leistung. Die elektrische Nennleistung einer Stromerzeugungsanlage ist für die gesamte Lebensdauer der Anlage verbindlich.

Um in den Genuss der Steuerbefreiung des § 9 Abs. 1 Nr. 3 StromStG zu gelangen, werden teilweise Anlagen gedrosselt.   369

Die Absenkung der elektrischen Nennleistung von mehr als 2 MW auf 2 MW oder weniger ist nach Auffassung der Finanzverwaltung nur dann unbedenklich, wenn die Änderung durch konstruktive Maßnahmen herbeigeführt oder die Anlage durch Außeneinflüsse außerhalb der in den Liefervereinbarungen festgelegten Auslegungsbereichen betrieben wird, Anlagenteile unter bewusster Inkaufnahme von Leistungseinbußen stillgelegt oder entfernt werden oder die Anlage aufgrund von gesetzlichen Vorschriften oder behördlichen Anordnungen, ohne dass ein technischer Mangel innerhalb der Anlage vorliegt, nur noch mit verminderter Leistung betrieben werden darf.   370

2.   Anteilige Steuerentlastung nach § 53 Abs. 1 Satz 1 Nr. 1 i.V.m. Satz 2 EnergieStG

Wird die mechanische Energie neben der Stromerzeugung zu anderen Zwecken genutzt, kann nur der auf die Stromerzeugung entfallende Anteil an eingesetzten Energieerzeugnissen von der Steuer entlastet werden. Sofern die Anlage einen Monats- oder Jahresnutzungsgrad von mindestens 70 Prozent aufweist, kann sie gegebenenfalls nach § 53 Abs. 1 Nr. 2 EnergieStG von der Steuer entlastet werden.   371

3.   Kraft-Wärme-Kopplung

Die zweite Alternative des § 53 Abs. 1 Satz 1 EnergieStG setzt voraus, dass Energieerzeugnisse zur gekoppelten Erzeugung von Kraft und Wärme in ortsfesten Anlagen verwendet worden sind. Zudem muss die fragliche KWK-Anlage einen Monats- oder Jahresnutzungsgrad von mindestens 70 Prozent aufweisen. § 53 Abs. 5 EnergieStG stellt dabei klar, dass eine Steuerentlastung nur für den Monat oder das Jahr gewährt wird, in dem die Nutzungsgrade erreicht wurden.   372

In der Sache setzt die Regelung voraus, dass ein Energieerzeugnis „zur gekoppelten Erzeugung von Kraft und Wärme" verwendet wird.   373

374   Anlagenteile, die hinsichtlich des Umwandlungsprozesses nicht in Verbindung mit der KWK-Kraftmaschine oder den anderen KWK-Anlagenteilen stehen oder nicht notwendigerweise zur Deckung des KWK-Wärmebedarfs gebraucht werden, gehören nach Auffassung der Finanzverwaltung[39] nicht zum energiesteuerlich relevanten KWK-Prozess. Hierzu zählen aus Sicht der Finanzverwaltung insbesondere

- Dampferzeuger, die hinter der KWK-Kraftmaschine Dampf direkt in ein mit der KWK-Anlage gemeinsam genutztes Netz einspeisen (z.B. Spitzenlastkessel).

- Rauchgasentschwefelungsanlagen(G) (REA) und Rauchgasentstickungsanlagen (z.B. SCR-Anlagen, Selective Catalytic Reduction) sowie Kombinationen solcher Anlagen (z.B. DESONOX-Anlagen),

- Zusatzfeuerungen, soweit die damit erzeugte thermische Energie nicht in mechanische Energie umgewandelt wird (z.B. Auskopplung von Dampf vor der Dampfturbine),

- Zusatzfeuerungen, soweit die damit erzeugte thermische Energie zwar in mechanische Energie umgewandelt wird aber keine Nutzung der dabei anfallenden Restwärme stattfindet (ggf. Erzeugung von Wärme zur Stromerzeugung),

- –Hilfskessel, die die Dampfversorgung beim Ausfall einer Kraftmaschine (Motor oder Gasturbine) sicherstellen,

375   Es ist daher streitig, ob Energieerzeugnisse, die zur Rauchgasentschwefelung bzw. Stickstoffminderung der Abgase einer KWK-Anlage eingesetzt werden, entlastungsfähig sind. Es geht hier um die Frage, ob diese Energieerzeugnisse einer gekoppelten Kraft- und Wärmeerzeugung dienen. In der Praxis wird diese Frage insbesondere relevant, wenn die Abgase von KWK-Anlagen immissionsschutzrechtliche Grenzwerte überschreiten. Die Abgase solcher Anlagen müssen, um den Vorgaben der 13. BImSchV gerecht zu werden, vor dem Austritt mittels Rauchgasreinigung gesäubert werden. Das Rauchgas muss dafür auf bestimmte Temperaturen erhitzt werden, was durch das Verbrennen von Energieerzeugnissen, z. B. Erdgas, erreicht wird.

376   Nach dem Willen der Finanzverwaltung gehören Anlagenteile nur dann zum energiesteuerrechtlich relevanten KWK-Prozess, wenn sie in Verbindung mit der KWK-Kraftmaschine in Bezug auf die Umwandlung der Primärenergie in Kraft und Wärme stehen. Anderenfalls liege keine gleichzeitige Erzeugung von Kraft und Wärme vor. Den Energieeinsatz in Anlagen der Rauchgasentschwefelung sowie Rauchgasentstickung nimmt das BMF in seiner Dienstvorschrift vom 12. Juni 2007[40] daher ausdrücklich von der Begünstigung aus. Das hat zur Folge, dass die in solchen Reinigungsanlagen eingesetzten Energieerzeugnisse nach der maßgeblichen Dienstvorschrift nicht in den Genuss der Förderung nach § 53 EnergieStG kamen, sondern nur teilweise nach §§ 54 und 55 EnergieStG entlastungsfähig sind.

377   Der Bundesfinanzhof hat die im Erlass vertretene Rechtsauffassung, dass Rauchgasreinigungsanlagen grundsätzlich nicht zum energiesteuerrechtlichen KWK-Prozess gehören, verworfen.[41] Die Klägerin setzte in einer überwiegend mit Kohle betriebenen Kraft-Wärme-Kopplungs-Anlage (KWK-Anlage) im Bereich der Rauchgasentschwefelung bzw. Stickstoffminderung Erdgas ein. Nach Auffassung des BFH werde das zum Aufheizen des Rauchgases eingesetzte Erdgas gerade im Rahmen des eigentlichen KWK-Prozesses zur gekoppelten Erzeugung von Strom und Wärme verwendet. Die in dem Erdgas enthaltene Energie werde zwar nicht in Kraft oder Wärme umge-

---

39 Dienstvorschrift zur energiesteuerlichen Behandlung von Energieerzeugungsanlagen nach den §§ 2, 3 und 53 Energiesteuergesetz EnergieStG, III A 1 – V 8245/07/0010 – Dok.-Nr. 2007/0252824 vom 6. Juni 2007 (Seite 14 Rn. 37).
40 BMF, a.a.O. Seite 14 Rn. 37.
41 BFH, Urteil vom 11.11.2008, VII R 33/07, BFH/NV 2009 S. 610.

wandelt, aber innerhalb eines einheitlichen, wenn auch aus verschiedenen, aufeinander bezogenen physikalischen Prozeduren bestehenden Prozesses verwendet, welcher nicht auf das Geschehen im Kessel beschränkt werden könne. Die von der Klägerin betriebene Rauchgasreinigungsanlage sei zwar nicht aus technischen, jedoch aus emissionsschutzrechtlichen Gründen erforderlich, um die KWK-Anlage betreiben und somit gleichzeitig Strom und Wärme erzeugen zu können. Denn nach der 13. BImSchV dürfen Großfeuerungsanlagen nur noch betrieben werden, wenn die dort festgelegten Umweltschutzauflagen erfüllt werden. Die Rauchgasreinigungsanlage werde dadurch zum unverzichtbaren Bestandteil des eigentlichen Prozesses, mit dem der Verwendungszweck des eingesetzten Mineralöls erreicht wird. Nur dieses Verständnis werde nach Auffassung des höchsten Finanzgerichts dem Sinn und Zweck der Begünstigung für besonders effiziente KWK-Anlagen mit einem Jahresnutzungsgrad von mindestens 70 % gerecht. Wegen ihres hohen Energienutzungsgrades sollen diese Anlagen --unabhängig davon, ob sie mit Kohle oder Mineralöl betrieben werden-- in den Genuss einer umweltpolitisch motivierten Steuerentlastung kommen.

Lediglich Energieerzeugnisse, die zu anderen Zwecken als zur Aufrechterhaltung des eigentlichen KWK-Prozesses, etwa zur Beheizung von Lager- oder Geschäftsräumen oder zum Antrieb von Förderbändern, eingesetzt werden, seien dagegen von einer Begünstigung ausgeschlossen.   378

Ein weiteres ähnliches Abgrenzungsproblem wie in dem v.g. Urteil des BFH stellt sich beim Energieeinsatz in einer Heizkessel-Zusatzfeuerung. Auch hier stellt sich die Frage, ob ein bestimmter Energieverbrauch noch dem KWK-Anlage zuzurechnen und somit gemäß § 53 Abs. 1 Satz 1 Nr. 2 EnergieStG entlastungsfähig ist. Prozess geht es um die Entlastungsfähigkeit von Energieerzeugnissen, die für eine Zusatzfeuerung in einem einer Gasturbine nachgeschalteten Abhitzekessel verwendet werden.   379

In energiesteuerrechtlicher Hinsicht stellt sich auch hier die Frage, ob das in der Zusatzfeuerung verbrannte Energieerzeugnis im Rahmen einer gekoppelten Erzeugung von Kraft und Wärme verwendet wird oder nur der Wärmeerzeugung dient. Das BMF geht von Letzterem aus, so dass diese Mengen nicht am KWK-Prozess teilnehmen.[42] Insoweit könnten dies Energiemengen nicht nach § 53 EnergieStG entlastet werden. Eine Entlastung des in der Zusatzfeuerung verwendeten Erdgases wäre dann nur nach § 54 Abs. 1 und § 55 Abs. 1 EnergieStG möglich. Eine höchstrichterliche Überprüfung zu dieser Rechtsauffassung liegt noch nicht vor. Gerade vor dem Hintergrund der nachfolgend dargestellten Änderung der §§ 54, 55 im Fernwärmebereich sind die Folgen dieser Rechtsfrage aber von großer Bedeutung. Denn ab 01.01.2011 müssen Unternehmen für Wärmelieferungen, die nach §§ 54 und § 55 EnergieStG entlastet werden, den Nachweis führen, dass die Wärme ausschließlich durch Unternehmen des Produzierenden Gewerbes genutzt wird.   380

X.   Steuerentlastung für Unternehmen (§ 54)

Eine weitere energiesteuerliche Entlastung steht Unternehmen des Produzierenden Gewerbes zur Verfügung. Nach § 54 Abs. 1 EnergieStG wird auf Antrag eine Entlastung gewährt für Energieerzeugnisse, die nachweislich nach § 2 Abs. 3 Satz 1 Nr. 1, 3 bis 5 versteuert worden sind , wenn diese von einem Unternehmen des Produzierenden Gewerbes oder der Land-und Forstwirtschaft zu betrieblichen Zwecken verheizt oder in begünstigten Anlagen nach § 3 EnergieStG verwendet worden sind.   381

Die Entlastungssätze wurden zum 01.01.2011 reduziert. Danach beträgt die Steuerentlastung seit dem 1. Januar 2011,   382

---

42 BMF, a.a.O.

- für 1 000 l nach § 2 Absatz 3 Satz 1 Nummer 1 oder Nummer 3 versteuerte Energieerzeugnisse 15,34 EUR,

- für 1 MWh nach § 2 Absatz 3 Satz 1 Nummer 4 versteuerte Energieerzeugnisse 1,38 EUR,

- für 1 000 kg nach § 2 Absatz 3 Satz 1 Nummer 5 versteuerte Energieerzeugnisse 15,15 EUR.·

383 Der Sockelbetrag wurde auf 250 Euro im Kalenderjahr angehoben.

384 Hinsichtlich des Verfahrens ist zu beachten, dass die Steuerentlastung mit einer Anmeldung nach amtlich vorgeschriebenem Vordruck zu beantragen ist. Zum Entlastungsabschnitt, den erforderlichen Angaben und zur Frist vgl. § 100 EnergieStV.

385 Der Antragsteller hat dem Entlastungsantrag eine Beschreibung der wirtschaftlichen Tätigkeit beizufügen, sofern sie dem Hauptzollamt nicht bereits vorliegt. Ferner hat er einen buchmäßigen Nachweis über die Art, die Menge, die Herkunft und den genauen Verwendungszweck der Energieerzeugnisse zu führen (§ 100 Abs. 3 und 4 EnergieStV).

XI. Der sog. Spitzenausgleich (§ 55)

386 Eine in der Praxis wichtige Steuerentlastung für energieintensive Unternehmen ist der sog. Spitzenausgleich. § 55 EnergieStG begünstigt dieselben Energieerzeugnisse und Verwendungsarten wie § 54 EnergieStG. Hinsichtlich der begünstigten Personen ist der Kreis aber eingeschränkt: Nur Unternehmen des Produzierenden Gewerbes (und nicht auch Unternehmen der Land- und Forstwirtschaft) kommen in den Genuss der Förderung, wenn ihre Ökosteuerbelastung höher ist, als die vom Gesetzgeber (fingierte) Entlastung aus der Absetzung der Rentenversicherungsbeiträge (vgl. § 55 Abs. 2 EnergieStG).

387 Der Spitzenausgleich ist der Höhe nach begrenzt. Die mögliche prozentuale Entlastung beim Spitzenausgleich besteht ab 01.01.2011 nur in Höhe von max. 90% der Energie-bzw. Stromsteuerbelastung. Korrespondierend zur Reduzierung der Steuerentlastungen in § 54 Absatz 2 EnergieStG wurden die für den so genannten Spitzenausgleich verbleibenden Steueranteile in § 55 Abs. 2 EnergieStG erhöht. Danach beträgt der Steueranteil:

- für 1 MWh nach § 2 Absatz 3 Satz 1 Nummer 4 versteuerte Energieerzeugnisse 2,28 EUR,

- für 1 000 kg nach § 2 Absatz 3 Satz 1 Nummer 5 versteuerte Energieerzeugnisse 19,89 EUR,

- für 1 000 l nach § 2 Absatz 3 Satz 1 Nummer 1 oder Nummer 3 versteuerte Energieerzeugnisse 5,11 EUR,

vermindert um 750 Euro.

388 Der Spitzenausgleich ist zudem zeitlich befristet. Die ursprüngliche Förderung erstreckt sich nur auf den Zeitraum bis zum 31. Dezember 2009 (§ 55 Abs. 1a Satz 1 EnergieStG). Eine Erweiterung bis zum 31. Dezember 2012 ist jedoch möglich, wenn die Bundesregierung jährlich feststellt, dass zu erwarten ist, dass die in der Klimaschutzvereinbarung zwischen der Regierung der Bundesrepublik Deutschland und der deutschen Wirtschaft vom 9.11.2000 genannten Ziele zur Verringerung von Treibhausgasen erreicht werden. Die Feststellung muss jeweils bis zum Ende des Jahres im Bundesgesetzblatt bekannt gemacht werden (§ 55 Abs. 1a Satz 2 EnergieStG). Im Jahr 2012 ist zu beachten, dass die steuerliche Entlastung bis zur Feststellung, dass die Emissionsminderungsziele erreicht wurden, nur in Höhe von 80 Prozent des berechneten Betrags gewährt wird (§ 55 Abs. 2 Satz 3 EnergieStG). Die restliche Auszahlung erfolgt erst in 2013.

XII. Einschränkung für Contracting-Gestaltungen in §§ 54 und 55 EnergieStG

Seit 1. Januar 2011 wird eine steuerliche Entlastung nach den §§ 9b und 10 StromStG aber nur noch gewährt, soweit Licht, Wärme, Kälte, Druckluft und mechanische Energie nachweislich durch ein Unternehmen des Produzierenden Gewerbes oder der Land- und Forstwirtschaft und im Fall des § 10 StromStG nachweislich durch ein Unternehmen des Produzierenden Gewerbes genutzt worden sind. Entsprechend wurden die Steuerentlastungen nach den §§ 54 und 55 EnergieStG dahingehend eingeschränkt, dass im Fall des § 54 EnergieStG die erzeugte Wärme nachweislich durch ein Unternehmen des Produzierenden Gewerbes oder der Land- und Forstwirtschaft und im Fall des § 55 EnergieStG nachweislich durch ein Unternehmen des Produzierenden Gewerbes genutzt worden sein muss. Im Gegensatz zu § 9b und 10 StromStG ist hier die Lieferung von Kälte nicht vom Wortlaut des Gesetzes erfasst. **389**

Im ursprünglichen Entwurf zum Haushaltsbegleitgesetz 2011 hatte der Gesetzgeber noch eine Steuerentlastung für Energieerzeugnisse vorgesehen, die zur Erzeugung von Wärme verwendet worden sind, wenn die Wärme in ein Wärmenetz zur leitungsgebundenen Versorgung mit Wärme eingespeist worden ist, an das als öffentliches Netz eine unbestimmte Anzahl von Abnehmern innerhalb eines größeren Gebiets angeschlossen werden kann (Fernwärme). **390**

Aufgrund von Abgrenzungsproblemen zur Nahwärme, wurde die Entlastungsmöglichkeit für den Fernwärmesektor schließlich kurz vor dem Bundestagsbeschluss aus dem Gesetzentwurf gestrichen. Daraufhin hat der Bundesrat mehrfach die Bundesregierung gebeten, im Energiesteuergesetz kurzfristig die steuerliche Entlastung von Fernwärme zugunsten einer klima- und umweltfreundlichen Versorgung wiederherzustellen. Der Bundesgesetzgeber folgte dieser Sichtweise jedoch bislang nicht und blieb bei seiner Entscheidung, die steuerliche Entlastungsmöglichkeit für den Fernwärmesektor nicht im Energiesteuergesetz zu verankern. Vor diesem Hintergrund ist der Energieeinsatz für die Fernwärmversorgung steuerlich nicht mehr nach §§ 54 und 55 EnergieStG zu entlasten, wenn Kunden versorgt werden, die nicht zum Kreis der Unternehmen des Produzierenden Gewerbes zählen. **391**

Das Bundesfinanzministerium nimmt in einem Schreiben vom 25. Januar 2011 zu den Änderungen der Steuervergünstigungen für Unternehmen des Produzierenden Gewerbes und der Land- und Forstwirtschaft (§§ 54 und 55 EnergieStG, § 9 Abs. 3 und § 10 StromStG) zum 1. Januar 2011 Stellung. **392**

Der Entlastungsberechtigte hat nun nachzuweisen, dass ein (anderes) Unternehmen des Produzierenden Gewerbes oder – bei § 9b StromStG und § 54 EnergieStG – ein (anderes) Unternehmen der Land- und Forstwirtschaft die von ihm nicht selbst genutzte Nutzenergie verwendet hat. Um diesen Nachweis zu erbringen, muss das andere Unternehmen, das mit Nutzenergie beliefert wird und sie selbst verwendet, eine Selbsterklärung nach Vordruck Nr. 1456 abgeben. Darin hat es darzulegen, dass es Unternehmen des Produzierenden Gewerbes oder der Land- und Forstwirtschaft i.S. von § 2 Nr. 3 oder 5 StromStG ist, und unwiderruflich sein Einverständnis zu erklären, die Überprüfung dieser Angaben im Rahmen einer Außenprüfung entsprechend §§ 193 ff. der Abgabenordnung zuzulassen. Für die erforderliche Beschreibung der wirtschaftlichen Tätigkeiten kann das Unternehmen den Vordruck Nr. 1402 verwenden. Sofern es bereits im Zusammenhang mit einem anderen Steuerverfahren beim zuständigen Hauptzollamt eine entsprechende Beschreibung der wirtschaftlichen Tätigkeiten abgegeben hat, reicht es aus, wenn es auf die in dem anderen Verfahren vorgelegte Beschreibung verweist. **393**

394 Die Zuordnung für das Entlastungsjahr 2011 soll sich nach der Beschreibung der wirtschaftlichen Tätigkeit des Jahres 2010 richten. Hierbei sei sinngemäß nach § 15 StromStV zu verfahren. Das entlastungsberechtigte Unternehmen nimmt eine Kopie der Selbsterklärung zu seinen steuerlichen Aufzeichnungen und legt die Selbsterklärung im Original mit dem ersten Entlastungsantrag für das Entlastungsjahr 2011 beim Hauptzollamt vor. Sofern es mehrere Abnehmer mit Nutzenergie beliefert, die als Unternehmen des Produzierenden Gewerbes oder der Land- und Forstwirtschaft steuerlich begünstigt beliefert werden können, legt es mit dem Entlastungsantrag eine gesonderte Aufstellung vor, in der die für die Erzeugung der Nutzenergie verwendeten Energieerzeugnisse den verschiedenen Abnehmern zugeordnet werden. Eine Entlastung soll nach Ansicht der Finanzverwaltung nur gewährt werden, soweit die an Dritte gelieferte Nutzenergie einem Verwender zugeordnet werden kann, für den eine vollständige Selbsterklärung vorgelegt wurde.

395 Sofern ein vom entlastungsberechtigten Unternehmen beliefertes anderes Unternehmen die gelieferte begünstigungsfähige Nutzenergie seinerseits teilweise oder ganz weitergibt, hat das entlastungsberechtigte Unternehmen die Selbsterklärung des die Nutzenergie tatsächlich nutzenden Unternehmens am Ende der Lieferkette zusammen mit dem Entlastungsantrag dem Hauptzollamt im Original vorzulegen. Um nachweisen zu können, welche Nutzenergie das belieferte Unternehmen selbst genutzt und nicht teilweise oder vollständig an Dritte weitergeliefert hat, muss der Entlastungsberechtigte sich zudem von dem belieferten Unternehmen die Menge der von diesem selbst genutzten Nutzenergie bestätigen lassen. Sofern das vom Entlastungsberechtigten belieferte Unternehmen die Nutzenergie seinerseits vollständig oder teilweise an ein weiteres Unternehmen abgibt, hat dieses Unternehmen ebenfalls eine Selbsterklärung abzugeben (s.o.) und die von ihm selbst verwendete Nutzenergie zu bescheinigen. Bei weiteren Fortsetzungen der Lieferkette ist entsprechend zu verfahren. Wird die Nutzenergie dagegen vom Entlastungsberechtigten unmittelbar an den Verwender der Nutzenergie abgegeben und von diesem vollständig selbst genutzt, ist eine Bestätigung über die vollständige Nutzung ohne Mengenangabe ausreichend. Das entlastungsberechtigte Unternehmen nimmt die Bestätigung zu seinen steuerlichen Aufzeichnungen.

396 Soweit eine genaue Ermittlung nur mit unvertretbarem Aufwand möglich ist, sei eine sachgerechte von einem Dritten nachvollziehbare Schätzung der selbstverwendeten bzw. an Dritte abgegebenen Nutzenergie bzw. der für die Erzeugung der Nutzenergie eingesetzten Energieerzeugnisse oder des dazu eingesetzten Stroms zulässig.

397 Unternehmen die Licht, Wärme, Kälte, Druckluft und mechanische Energie liefern, müssen somit künftig bei einem Antrag nach §§ 9b und 10 StromStG sowie §§ 54 und 55 EnergieStG nachweisen, dass der Nutzer der genannten Produkte ein Unternehmen des Produzierenden Gewerbes oder (bei § 9b StromStG und 54 EnergieStG) der Land- und Forstwirtschaft ist. Hierzu muss der Antragsteller vom Nutzer eine Selbsterklärung ausfüllen lassen, wonach dieser bestätigt, ein Unternehmen des Produzierenden Gewerbes zu sein, und sich mit einer Überprüfung seiner Angaben im Rahmen einer Außenprüfung einverstanden erklärt. Da die Entlastung dem Bundesfinanzministerium zufolge nur gewährt wird, soweit die an Dritte gelieferte Nutzenergie einem Verwender zugeordnet werden kann, für den eine vollständige Selbsterklärung vorgelegt wurde, sollten die betroffenen Unternehmen die Informationen nun bei ihren Kunden einholen. Insbesondere bei mehrstufigen Lieferketten und im Bereich der Fernwärme ist dieses Verfahren mit einem erheblichen, teilweise nur schwer zumutbaren Verwaltungsaufwand verbunden. Zudem ergibt sich in mehrstufigen Lieferketten das Problem, dass das entlastungsberechtigte Unternehmen die Selbsterklärung des Nutzers am Ende der Lieferkette vorzulegen hat. Zu diesem Unternehmen

bestehen aber in der Regel keine Vertragsbeziehungen. Daneben sieht die Selbsterklärung unter Umständen vor, unternehmensinterne Daten preiszugeben, worauf der Entlastungsberechtigte keinen Rechtsanspruch hat.

Hier kann der Entlastungsberechtigte nur eine vertragliche Pflicht mit seinem Vertragspartner vereinbaren, wonach dieser seinen Kunden verpflichtet, entsprechende Informationen zur Verfügung zu stellen bzw. andernfalls einen höheren Wärmepreis zu akzeptieren. Insbesondere bei großen Industriekunden, die Wärme beziehen, empfiehlt sich eine Vertragsanpassung. **398**

Ferner stellt sich die Frage, wie rechtsverbindlich die Selbsterklärung des Nutzers ist. Vorsichtshalber sollten sich Wärmelieferanten daher auch zivilrechtlich für den Fall einer späteren anderslautenden Beurteilung absichern. In besonderen Zweifelsfragen ist zu empfehlen, unter Ausnutzung der gesetzlichen Möglichkeiten und Offenlegung des Sachverhalts die Entlastungen beim Hauptzollamt zugunsten des Unternehmens zu beantragen und den Rechtsweg zu beschreiten. **399**

Im Übrigen müssen Wärmelieferanten, die ihren Energieeinsatz zur Wärmeerzeugung nach §§ 54, 55 EnergieStG entlasten, aufgrund der Vielzahl der nichtbegünstigten Nutzer eine Preiserhöhung für die Wärmelieferung einkalkulieren und im Rahmen der vertraglichen Gegebenheiten entsprechende Preisanpassungen vornehmen. **400**

XIII. Steuerentlastung für den Öffentlichen Personennahverkehr (§ 56)

Eine Steuerentlastung wird auf Antrag gewährt für Benzine nach § 2 Abs. 1 Nr. 1, Gasöle nach § 2 Abs. 1 Nr. 4, Erdgas, Flüssiggase und gasförmige Kohlenwasserstoffe sowie ihnen nach § 2 Abs. 4 gleichgestellte Energieerzeugnisse, die nachweislich nach § 2 Abs. 1 Nr. 1, 4 oder Abs. 2 versteuert worden sind und die **401**

- in zur allgemein zugänglichen Beförderung von Personen bestimmten Schienenbahnen mit Ausnahme von Bergbahnen oder

- in Kraftfahrzeugen im genehmigten Linienverkehr nach den §§ 42 und 43 des Personenbeförderungsgesetzes oder

- in Kraftfahrzeugen in Verkehren nach § 1 Nr. 4 Buchstabe d, g und i der Freistellungs-Verordnung

verwendet worden sind, wenn in der Mehrzahl der Beförderungsfälle eines Verkehrsmittels die gesamte Reiseweite 50 Kilometer oder die gesamte Reisezeit eine Stunde nicht übersteigt.

Entlastungsberechtigt ist derjenige, der die Energieerzeugnisse verwendet hat. Der Steuerentlastungsantrag ist mit dem amtlich vorgeschriebenen Vordruck zu stellen und die in § 102 EnergieStV geforderten Nachweise enthalten. Die Steuerentlastung nach § 56 EnergieStG gilt ebenso für Betriebsführer im Sinne von § 2 Absatz 2 Nummer 3 Personenbeförderungsgesetz sowie für Auftragsunternehmer (Subunternehmer), die für einen anderen Unternehmer Beförderungen im öffentlichen Personennahverkehr erbringen, soweit sie die Energiesteuer tragen. **402**

Für die Qualifizierung als öffentlicher Personennahverkehr mit Schienenbahnen kann auch darauf abgestellt werden, ob Verkehre den ÖPNV-Gesetzen der Bundesländer unterfallen. Der Betrieb von Schienenfahrzeugen umfasst auch den Verbrauch von nachweislich nach § 2 Absatz 1 Nummer 1 und 4 oder Absatz 2 EnergieStG versteuerten Energieerzeugnissen zum Betrieb von Heizungen und Klimaanlagen in schienengebundenen Fahrzeugen, die im öffentlichen Perso- **403** nennahverkehr eingesetzt werden. Er braucht im buchmäßigen Nachweis nicht besonders ausgewiesen zu werden (Dienstvorschrift zur energiesteuerrechtlichen Behandlung der im öffentlichen Personennahverkehr (ÖPNV) verwendeten Kraftstoffe nach § 56 Energiesteuergesetz.[43]

404   Begünstigt sind neben dem öffentlichen Personennahverkehr mit Schienenbahnen auch die damit zusammenhängenden notwendigen Betriebsfahrten (zu den Einzelheiten vgl. BMF vom 25.06.2010. a.a.O.).

405   Die Steuerentlastung nach § 56 EnergieStG umfasst die Beförderung von Personen mit Kraftfahrzeugen im genehmigten Linienverkehr, Bei der Prüfung, ob Linien oder Strecken als öffentlicher Personennahverkehr mit Kraftfahrzeugen im Sinn von § 56 EnergieStG anzusehen sind, können auch die ÖPNV-Gesetze der Bundesländer einschließlich der hierzu erlassenen Nahverkehrspläne herangezogen werden.

406   Zum Betrieb von Kraftfahrzeugen gehört nach Auffassung der Zollverwaltung auch der Verbrauch von nachweislich nach § 2 Absatz 1 Nummer 1 und 4 oder Absatz 2 EnergieStG versteuerten Energieerzeugnissen in Heizungen und Klimaanlagen. Er braucht im buchmäßigen Nachweis nicht besonders ausgewiesen zu werden. Begünstigt sind auch hier neben dem öffentlichen Personennahverkehr mit Kraftfahrzeugen auch die damit zusammenhängenden notwendigen Betriebsfahrten.

407   Einige ÖPNV-Linien und –Strecken werden grenzüberschreitend betrieben. Zum 01.01.2011 wurde § 56 dahingehend ergänzt, dass nur diejenigen Energieerzeugnisse von der Steuer entlastet werden, die im Geltungsbereich des Energiesteuergesetzes verwendet worden sind.

XIV.   Steuerentlastung bei Zahlungsausfall (§ 60)

408   Eine Steuerentlastung wird auf Antrag dem Verkäufer von nachweislich nach § 2 Abs. 1 Nr. 1 bis 4 versteuerten Energieerzeugnissen für die im Verkaufspreis enthaltene Steuer gewährt, die beim Warenempfänger wegen Zahlungsunfähigkeit ausfällt, wenn

- der Steuerbetrag bei Eintritt der Zahlungsunfähigkeit 5.000 Euro übersteigt,
- keine Anhaltspunkte dafür vorliegen, dass die Zahlungsunfähigkeit im Einvernehmen mit dem Verkäufer herbeigeführt worden ist,
- der Zahlungsausfall trotz vereinbarten Eigentumsvorbehalts, laufender Überwachung der Außenstände, rechtzeitiger Mahnung bei Zahlungsverzug unter Fristsetzung und gerichtlicher Verfolgung des Anspruchs nicht zu vermeiden war,
- Verkäufer und Warenempfänger nicht wirtschaftlich miteinander verbunden sind;

409   Dem Verkäufer wird eine Steuerentlastung für bestimmte bereits versteuerte Energieerzeugnisse gewährt, so dass ihm – unter den v.g. Voraussetzungen die im Verkaufspreis enthaltene Steuer erstattet bzw. vergütet wird. Eine solche Steuerentlastung kommt aber nur bei den in § 2 Abs. 1 Nrn. 1-4 EnergieStG aufgezählten Energieerzeugnissen (z.B. Benzin, mittelschwere Öle, Gasöle) in Betracht. Die Steuerentlastung ist zudem gemäß § 60 Abs. 2 EnergieStG von einem fristgerechten Antrag abhängig.

410   Die o.g. 4 Voraussetzungen müssen zudem kumulativ erfüllt sein. Regelmäßig wird die dritte Voraussetzung schwer erfüllbar sein. In § 60 Abs. 1 EnergieStG hat der Gesetzgeber die Tatbestandsvoraussetzungen aus dem in der Vergangenheit geltenden § 53 MinöStV übernommen. Anhand

---

43   BMF vom 25.06.2010, III B 6 – V 8245/07/10013

der zu § 53 MinöStV ergangenen Entscheidungen des Bundesfinanzhofes ergibt sich, dass die Erstattung/Vergütung bei Zahlungsunfähigkeit des Abnehmers nur unter ganz engen Voraussetzungen möglich ist.

Die gerichtliche Verfolgung des Zahlungsanspruches muss beispielsweise unmittelbar nach Ablauf der dem Schuldner gesetzten letzten Zahlungsfrist erfolgen. Sie muss spätestens 2 Monate nach Belieferung des Schuldners in die Wege geleitet werden[44]. Sofern besondere Umstände vorliegen, steht ein geringfügiges Überschreiten dieses Zeitraums dem Entlastungsanspruch nicht entgegen[45]. In seiner Entscheidung vom 5.3.2007 [46]hat der BFH bestätigt, dass die Frist von 2 Monaten zur gerichtlichen Geltendmachung des Zahlungsanspruches angemessen ist. Diese Frist darf jedoch nicht immer ausgeschöpft werden, unter Berücksichtigung der Umstände des Einzelfalls kann ein schnelleres Handeln des Lieferanten erforderlich sein[47]. Bei der 2-Monatsfrist zur gerichtlichen Geltendmachung der Zahlungsansprüche handelt es sich um eine Ausschlussfrist mit der Folge, dass der Energielieferant nach Fristablauf seinen Vergütungsanspruch verliert.[48]

411

Des Weiteren ist nach der Rechtsprechung des BFH die gerichtliche Verfolgung der Ansprüche auch dann nicht entbehrlich, wenn ein Antrag auf Eröffnung des Insolvenzverfahrens gestellt wurde und ein vorläufiger (schwacher) Insolvenzverwalter bestellt wird.[49] Dies gilt auch dann, wenn später das Insolvenzverfahren eröffnet wird [50]. Insbesondere ist es nach der Rechtsprechung dem Energielieferanten in diesen Fällen für die gerichtliche Geltendmachung seiner Ansprüche zumutbar, eine halbe Gerichtsgebühr für die Einleitung eines Mahnverfahrens zu investieren. Darüber hinaus entbindet die Abgabe eines Schuldanerkenntnisses oder die Aufnahme von Verhandlung über die Bestellung von Sicherheiten den Energielieferanten nicht von der Obliegenheit, seine Ansprüche rechtzeitig gerichtliche zu verfolgen[51].

412

Die Entscheidungen zeigen, dass der Energielieferanten zum einen ein effektives Forderungsmanagement einrichten müssen, welches ständig die Einhaltung der Zahlungsziele prüft und die Abnehmer mahnt. Die Mahnung hat eine bestimmte und eindeutige Zahlungsaufforderung mit Fristsetzung zu enthalten und es muss unmissverständlich zum Ausdruck kommen, dass nach erfolglosem Fristablauf der Zahlungsanspruch rechtshängig gemacht wird. Zum anderen müssen offene Forderungen spätestens 2 Monate nach Lieferung gerichtlich geltend gemacht werden.

413

Der Anspruch nach § 60 steht zudem nur dem „Verkäufer" zu. Streitig ist, ob Zahlungsausfälle bei der Ausgabe von Tankkarten, welche von Leasinggesellschaften an ihre Kunden gegeben werden, zu einer Erstattung nach § 60 EnergieStG führen können. In der Finanzverwaltung wird hier zu Unrecht oftmals die Eigenschaft als Verkäufer im Sinne des § 60 EnergieStG verneint. Legt man die bislang beim Einsatz von Tankkarten ergangene Rechtsprechung zugrunde, hängt die Frage der Erstattung nach § 60 EnergieStG zumindest vom konkreten Geschäftsmodell und der Vertragsgestaltungen zwischen dem Leasinggeber und Leasingnehmer sowie Mineralölkonzern und Leasinggeber ab.[52]

414

44   BFH, Urteil vom 8.1.2003, Az: VII R 7/02; BFH, Beschluss vom 5.3.2007, AZ: VII B 189/06.
45   BFH, Urteil vom 1.7.2008, Az: VII R 31/07.
46   Az: VII B 189/06.
47   BFH, Beschluss vom 19.4.2007, Az: VII R 45/05
48   BFH, Beschluss vom 6.2.2006, Az: VII B 52/06, BGH/NV 2006, 1159; BFH, Urteil vom 1.7.2008, Az: VII R 31/07.
49   BFH, Beschluss vom 5.3.2007, Az: VII B 189/06.
50   BFH, Beschluss vom 19.1.2007, Az: VII R 1 /05; BFH/NV 2001, 1609.
51   BFH, Beschluss vom 28.1.2003, Az: VII B 148/02, BFH/NV 2003, 661; BFH, Urteil vom 1.7.2008, Az: VII R 31/07.
52   Vgl. FG München vom 03.05.2000, 3 K 1926/00

3

415   Auf andere Erzeugnisse, die der Energiesteuer unterliegen (z.B. Heizöle, Erdgas, Flüssiggase, Kohle) ist § 60 EnergieStG – jedenfalls dem Gesetzeswortlaut nach – nicht anwendbar. Eine analoge Anwendung von § 60 EnergieStG auf ausgefallene Energiesteuer auf Erdgas ist nach Auffassung der Zollverwaltung nicht möglich, da hier wohl keine planwidrige Regelungslücke vorliegt.

XV.   Steuerentlastung bei Zahlungsausfall von Strom- und Energiesteuer (Erdgas) aus Billigkeitsgründen

416   Problematisch sind die steuerlichen Folgen beim Ausfall von Forderungen im Bereich der Strom- und Erdgaslieferungen. Das Stromsteuergesetz enthält keinen Erstattungsanspruch für Forderungsausfälle und die Erstattung der Energiesteuer für Erdgas ist von § 60 EnergieStG ebenfalls nicht erfasst. Für die Erstattung der Energiesteuer stellt sich deshalb zunächst die Frage, ob ein Rückgriff auf die Erlassvorschriften der AO, § 227 AO, möglich ist, da der Gesetzgeber einen spezielleren- ggf. abschließenden- Erstattungstatbestand im EnergieStG geregelt hat. Vor dem Hintergrund, dass der Gesetzgeber eine gesonderte Regelung für den Erstattung der EnergieSt bei Forderungsausfällen geschaffen hat und dabei insbesondere nur bestimmte Energielieferungsarten erfasst hat, könnte ein Rückgriff auf die allgemeinen Erlassvorschriften der AO verneint werden. Dieser Auffassung kann aber nicht gefolgt werden, da der Gesetzgeber mit der Regelung des § 60 EnergieStG eine sachgerechte Verteilung des Risikos eines Steuerausfalls zwischen Steuergläubiger und Steuerschuldner beabsichtigt, bei denen ein Erlass der Mineralölsteuer nach § 227 AO mangels eines Steuerschuldverhältnisses nicht möglich ist. Betroffen sind besonders die sog. Zwischenhändler der von § 60 EnergieStG erfassten Energieerzeugnisse. Ein Wille des Gesetzgebers zu einer abschließenden Regelung für den gesamten Bereich der Energiesteuer lässt sich daraus nicht schließen. Da im Stromsteuergesetz keine Erstattung vorgesehen ist, ist hier in jedem Fall der Rückgriff auf § 227 AO möglich.

417   Obwohl Rechtsprechung und Verwaltung auf die Möglichkeit des Erlasses ausgefallener Verbrauchsteuern nach dieser Vorschrift hinweisen, werden Erlassanträge in der Praxis von der Zollverwaltung oftmals negativ beschieden. Bei einem Antrag nach § 227 AO ist eine Billigkeitsentscheidung zu treffen, die im Ermessen der Behörde steht. Dieses Ermessen ist gerichtlich nur eingeschränkt -auf Ermessensfehler- überprüfbar. Meist wird seitens der Zollverwaltung zu Unrecht vorgetragen, dass keine Billigkeitsgründe vorliegen. Persönliche Billigkeitsgründe scheiden tatsächlich oftmals aus. Hinsichtlich der sachlichen Billigkeitsgründe wird entsprechend § 60 EnergieStG gefordert, dass

- die Ausfälle des Steuerpflichtigen über ein erträgliches Maß hinausgehen,
- der Steuerpflichtige bei der Kreditgewährung nicht leichtfertig gehandelt hat und
- er das ihm Zumutbare getan hat, um die Außenstände hereinzubringen.

418   Zur Frage, wann das erträgliche Maß überschritten ist, sind allerdings – soweit ersichtlich – nur wenige höchstrichterliche Entscheidungen ergangen, die keine einheitliche Grenze erkennen erlassen.

419   Bei der Frage, ob der Geschädigte das ihm Zumutbare getan hat, um die Außenstände beizutreiben, wendet das HZA oftmals zu Unrecht die Rechtsprechungsgrundsätze zu § 60 EnergieStG an. Die strengen Anforderungen an das Forderungsmanagement hinsichtlich des Mahnwesens und der gerichtlichen Geltendmachung von Forderungen spätestens nach 2 Monaten beruhen darauf, dass dem Steuerpflichtigen nur in engen Grenzen ein Erstattungsanspruch gewährt wer-

den soll. Im Fall des § 227 AO und bei Strom und Erdgas können diese strengen Maßstäbe u.E. nicht angewendet werden. Gleiches gilt für die Argumentation, dass der Geschädigte auch nach Stellung des Insolvenzantrages die Ansprüche hätte gerichtlich geltend machen müssen. Insoweit müssen hier die Besonderheiten der Belieferung mit Strom und Gas berücksichtigt werden. Es erfolgt typischerweise keine zeitnahe «Einzelabrechnung» der Belieferung, sondern es werden die gelieferten Mengen nur in größeren Zeitabständen erfasst und abgerechnet. Von daher ergibt sich zwangsläufig ein größerer Zeitraum zwischen der Belieferung des Kunden und der Zahlung der dazugehörigen Rechnungen. Darüber hinaus kann der Energieversorger bei Zahlungsrückständen nicht ohne Weiteres die Belieferung einstellen.

Die Aussichten über den Billigkeitserlass der Steuer Zahlungsausfälle zu kompensieren, sind im Ergebnis gering. Dementsprechend können hier nur vertragliche Regelungen zur Absicherung weiterhelfen. Erforderlich wäre hier ein Einschreiten des Gesetzgebers. 420

§ 4 Tax-Compliance

Einführung

1 Die Energiesteuer ist kontinuierlich rechtlichen Unwägbarkeiten ausgesetzt. So sind europarechtliche Vorgaben[1], die fiskalischen Interessen des Staates[2] und die hiermit einhergehenden Änderungen der steuerlichen Rechtslage zu beachten. Diese Änderungen wirken sich aufgrund der ökonomischen Auswirkungen auf das Interne Kontrollsystems eines Unternehmens, eines Unternehmensverbundes bzw. eines Konzerns unmittelbar aus. Somit sind die Bereiche Risikomanagement, Corporate Compliance bzw. Tax Compliance und Corporate Governance betroffen. Da sich die aktuellen Änderungen auch auf bestehende energiesteuerlich motivierte Konstruktionen auswirken, haben die soeben genannten Bereiche zu prüfen, wie konkret mit neuen Gesetzesänderungen umzugehen ist, ob und wenn ja welche Maßnahmen zu ergreifen sind, wer diese Maßnahmen einzuleiten hat und an wen die Auswirkungen der Gesetzesänderung und die einzuleitenden Maßnahmen zu berichten sind.

2 Die Beantwortung der gestellten Fragen hängt entscheidend davon ab, welche Funktion Tax Compliance und Tax Risk Management einnehmen und wie diese Bereiche zueinander stehen. Insbesondere Lösungsansätze sollten das Ziel verfolgen, bestehende interne Kontroll-, Risikomanagement- und Compliance-Managementsysteme zu integrieren und durch eine starke Risikoorientierung die Unternehmensüberwachung in ihrer Komplexität zu reduzieren und damit nachhaltig zu verbessern.

3 Das Thema Tax Compliance wird im Zusammenhang mit Corporate Compliance in der Literatur mittlerweile verstärkt diskutiert.[3] Im weiteren Verlauf wird zunächst abstrakt der Begriff Tax Compliance sowie deren Funktion vorgestellt und eine Abgrenzung zu den Begriffen Tax Risk Management und Tax Optimierung vorgenommen. Anschließend wird allgemein die Funktionsweise eines Tax Compliance Management Systems vorgestellt, um die Anforderungen an Tax Compliance zu erfüllen. Sodann wird hierauf aufbauend konkret für den Themenkomplex Energiesteuer ein Lösungsansatz geboten.

A.   Tax Compliance

I.   Der Begriff Tax Compliance

4 Unter dem Begriff Corporate Compliance wird mitunter Handeln in Übereinstimmung mit geltendem Recht oder die Einhaltung und Befolgung bestimmter Gebote[4], von denen Unternehmen betroffen sind, verstanden. Andere definieren Compliance generell als Haftungsvermeidung

---

1   Richtlinie 2003/96/EG des Rates vom 17. Oktober 2003 zur Restrukturierung der gemeinschaftlichen Rahmenvorschriften zur Besteuerung von Energieerzeugnissen und elektrischem Strom, ABL. L 283 vom 31.10.2003, S.51 ff.
2   Bericht des Bundesrechnungshofes vom 23.11.2009, S. 57.
3   Siehe Besch/Starck, in: Hauschka, Corporate Compliance, 2. Aufl. 2010. § 34; Schoppe, in: Behringer, Compliance kompakt 2010, Kapitel V, Schwedhelm, Tax Compliance – mehr als ein Trend, AnwBl 2009, S. 90; Streck/Binnewies, Tax Compliance, DStR 2009, S. 229, Streck, in: Streck/Mack/Schwedhelm, Tax Compliance, 2010.
4   Hauschka, in: Hauschka, Corporate Compliance, 2. Aufl. 2010. § 1 Rdnr. 2.

Starck

durch das Befolgen der für die Unternehmung insgesamt einschlägigen Rechtsregeln aller Art.[5] Das Institut der Wirtschaftsprüfer (IDW) hat jüngst einen Entwurf eines Prüfungsstandards „Grundsätze ordnungsgemäßer Prüfung von Compliance Management Systemen" veröffentlicht[6] und hierbei eine Definition von Compliance erstellt.[7] Hiernach ist unter dem Begriff Compliance allgemein die Einhaltung von Regeln zu verstehen (z.B. Gesetze, vertragliche Verpflichtungen und interne Regelungen oder Richtlinien). Bei dieser Definition fällt auf, dass auch „vertragliche Verpflichtungen" bei der Einhaltung von „Regeln" zu beachten sind. Es ist inhaltlich nicht nach zu vollziehen, inwieweit privatautonom abgeschlossene Verträge unter den Begriff Regeln fallen sollen.[8] Insoweit spricht viel dafür, die Definition von Compliance des Corporate Governance Kodex zu verwenden.[9] Hiernach hat der Vorstand für die Einhaltung der gesetzlichen Bestimmungen und der unternehmensinternen Richtlinien Sorge zu tragen und auf deren Beachtung hinzuwirken.

Ein Corporate Compliance System beinhaltet zusammenfassend Maßnahmen, die zur Gewährleistung rechtmäßigen Verhaltens im Unternehmen und zur Risikofrüherkennung und Risikominimierung im Unternehmen beitragen.[10] Compliance beinhaltet eine präventive Haftungsvermeidungsfunktion und enthält unmittelbare Beziehungen zur Corporate Governance und zum Risikomanagement.[11] Da „Steuern" einen erheblichen Kostenfaktor im Unternehmen darstellen und die Nicht- bzw. falsche Beachtung steuerrechtlicher Normen Kosten- und Haftungsgefahren in nicht unerheblichem Umfang mit sich bringen können, beinhaltet Corporate Compliance zwingend auch diesen Bereich[12].

5

Tax Compliance ist somit integraler Bestandteil einer Corporate Compliance[13]. Der Begriff Tax ist in Anlehnung an die Abgabenordnung so zu interpretieren, dass sämtliche Steuern und Abgaben i.S.d. § 3 Abgabenordnung umfasst werden[14], welche auch Einfuhr- und Ausfuhrabgaben (Zoll)[15] beinhalten.[16]

6

Tax Compliance ist keinesfalls so zu verstehen, dass es „den Steuerpflichtigen zu einer verbesserten Einhaltung der Steuergesetze zu motivieren, den Kontrollbedarf im Einzelfall dadurch nachhaltig zu senken und zur Steigerung der Effektivität des Gesetzesvollzugs beizutragen"[17] hat.[18] Ein Tax Compliance System dient in erster Linie der Einhaltung und Befolgung der dem Steuerpflichtigen obliegenden Pflichten. Das gesetzestreue Verhalten beinhaltet zum einen die Befolgung der kodifizierten Norm kann sich aber zum anderen auch in der Ausnutzung von Gesetzeslücken,

7

5   Theisen, Information und Berichterstattung des Aufsichtsrates, 4. Aufl., 2006, S. 87.
6   Entwurf IDW-Standard „Grundsätze ordnungsgemäßer Prüfung von Compliance Management Systemen", IDW EPS 980, Stand 11.03.2010.
7   Entwurf IDW-Standard „Grundsätze ordnungsgemäßer Prüfung von Compliance Management Systemen", IDW EPS 980, Stand 11.03.2010, Tz. 5.
8   Zur Kritik an dieser Definition siehe auch Willems/Schreiner, Anmerkungen zum Entwurf eines IDW Prüfungsstandards/EPS 980 aus Sicht der deutschen Industrie, CCZ 2010, S. 214.
9   Corporate Governance Kodex, Ziffer 4.1.3.
10   Vgl. von Hehen/Hartung, Unabhängige interne Untersuchungen in Unternehmen als Instrument guter Corporate Governance – auch in Europa?, DB 2006, S. 1909.
11   Kort, Verhaltensstandardisierung durch Corporate Compliance, NZG 2008, S. 81.
12   Streck, in: Streck/Mack/Schwedhelm, a.a.O., Kapitel 1 A 1.4.
13   Besch/Starck, a.a.O., § 34, Tz. 4.
14   So auch Schwedhelm, a.a.O, S. 90 (93); Streck/Binnewies, a.a.O., S. 229; Streck, in: Streck/Mack/Schwedhelm, a.a.O., Kapitel 1 A 1.4.
15   Auf die einschlägigen zollrechtlichen Bestimmungen wird nicht näher eingegangen. Tax Compliance bezieht sich nach unserer Ansicht auch auf die Zollerhebung, die Zollfahndung und alle für das Unternehmen relevanten EU-Abgaben.
16   Vgl. § 3 Abs. 3 Abgabenordnung.
17   Vgl. Nagel/Waza, DStZ 2008, S. 321 (323).
18   Besch/Starck, a.a.O., § 34, Tz. 6.

gesetzgeberischen Spielräumen und der Auslegung der Steuerrechtsnormen im Rahmen der juristischen Möglichkeiten widerspiegeln. Die sich aus der AO ergebenden Mitwirkungspflichten normieren nicht die Verpflichtung des Steuerpflichtigen, den Kontrollbedarf der Finanzverwaltung zu senken und dieser die Veranlagung bzw. den Gesetzesvollzug einfacher zu machen. Dem Steuerpflichtigen ist es durchaus im Rahmen des rechtlich Zulässigen erlaubt, der Finanzverwaltung auch „arbeitsintensive Steine in den Weg" zu legen.[19]

8   Tax Compliance betrifft alle unternehmerischen Organisationen und Einheiten, die Steuersubjekt sind. Dies können u.a. Kapitalgesellschaften, Personengesellschaften, Vereine, Betriebe gewerblicher Art der öffentlichen Hand, aber auch steuerbefreite Einrichtungen sein.

9   Die kontrovers diskutierte Frage, ob eine Rechtspflicht zur Implementierung eines Compliance Systems bzw. eines Tax Compliance Systems besteht[20], kann offen bleiben. Angesichts der Komplexität der (Steuer)-Materie und der sich permanent ändernden Normen kann ein verantwortungsvoll handelnder Geschäftsleiter allein aus Haftungsgründen für den Bereich Tax nicht umhinkommen, zumindest ein rudimentär ausgestaltetes Tax Compliance System zu installieren. Unterlässt er dies, sieht er sich nicht nur der permanenten Gefahr ausgesetzt, für Steuern Dritter einstehen zu müssen; es besteht zudem latent die Gefahr, aufgrund eines Organisationsverschuldens der Gesellschaft gegenüber zu haften.

II.   Tax Risk Management

10   Tax Compliance und Tax Risk Management sind inhaltlich voneinander zu unterscheiden, da ein Tax Risk Management Steuerrisiken evaluieren, aufdecken und vermeiden soll[21], während dessen Compliance u.a. die Befolgung der für das Unternehmen relevanten Rechtsnormen zum Inhalt hat. Tax Risk Management beinhaltet nicht eine Entscheidung für gesetzestreues Handeln. Da Tax Compliance jedoch auch eine präventive Haftungsvermeidung inhärent ist, wird Tax Risk Management in einem Tax Compliance System eingebettet zu einem zentralen Bestandteil. Tax Compliance in der hier verstandenen Ausprägung beinhaltet mithin ein funktionsfähiges Tax Risk Management.[22]

III.   Tax Optimierung

11   Die Steueroptimierung, d.h. die gesetzeskonforme Minimierung der Steuerbelastung im Unternehmen oder im Konzern, ist originärer Bestandteil eines Tax Compliance Systems. Die Ziele „Einhaltung und Erfüllung der gesetzlichen Pflichten zur Haftungsvermeidung" sowie die „Vermeidung von Steuerrisiken" stehen im unmittelbaren Zusammenhang zur Steueroptimierung. Die Absicht der Steuerersparnis führt nicht dazu, dass eine Gestaltung als unangemessen anzusehen ist.[23] Zwar besteht ein Interessengegensatz zwischen denen des Steuerpflichtigen, so wenig Steuern wie nötig zu zahlen, und denen des Fiskus, so viel Steuern wie möglich zu erhalten. Gleichwohl ist der Steuerpflichtige bei der rechtlich steueroptimierten Gestaltung auf dem Boden des Rechts in

---

19   So ausdrücklich Schwedhelm, a.a.O, S. 90 (93); Streck/Binnewies, a.a.O., S. 229 (230).

20   Verneinend Hauschka, ZIP 2004, S.877; Kort, a.a.O., S. 81 (84); Ringleb, in: Ringleb/Kremer/Lutter/von Werder, DCGK, 3. Aufl. 2008, Rdnrn. 603, 618; bejahend Uwe H. Schneider, ZIP 2003, S. 645; Bürkle, BB 2007, S. 1797 (1800).

21   Siehe hierzu eingehend Loose, Tax Management der kapitalmarktorientierten internationalen Unternehmung 2009, S. 205 ff.; Risse, Steuercontrolling- und Reporting 2009, S. 93 ff.

22   Besch/Starck, a.a.O., § 34, Tz. 9.

23   Ständige Rechtsprechung des BFH zu § 42 AO; vgl. BFH Urteil vom 16.01.1992, DStR 1992, S. 750.

seinen Gestaltungsspielräumen frei.[24] Die Ausnutzung von steuerlichen Gestaltungsspielräumen hat jedoch zur Folge, dass alle entscheidungserheblichen internen und externen steuerlich relevanten Informationen aufbereitet und den Entscheidungsträgern zur Verfügung gestellt werden müssen. Wichtig ist aber auch die kontinuierliche Überwachung des steueroptimierten Konstruktes. Eine funktionierende Steueroptimierung ist also abhängig von einem funktionierenden Tax Compliance System und einem eingerichteten Tax Risk Management.

IV.   Die Funktion von Tax Compliance

Die Funktion von Tax Compliance, zur Gewährleistung rechtmäßigen (steuerlichen) Verhaltens im Unternehmen und zur Risikofrüherkennung und Risikominimierung im Unternehmen beizutragen, kann nur zufriedenstellend erfüllt werden, wenn das eingerichtete System vom Unternehmen, den Organen und Mitarbeitern beachtet und kontinuierlich weiterentwickelt wird.   12

Ein funktionierendes Tax Compliance System benötigt eine an den jeweiligen konkreten Bedürfnissen des Unternehmens (Unternehmensgröße, Rechtsform, Unternehmenszweck, Konzernierung, Auslandbezüge, etc.) vorzunehmende Installierung und konzeptionelle Anpassung. Damit eine sachgerechte horizontale und vertikale Delegation von Aufgaben möglich und die Einhaltung aller Anforderungen an eine ordnungsgemäße Delegation gewährleistet werden kann,[25] ist insbesondere die verbindliche Festlegung der Verantwortlichen vom Geschäftsleiter bis zum Mitarbeiter der Steuerabteilung vorzunehmen. Auch sind Prozesse und -abläufe einzuführen, die zur nachhaltigen Funktionserfüllung beitragen.[26]   13

Ein Tax Compliance System hat aufgrund vielfältiger Überschneidungen mit anderen Rechtsgebieten die Aufgaben, einerseits die primäre Funktion von Compliance sicherzustellen und andererseits auch die weiteren hiermit verfolgten Ziele miteinander zu verbinden und abzustimmen.[27]   14

B.   Tax Compliance System

I.   Aufbau von Funktions- und Informationssystemen

Soweit steuerlich relevante Vorschriften unzutreffend angewendet, Fristen versäumt oder Dokumentations- und Aufzeichnungspflichten nicht beachtet werden, ergeben sich vermeidbare steuerliche Risiken. Diese gilt es durch ein funktionierendes System zu vermeiden.   15

Aufgabe eines Tax Compliance Management Systems (TCMS) ist der Aufbau einer Struktur, die die Einhaltung gesetzlicher Vorgaben, eine sinnvolle Steuerplanung auch die Wahrnehmung berechtigter Interessen gegenüber den Finanzbehörden sicherstellt, um den sich aus einer Rechtsverletzungen ergebenden Risiken für das Unternehmen, die Unternehmensleitung sowie die Mitarbeiter präventiv zu begegnen.[28]   16

---

24   Besch/Starck, a.a.O., § 34, Tz. 10.
25   Vgl. Froesch, DB 2009, S. 722.
26   Besch/Starck, a.a.O., § 34, Tz. 11 f.
27   Besch/Starck, a.a.O., § 34, Tz. 13.
28   Besch/Starck, a.a.O., § 34, Tz. 48.

4

Nachfolgend der Aufbau eines TCMS:

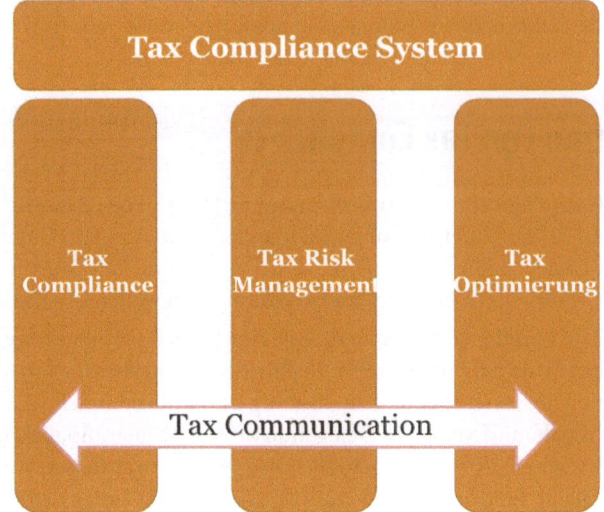

Abbildung 1

17   Zu Regeln sind hierbei die Bereiche *Erfüllung steuerrechtlicher Mitwirkungspflichten* – wie die Pflicht zur Erstellung und Einreichung von zutreffenden Steuererklärungen sowie die Dokumentation steuerrechtlich relevanter Sachverhalte – und *steuerlich relevanter Ablauf-Prozesse.* Hierzu zählen die rechtzeitige Zahlung aller steuerlichen Verbindlichkeiten, die Beachtung der Vorschriften zur Einbehaltung und Abführung von Abzugssteuern aber auch die fristgerechte Prüfung von Steuerbescheiden und die Einlegung außergerichtlicher und gerichtlicher Rechtsbehelfe.

18   Notwendig ist auch die Implementierung eines individualisierten Funktions- und Informationssystems, damit die Bereiche und Prozesse miteinander kompatibel sind. Die effektive und effiziente Implementierung eines funktionsfähigen TCMS setzt die vorhergehende Identifizierung und Bewertung der individuellen steuerlichen Risiken eines Unternehmens voraus. Hierbei ist zu gewährleisten, dass innerhalb des Unternehmens Prozesse etabliert sind oder eingeführt werden, die eine zeitnahe Erfassung der für die Bestandsaufnahme notwendigen Informationen ermöglichen.

19   Die zur Risikominimierung erforderliche unternehmensweite, abteilungsübergreifende Bündelung und Aktualisierung des Informationsmaterials sowie dessen permanente Verfügbarkeit sind sicher zu stellen. Die Minimierung steuerlicher Risiken setzt auch die Einhaltung einer Vielzahl von Fristen voraus, da bei einer Versäumung höhere Steuerfestsetzungen in Folge einer Schätzung der Besteuerungsgrundlagen sowie die Erhebung von Zwangsgeldern drohen. Auch kann ein Strafverfahren wegen Steuerhinterziehung eingeleitet oder ein Bußgeld aufgrund einer Steuerordnungswidrigkeit festgesetzt werden, wenn das Finanzamt nicht rechtzeitig oder nicht vollständig über steuerrelevante Tatsachen informiert wird. Werden Fristen für einen Einspruch oder eine Klage versäumt, wird es fast unmöglich, einen nachteiligen Steuerbescheid noch zu ändern. Eine

effektive Fristenkontrolle gehört daher zu den Hauptaufgaben eines TCMS. Sicher gestellt werden muss daher eine laufende und stets aktuelle Erfassung und Prüfung von Fristen sowie die permanente Fristenüberwachung und Löschung abgelaufener Fristen. Dies gilt auch für sonstige vom Gesetzgeber normierten Pflichten, die steuerliche Relevanz haben.[29]

Ein wesentlicher Bestandteil eines erfolgreich operierenden TCMS ist die ständige Überprüfung im Hinblick auf die tatsächliche Durchführung und Wirksamkeit des Informations- und Kontrollsystems. So kann sichergestellt werden, dass keine unnötigen Arbeitsabläufe entstehen oder aber Fehler entdeckt und nicht behoben werden. Prozessabläufe und Verantwortlichkeiten sollten schriftlich festgehalten und dokumentiert werden. Darüber hinaus ist eine Sensibilisierung der Mitarbeiter für unternehmensinterne Kontrollstandards z.B. in Form regelmäßiger Workshops eine sinnvolle Ergänzung. 20

Die Verantwortlichkeit für Tax Compliance und damit auch für ein funktionierendes TCMS ist als Aufgabe der Corporate Governance der Unternehmensleitung zuzuweisen, da die Geschäftsleiter eines Unternehmens für die Einhaltung der gesetzlichen Vorschriften zu sorgen haben.[30] 21

Die nachfolgende Abbildung 1 zeigt die wesentlichen Aspekte eines TCMS, die es gilt zu beachten:

Aspekte eines Tax Compliance Management Systems

Abbildung 2

---

29   Siehe hierzu unter C.I.4. konkret für den Bereich der Energiesteuer
30   Vgl. Deutscher Corporate Governance Kodex, Tz. 4.1.3.

II. Vermeidung von Haftungsrisiken

22   Eine zentrale Funktion von Tax Compliance ist die Vermeidung von Haftungsrisiken. Ziel ist es, die Entstehung von Haftungs- bzw. Schadensersatzansprüchen durch geeignete Systeme und Prozesse zu verhindern.[31] Zudem stehen steuerstrafrechtliche Risiken, § 370 AO (Steuerhinterziehung) und § 378 AO (leichtfertige Steuerhinterziehung) im Rahmen eines Tax Compliance Systems im Mittelpunkt des Interesses, da ein TCMS verhindern sollte, steuerstrafrechtlich in Erscheinung zu treten.

III. Tax Operating Manual als zentraler Bestandteil eines TCMS

23   Um die Ziele eines TCMS zu erreichen, sind Regelwerke aufzusetzen und Verantwortlichkeiten festzulegen. Nur ein als „ganzheitliches System" angelegtes TCMS wird geeignet sein, die Funktion von Tax Compliance vollumfänglich zu erfüllen. Als in der Praxis geeignet und den Anforderungen voll entsprechend hat sich das Tax Operating Manual bewährt. Hierunter wird ein internes, den Bedürfnissen des Unternehmens entsprechendes, aufeinander abgestimmtes Gefüge von Richtlinien und Dienstanweisungen verstanden, die die jeweiligen Ziele festlegen, Prozesse zur Zielerreichung beschreiben sowie Verantwortlichkeiten bestimmen.

IV. TCMS auf Basis des Prüfungsstandards IDW PS 980

24   Bei der Erarbeitung eines Sollmodells TCMS ist es sinnvoll, sich an dem noch im Entwurf befindlichen Prüfungsstandard „Grundsätze ordnungsmäßiger Prüfungen von Compliance-Management-System" (IDW PS 980) des IDW zu orientieren. Die dort definierten Grundelemente sind flexibel gehalten und können eine Richtschnur für eine individuelle Ausgestaltung eines TCMS darstellen; sie sind geeignet, Unternehmensgröße und -komplexität angemessen zu berücksichtigen. Gleichzeitig wird ein anerkanntes Sollmodel verwendet.

Grundelement	Ausprägung
Compliance-Kultur	Die Compliance-Kultur stellt die Grundlage für die Angemessenheit und Wirksamkeit des CMS dar. Sie wird vor allem geprägt durch die Grundeinstellungen und Verhaltensweisen der Geschäftsleitung sowie durch die Rolle des Aufsichtsorgans („tone at the top"). Die Compliance-Kultur beeinflusst die Bedeutung, welche die Mitarbeiter des Unternehmens der Beachtung von Regeln beimessen und damit die Bereitschaft zu regelkonformem Verhalten.

---

31 So ausdrücklich Schwedhelm, a.a.O, S. 90 (91); Streck, in: Streck/Mack/Schwedhelm, a.a.O., Kapitel 1 A 1.2, 1.2;Streck/Binnewies, a.a.O., S. 229 (231). Die Autoren führen zutreffend aus, dass es um die „Umstülpung des Haftungsrechts" geht.

Starck

Grundelement	Ausprägung
Compliance-Ziele	Die gesetzlichen Vertreter legen auf der Grundlage der allgemeinen Unternehmensziele und einer Analyse und Gewichtung der für das Unternehmen bedeutsamen Regeln die Ziele fest, die mit dem CMS erreicht werden sollen. Dies umfasst insbesondere die Festlegung der relevanten Teilbereiche und der in den einzelnen Teilbereichen einzuhaltenden Regeln. Die Compliance-Ziele stellen die Grundlage für die Beurteilung von Compliance-Risiken dar.
Compliance-Risiken	Unter Berücksichtigung der Compliance-Ziele werden die Compliance-Risiken festgestellt, die Verstöße gegen einzuhaltende Regeln und damit eine Verfehlung der Compliance-Ziele zur Folge haben können. Hierzu wird ein Verfahren zur systematischen Risikoerkennung und -berichterstattung eingeführt. Die festgestellten Risiken werden im Hinblick auf Eintrittswahrscheinlichkeit und mögliche Folgen analysiert.
Compliance-Programm	Auf der Grundlage der Beurteilung der Compliance-Risiken werden Grundsätze und Maßnahmen eingeführt, die auf die Begrenzung der Compliance-Risiken und damit auf die Vermeidung von Compliance-Verstößen ausgerichtet sind. Das Compliance-Programm umfasst auch die bei festgestellten Compliance-Verstößen zu ergreifenden Maßnahmen. Das Compliance-Programm wird zur Sicherstellung einer personenunabhängigen Funktion des CMS dokumentiert.
Compliance-Organisation	Die Geschäftsleitung regelt die Rollen und Verantwortlichkeiten (Aufgaben) sowie Aufbau- und Ablauforganisation im CMS als integralen Bestandteil der Unternehmensorganisation und stellt die für ein wirksames CMS notwendigen Ressourcen zur Verfügung.
Compliance-Kommunikation	Die jeweils betroffenen Mitarbeiter und ggf. Dritte werden über das Compliance-Programm sowie die festgelegten Rollen und Verantwortlichkeiten informiert, damit sie ihre Aufgaben im CMS ausreichend verstehen und sachgerecht erfüllen können. Im Unternehmen wird festgelegt, wie Compliance-Risiken sowie Hinweise auf mögliche und festgestellte Regelverstöße an die zuständigen Stellen im Unternehmen (z.B. die gesetzlichen Vertreter und erforderlichenfalls das Aufsichtsorgan) berichtet werden.
Compliance-Überwachung und Verbesserung	Angemessenheit und Wirksamkeit des CMS werden in geeigneter Weise überwacht. Voraussetzung für die Überwachung ist eine ausreichende Dokumentation des CMS. Werden im Rahmen der Überwachung Schwachstellen im CMS bzw. Regelverstöße festgestellt, werden diese an das Management bzw. die hierfür bestimmte Stelle im Unternehmen berichtet. Die gesetzlichen Vertreter sorgen für die Durchsetzung des CMS, die Beseitigung der Mängel und die Verbesserung des Systems.

Quelle: IDW EPS 980 Tz. 19

25 Diese Grundelemente können die Basis für den Organisationsrahmen eines TCMS bilden. Die in Betracht kommenden Aspekte eines entsprechenden Organisationsrahmens werden in Abbildung 3 vorgestellt.

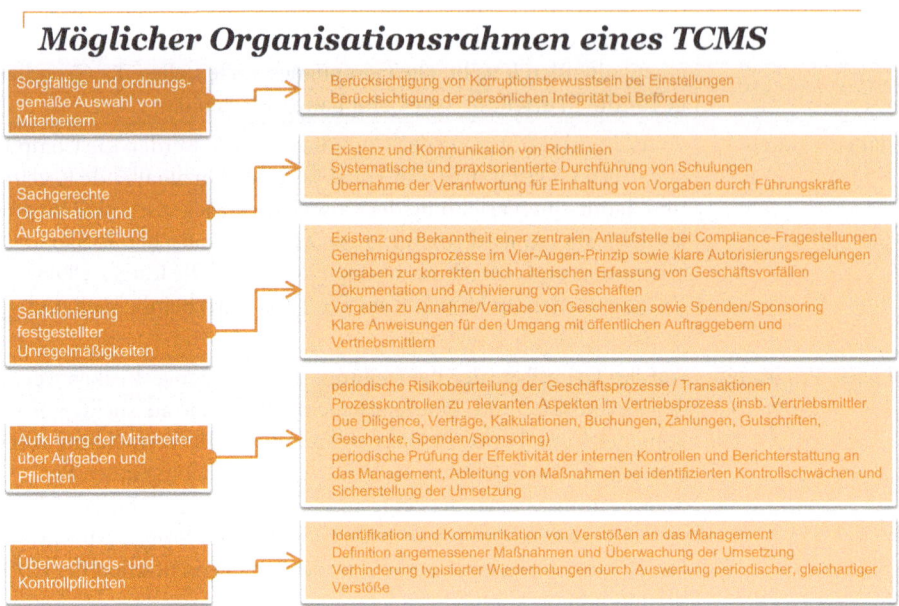

Abbildung 3

C. TCMS und Energiesteuer

I. Contracting-Gestaltungen und Vertragsmanagement

26 Durch die jüngsten Gesetzesänderungen zum 01.01.2011 sind insbesondere Contracting-Gestaltungen betroffen. Für Versorgungsunternehmen ergeben sich im Zuge der Gesetzesnovelle eine Vielzahl von Fragestellungen. So ist beispielsweise zu prüfen, ob bestehende Gestaltungen weiterhin fortgeführt werden können oder müssen oder ob sich die Möglichkeit bietet, aus nunmehr nicht mehr lukrativen Vertragsverhältnissen aussteigen zu können.

27 Dies bedingt, dass die abgeschlossenen Verträge aus steuerlichen Gründen geprüft und bewertet werden können. Eine solche als Vertragsmanagement zu bezeichnende Tätigkeit sieht naturgemäß die Einbindung einer juristischen Expertise bzw. einer juristischen Abteilung/Einheit vor. In einigen Gestaltungen wurden für Zwecke der Energiesteuerersparnis Gesellschaften gegründet, deren Notwendigkeit nunmehr zu hinterfragen ist. Diese Themenkomplexe und Fragestellungen können im Rahmen eines funktionsfähigen TCMS behandelt und einer für das jeweilige Unternehmen zielführenden Lösung zugeführt werden.

Unabhängig von der Existenz eines solchen Systems ist die Geschäftsleitung in jedem Fall gut beraten zu prüfen, ob das Unternehmen von der Gesetzesnovelle betroffen ist. Im Zuge einer derartigen Prüfung wird evident, dass es nicht nur um die zukünftige Einhaltung der Gesetze, sondern auch um die vergangenheitsorientierte Bewertung von vertraglichen Risiken geht. Diese Risiken sind auch in einem faktischen oder Vertragskonzern zu steuern. Abbildung 4 zeigt eine Risikosteuerung im Konzern.   28

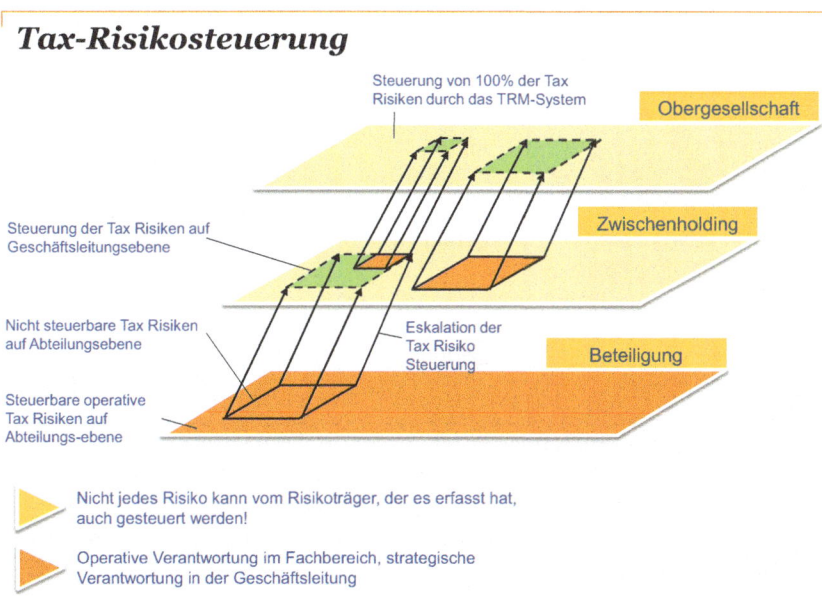

Tax-Risikosteuerung

Steuerung von 100% der Tax Risiken durch das TRM-System

Obergesellschaft

Zwischenholding

Steuerung der Tax Risiken auf Geschäftsleitungsebene

Nicht steuerbare Tax Risiken auf Abteilungsebene

Eskalation der Tax Risiko Steuerung

Beteiligung

Steuerbare operative Tax Risiken auf Abteilungs-ebene

Nicht jedes Risiko kann vom Risikoträger, der es erfasst hat, auch gesteuert werden!

Operative Verantwortung im Fachbereich, strategische Verantwortung in der Geschäftsleitung

Abbildung 4

Die Steuerung derartiger Risiken ist abhängig von gewissen Wesentlichkeitskriterien / Eskalationsstufen, die zuvor festzulegen sind. Die nachfolgende Abbildung 5 stellt dar, wie sich die Einstufung von Risiken auf die Kontrolle und eine konzernweite Reportingverpflichtung auswirken.   29

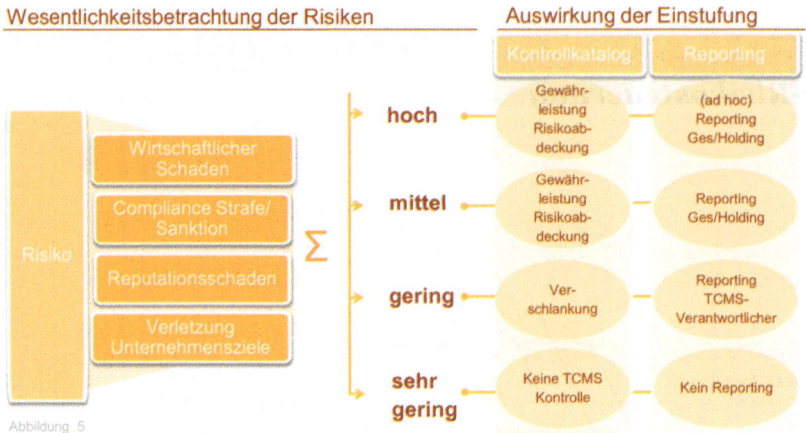

Wesentlichkeitskriterien / Eskalationsstufen als Basis für eine Risikoanalyse

Abbildung 5

30   Festzuhalten ist, dass bei Contracting-Gestaltungen ein Vertragsmanagement dazu beitragen kann, dass Risiken evaluiert, abhängig von deren Einstufung auch kommuniziert und einer Risikosteuerung zugeführt werden können. Entscheidend für eine den Zielen eines TCMS entsprechende Risikosteuerung ist ein phasenorientiertes Vorgehen, um etwaige Risiken zu erkennen und zu steuern.

II.   Phasenorientiertes Vorgehen

31   Im weiteren Verlauf wird ein praxiserprobtes Vorgehen dargestellt. Das Vorgehen erfolgt in drei Phasen. Die erste Phase ist die Identifizierungsphase, Phase zwei stellt die Analysephase und Phase 3 die Umsetzungs- und Steuerungsphase dar.

1.   Phase 1 -Identifizierung

32   In dieser Phase werden im Zuge einer strukturierten Informationserhebung die relevanten energiesteuerlichen Risiken identifiziert und bewertet. Hierzu bedarf einer Unterstützung durch das Vertragsmanagement und damit juristischer Beratung.

Auf der Basis der vorliegenden Informationen werden anhand betriebswirtschaftlicher und juristischer Expertise geprüft,

◼   inwieweit in den relevanten Geschäftsprozessen Tax Compliance-Risiken existieren, die derzeit nicht durch Tax Compliance-Maßnahmen abgedeckt sind,

◼   inwieweit für identifizierte Tax Compliance-Risiken zwar Tax Compliance-Maßnahmen existieren, diese aber nicht geeignet sind, das entsprechende Tax Compliance-Risiko abzudecken,

Starck

- inwieweit Tax Compliance-Maßnahmen existieren, die grundsätzlich geeignet sind, das Tax Compliance-Risiko abzudecken, aber nicht durchgeführt werden,
- inwieweit unwirtschaftliche Tax Compliance-Maßnahmen existieren.

Die Erkenntnisse dieser Phase werden in einer Compliance-"Landkarte" übernommen, um die Ergebnisse fokussiert und transparent aufzeigen zu können. 33

2.   Phase 2 – Analyse

In dieser Phase wird die Compliance- Landkarte einer Analyse unterzogen. Insbesondere wird unter Einbeziehung der Erkenntnisse aus Phase 1 analysiert, 34

- in welchen Geschäftsprozessen bzw. Rechtsgebieten Regelungsbedarf existiert,
- welcher Art der Regelungsbedarf ist (z.B. eine neue Maßnahme einführen, eine existierende Maßnahme anpassen, in Kraft setzen oder auch abschaffen) und
- mit welcher Priorität vor dem Hintergrund definierter Wesentlichkeiten der Regelungsbedarf umzusetzen ist.
- welche Contracting Gestaltungen aus Unternehmenssicht weiterzuführen sind, welche beendet werden sollten und ob es aus rechtlichen Gründen möglich ist, entsprechende Verträge zu ändern oder zu beenden.

Die Ergebnisse dieser Analyse sind an die Entscheidungsträger / Verantwortlichen basierend auf den – idealerweise in einem TCMS – definierten Wesentlichkeitskriterien zur Umsetzung bzw. Steuerung zu kommunizieren. 35

3.   Phase 3 – Umsetzungs- und Steuerungsphase

In dieser Phase wird auf Basis der Erkenntnisse aus den vorhergehenden Phase seitens der Entscheidungsträger / Verantwortlichen entschieden, wie die evaluierten und analysierten Risiken zu steuern sind bzw. welche Maßnahmen zu ergreifen sind. 36

Darüber hinaus werden die Erkenntnisse aus den vorhergehenden Phasen in ein bestehendes TCMS einfließen müssen. 37

D.   TCMS und Pflichtenkatalog

In den nachfolgenden Katalogen werden beispielhaft die sich aus den gesetzlichen Vorschriften ergebenden Pflichten für Stromversorger und Erdgaslieferer eines Tax-Operating Manual aufgeführt. Die nur beispielhafte Auflistung zeigt, dass ein hoher Ressourcenaufwand nötig ist, um die Anforderungen kontinuierlicher Einhaltung gesetzlicher Vorgaben erfüllen zu können. 38

Vor diesem Hintergrund wird deutlich, wie wichtig die Implementierung eines TCMS in diesem Bereich derzeit schon ist. 39

Energie-/Stromsteuer-Compliance
Übersicht für das Jahr

Beschriebener Vorgang	Was ist zu tun?	Formular	betroffene Produkte	Fälligkeit Meldung/Antrag	Fälligkeit Zahlung	Empfänger	Zuständiger Mitarbeiter	Kontrolle durch Mitarbeiter	kontrolliert am	erledigt am
Stromsteueranmeldung	Abgabe Steueranmeldung	amtlicher Vordruck 1400 vorgeschrieben	Strom	31.05. des Folgejahres	25. Juni des Folgejahres	HZA	Name	Name	Datum	Datum
Energiesteueranmeldung Erdgas	Abgabe Steueranmeldung	Vordruck 1100	Erdgas	31.05. des Folgejahres	25. Juni des Folgejahres	HZA	Name	Name	Datum	Datum
Entlastung Energieeinsatz Stromerzeugung/KWK	Antrag nach § 53 EnergieStG	amtlicher Vordruck 1117 vorgeschrieben	Energieerzeugnisse versteuert nach § 2 Abs. 1 Nummer 9,10 oder Abs. 3 Satz 1EnergieStG	31.12. des Folgejahres	-	HZA	Name	Name	Datum	Datum
	Berechnung KWK-Nutzungsgrad						Name		Datum	Datum
	Abgrenzung mehrerer unmittelbar miteinander verbundener Stromerzeugungseinheit an einem Standort(insbesondere bei Modulbauweise) von gesondert entlastungsberechtigten Anlagen abzugrenzen						Name		Datum	Datum
Entlastung Energieeinsatz UdPG zu betrieblichen Zwecken	Antrag nach § 54 EnergieStG	amtlicher Vordruck 1118 vorgeschrieben	Energieerzeugnisse versteuert nach § 2 Abs. 3 Satz 1 Nummer 1, 3 bis 5 EnergieStG	31.12. des Folgejahres	-	HZA	Name	Name	Datum	Datum
Entlastung Energieeinsatz UdPG zu betrieblichen Zwecken (Spitzenausgleich)	Antrag nach § 55 EnergieStG	Vordruck 1450	Energieerzeugnisse versteuert nach § 2 Abs. 3 Satz 1 Nummer 1, 3 bis 5 EnergieStG	31.12. des Folgejahres	-	HZA	Name	Name	Datum	Datum
Entlastung Stromsteuer für UdPG (neu ab 2011)	Antrag nach § 9b StromStG	Vordruck 1453 (amtlich vorgeschrieben?)	Strom	31.12. des Folgejahres	-	HZA	Name	Name	Datum	Datum
Entlastung Stromsteuer für UdPG (Spitzenausgleich)	Antrag nach § 10 StromStG	Vordruck 1450	Strom	31.12. des Folgejahres	-	HZA	Name	Name	Datum	Datum
Erlaubnisschein - Strom zur Stromerzeugung	Antragstellung	Schriftlich, kein Vordruck	Strom	Vor Beginn der Stromentnahme zur Stromerzeugung	-	HZA	Name	Name	Datum	Datum
Erlaubnisschein - Stromversorger	Antragstellung	Schriftlich, kein Vordruck	Strom	vor Aufnahme der Lieferungen	-	HZA	Name	Name	Datum	Datum
Anmeldung - Erdgaslieferer	Anmeldung	Schriftlich, kein Vordruck	Erdgas	vor Aufnahme der Lieferungen	-	HZA	Name	Name	Datum	Datum
Anmeldung - KWK-	Anmeldung	Schriftlich, kein Vordruck	Strom, Erdgas, weitere Energieerzeugnisse	bei erstem Entlastungsantrag	-	HZA	Name	Name	Datum	Datum

Pflichten des Erdgaslieferers,
§ 39 EnergieStG, § 79 EnergieStV

0.   **Anmeldung als Erdgaslieferer vor Aufnahme der Lieferungen**

1.   **Führung des Belegheft**

2.   **Führung der Aufzeichnungen,**

ersichtlich sein müssen für den jeweiligen Veranlagungszeitraum unter Angabe der für die Besteuerung maßgeblichen Merkmale:

a)   bei Lieferern die Menge des unversteuert bezogenen Erdgases

b)   bei Lieferern die Menge des gelieferten Erdgases, für das der Lieferer Steuerschuldner nach § 38 Abs. 2 Nr. 1 EnergieStG ist, getrennt nach den unterschiedlichen Steuersätzen des § 2 EnergieStG

c)   die Menge des Erdgases, für das der Anmeldepflichtige Steuerschuldner nach § 38 Abs. 2 Nr. 2 EnergieStG ist, getrennt nach den unterschiedlichen Steuersätzen des § 2 EnergieStG

d)   bei Lieferern die Menge des unversteuert gelieferten Erdgases unter Angabe des Namens oder der Firma und der Anschrift des Empfängers

e)   der Betrag der anzumeldenden und zu entrichtenden Steuer

3.   **Unverzügliche, schriftliche Mitteilung von Änderungen**

a)   der in der Anmeldung mitgeteilten Umstände

b)   Überschuldung

c)   Drohende oder eingetretene Zahlungsunfähigkeit

d)   Zahlungseinstellungen

e)   Stellung des Antrags auf Eröffnung eines Insolvenzverfahrens

4.   **Weitere Aufzeichnungen nach Anforderung des HZA**

5.   **Ggf. Wahl des Anmeldezeitraums von einem Jahr**

6.   **Abgabe Steueranmeldung**

a)   Anmeldung auf amtlichen Vordruck nicht gesetzlich vorgeschrieben (Formularnummer 1100)

b)   15. Tag des auf den Entstehungsmonat folgenden Monats bei monatlicher Anmeldung

c)   31. Mai des auf das Entstehungsjahr folgenden Jahres bei Wahl der jährlichen Anmeldung

7.   **Zahlung Energiesteuer**

a)   Steuer fällig am 25. Tag des auf den Entstehungsmonat folgenden Monats bei monatlicher Anmeldung

b)   Vorauszahlung fällig am 25. Tag des auf den Entstehungsmonat folgenden Monats bei jährlicher Anmeldung

c)   Steuer unter Anrechnung der Vorauszahlungen fällig am 25. Juni des auf das Veranlagungsjahr folgenden Jahres bei jährlicher Anmeldung

4

Pflichten des Stromversorgers,

§§ 4, 8 StromStG i.V.m. §§ 4, 5, StromStV

Teil 1

0. Antrag auf Versorger-Erlaubnis vor Aufnahme der Lieferungen

a) Ggf. Sicherheitsleistung für Stromsteuer

1. Führung des Belegheft

2. Führung der Aufzeichnungen,

ersichtlich sein müssen für den jeweiligen Veranlagungszeitraum:

a) der geleistete, durch Letztverbraucher im Steuergebiet entnommene Strom, getrennt nach den Steuersätzen und den jeweiligen Steuerbegünstigungen der §§ 3 und 9 StromStG sowie bei steuerbegünstigten Entnahmen getrennt nach den jeweiligen Letztverbrauchern. Bei steuerbegünstigten Entnahmen durch Inhaber einer förmlichen Einzelerlaubnis nach § 9 Abs. 1 StromStG ist die Erlaubnisscheinnummer anzugeben

b) der an andere Versorger unversteuert geleistete Strom getrennt nach Versorgern

c) die Entnahmen von Strom zum Selbstverbrauch getrennt nach den Steuersätzen und den jeweiligen Steuerbegünstigungen der §§ 3 und 9 StromStG

d) der Betrag der anzumeldenden und zu entrichtenden Steuer

3. Unverzügliche, schriftliche Mitteilung von Änderungen

a) der in der Anmeldung mitgeteilten Umstände

b) Überschuldung

c) Drohende oder eingetretene Zahlungsunfähigkeit

d) Zahlungseinstellungen

e) Stellung des Antrags auf Eröffnung eines Insolvenzverfahrens

4. Weitere Aufzeichnungen nach Anforderung des HZA

5. Wahl des Anmeldezeitraums von einem Jahr oder einem Monat

(Fristablauf 31.12. des Vorjahres mit Bindungswirkung für ein Jahr)

6. Abgabe Steueranmeldung

a) Anmeldung auf amtlichen Vordruck
(Formularnummer 1400)

b) 15. Tag des auf den Entstehungsmonat folgenden Monats
bei monatlicher Anmeldung

c) 31. Mai des auf das Entstehungsjahr folgenden Jahres
bei Wahl der jährlichen Anmeldung

Pflichten des Stromversorgers,

§§ 4, 8 StromStG i.V.m. §§ 4, 5, StromStV

Teil 2

7.   Zahlung Stromsteuer

a)   Steuer fällig am 25. Tag des auf den Entstehungsmonat folgenden Monats
bei monatlicher Anmeldung

b)   Vorauszahlung fällig am 25. Tag des auf den Entstehungsmonat folgenden Monats
bei jährlicher Anmeldung

c)   Steuer unter Anrechnung der Vorauszahlungen fällig am 25. Juni des auf das
Veranlagungsjahr folgenden Jahres bei jährlicher Anmeldung

8.   Unverzüglich Steueranmeldung, -berechnung und -entrichtung im Falle von

a)   Leistung ohne Versorgererlaubnis

b)   Steuerbegünstigte Leistung an Nichtberechtigten

c)   Entnahme zum Selbstverbrauch ohne Erlaubnis

d)   Entnahme steuerbegünstigten Stroms zu nicht erlaubten Zwecken

e)   Widerrechtliche Entnahme

9.   Unverzüglich Rückgabe des Erlaubnisscheins

a)   Bei Erlöschen der Erlaubnis

b)   Nicht nur vorübergehende Einstellung der Stromleistung

10.   Unverzüglich Anzeige des Verlustes eines Erlaubnisscheins

11.   Unverzüglich Rückgabe des Erlaubnisscheins

E.   TCMS und Steuerstrafrecht
– Die erhöhten Anforderungen für strafbefreiende Selbstanzeigen gelten auch für die Energie- und Stromsteuer

Fehlerhafte Steueranmeldungen im Bereich der Strom- und Energiesteuer sind in der Praxis oft-   40
mals Gegenstand von Straf- und Bußgeldverfahren. Mit dem sog. „Schwarzgeldbekämpfungsge-
setz" hat der Gesetzgeber umfangreiche Änderungen für die steuerliche Selbstanzeige vorgenommen.[32] Hierdurch wird u.a. das Ziel verfolgt, dass das Instrument der Selbstanzeige nicht als Teil
einer „Hinterziehungsstrategie" missbraucht werden kann. Zukünftig wird eine Teil-Selbstanzeige
nicht mehr möglich sein. Der Gesetzgeber hat damit die jüngste BGH-Rechtsprechung zu diesem
Punkt umgesetzt. Der BGH hat in seinem Beschluss vom 20.05.2010 judiziert, dass eine strafbe-

---

32 Der Bundestag hat am 17.03.2011 den Gesetzentwurf beschlossen (BT-Drs. 17/4182). Der Bundesrat hat am
15.04.2011 das Gesetz angenommen (BR-Drs. 166/11 (B)). Das Gesetz wurde am 03.05.2011 verkündet..

freiende Selbstanzeige i.S. des § 371 Abs. 1 AO vollständige und richtige Angaben voraussetzt und eine Teil- Selbstanzeige nicht ausreichend sei.[33] Aus der Neuformulierung des Gesetzes ergibt sich, dass eine gestückelte, mehrfache Selbstanzeige je nach Entdeckungsrisiko nicht mehr in Betracht kommt. Der Gesetzgeber schreibt zusätzlich die Offenbarung aller Steuerverfehlungen einer Steuerart für alle strafrechtlich noch nicht verjährten Veranlagungszeiträume vor. Dies bedeutet, dass für eine wirksame Selbstanzeige zukünftig erforderlich ist, alle unverjährten Steuerstraftaten (§ 369 AO) einer Steuerart vollständig zu offenbaren. Anknüpfungspunkt ist somit die einzelne hinterzogene Steuer; notwendig ist mithin, dass für diese Steuerart „umfassend reiner Tisch gemacht wird".

41   Mit dieser Neuregelung sind nunmehr alle unverjährten Steuerverkürzungen zu der Steuerart Energiesteuer nebst Stromsteuer, betroffen. Bisher bezog sich die Selbstanzeige auf die einzelne, jeweilige Tat. Steuerstrafrechtlich wurde die maßgebliche Tat grundsätzlich bestimmt durch Steuerart, Steuerpflichtigen und Veranlagungszeitraum. Nunmehr ist aufgrund der Gesetzesänderung ein anderer Tatbegriff maßgeblich, so dass die Selbstanzeige im Ergebnis nur noch Wirksamkeit entfaltet, wenn alle strafrechtlich noch nicht verjährten Verkürzungen einer Steuerart berichtigt werden.[34]

42   Zudem wird die Möglichkeit zur Abgabe der Selbstanzeige durch die Ausschlussgründe in § 371 Abs. 2 AO weiter eingeschränkt. Schon bislang war eine Selbstanzeige nicht mehr möglich, wenn die Tat schon entdeckt war bzw. ein erhöhtes Entdeckungsrisiko vorlag. Diese Sperrgründe sind im Rahmen der Gesetzesänderung verschärft worden. Straffreiheit soll künftig dann nicht mehr eintreten können, wenn bei einer der offenbarten Taten die Entdeckung gedroht hat. Bislang knüpfte § 371 Abs. 2 Nr. 1 a AO a.F. den Ausschluss der Straffreiheit an das „Erscheinen" des Prüfers. Zukünftig ist der maßgebliche Zeitpunkt für den Ausschluss der Straffreiheit die Bekanntgabe der Prüfungsanordnung nach § 196 AO (§ 371 Abs. 2 Nr. 1a AO - neu -). Dieser Zeitpunkt wird in den Akten dokumentiert und ist somit belegbar. Im Übrigen spricht viel dafür, die drei Tages-Fiktion gem. § 122 AO den Zugang betreffend anzuwenden, da es sich bei der Prüfungsanordnung um einen schriftlichen Verwaltungsakt handelt.

43   Überdies tritt die strafbefreiende Wirkung der Selbstanzeige nach § 371 Abs. 2 Nr. 3 AO nur noch bis zu einer Hinterziehungssumme von 50.000 Euro ein. Für eine Steuerverkürzung mit einem Volumen von über 50.000 Euro verkürzter Steuer je Steuerart und Besteuerungszeitraum wird somit künftig nach einer Selbstanzeige grundsätzlich keine „Straffreiheit" eintreten. Die Betragsgrenze gilt pro Tat[35], also z.B. bei der Steuerart Energie- nebst Stromsteuer jeweils für den jährlichen Besteuerungszeitraum. Offensichtlich orientiert sich die Betragshöhe an der Rechtsprechung des BGH zu dem Regelbeispiel des § 370 Abs. 3 Nr. 1 AO, nach dem das Merkmal des „großen Ausmaßes" bei 50.000 Euro als erfüllt angesehen wird.[36] Übersteigt der Hinterziehungsbetrag für die einzelne hinterzogene Steuer den Betrag von 50.000 Euro, tritt die Rechtsfolge „Straffreiheit" für diese Steuerverkürzung nicht ein. Dieser Betrag ist insbesondere im Bereich von unvollständigen Steueranmeldungen im Bereich der Strom- und Energiesteuer schnell überschritten, was nun grundsätzlich zum Ausschluss einer Straffreiheit in diesem Bereich durch eine Selbstanzeige führt.

---

33   BGH-Beschluss vom 20.05.2010 - 1 StR 577/09, BGHSt 55, S. 180.
34   Die Verjährung bei Steuerhinterziehung beträgt im Regelfall fünf Jahre, ausnahmsweise sogar zehn Jahre. Soll mit der Selbstanzeige Straffreiheit erzielt werden, müssen also sämtliche Verfehlungen einer Steuerart nacherklärt werden.
35   Bericht des Finanzausschusses vom 16.03.2011 (BT-Drs. 17/5067 (neu)).
36   Vgl. BGH-Urteil vom 02.12.2008, 1 StR 416/08, BGHST 53, S. 71.

Insoweit wird allerdings auch eine Möglichkeit eingeführt, der Strafverfolgung zu entgehen. Der   44
neue eingeführte § 398a AO sieht vor, dass von der Strafverfolgung abgesehen wird, wenn die
Straffreiheit lediglich nicht eintritt, weil der Hinterziehungsbetrag größer als 50.000 Euro war,
die hinterzogenen Steuern fristgemäß nachentrichtet wurden und der Täter einen Geldbetrag in
Höhe von 5% der hinterzogenen Steuern zugunsten der Staatskasse zahlt. Im Übrigen gelten für
die Fälle des § 398a AO grundsätzlich die anderen Sperrgründe des § 371 Abs. 2 Nr. 1 und 2 AO.
Dies wird durch den Verweis auf § 371 Abs. 2 Nr. 3 AO klargestellt. Von der Verfolgung der Steuerhinterziehung in diesen Fällen wird also nur dann abgesehen, wenn kein anderer Sperrgrund
vorliegt.

Für Selbstanzeigen, die bis zum Inkrafttreten des Schwarzgeldbekämpfungsgesetzes bei den Fi-   45
nanzbehörden eingehen, sieht § 24 des Einführungsgesetzes zur AO eine Übergangsregelung vor,
die die bisherige Handhabung inkl. der Möglichkeit einer Teil-Selbstanzeige vorschreibt und insoweit die Rechtsprechung des BGH beschneidet.

Diese gesetzliche Initiative verdeutlicht, wie wichtig ein effektives und effizientes TCMS in der   46
täglichen Praxis ist. Nur durch eine strukturierte Vorgehensweise wird es auch Sicht der Geschäftsleitung möglich sein, steuerstrafrechtliche Risiken auszuschalten. Schon aus eigenem persönlichen Interesse ist daher die Implementierung eines TCMS empfehlenswert.

Stichwortverzeichnis

fette Zahlen = Paragraph

andere Zahlen = Randnummer

The manufacturer's authorised representative in the EU is Springer
Nature Customer Service Centre GmbH, Europaplatz 3, 69115 Heidelberg,
Germany. If you have any concerns regarding our products, please
contact ProductSafety@springernature.com

Printed and bound by CPI Group (UK) Ltd, Croydon, CR0 4YY
28/04/2026
02098486-0004